Engelbert Hammerschmidt / Irene Wysoudil • Warum der Wolf die Geißlein fressen musste, um in den Himmel zu kommen - Das Geheimnis der Meridiane

Engelbert Hammerschmidt / Irene Wysoudil

Warum der Wolf die Geißlein fressen musste, um in den Himmel zu kommen

Das Geheimnis der Meridiane

AUGUST VON GOETHE LITERATURVERLAG

IM GROSSEN HIRSCHGRABEN ZU FRANKFURT A/M

Das Programm des Verlages widmet sich
– in Erinnerung an die
Zusammenarbeit Heinrich Heines
und Annette von Droste-Hülshoffs
mit der Herausgeberin Elise von Hohenhausen –
der Literatur neuer Autoren.
Das Lektorat nimmt daher Manuskripte an,
um deren Einsendung das gebildete Publikum
gebeten wird.

Ein Unternehmen der Holding
FRANKFURTER VERLAGSGRUPPE
AKTIENGESELLSCHAFT AUGUST VON GOETHE
In der Straße des Goethehauses/Großer Hirschgraben 15
D-60311 Frankfurt a/M
Tel. 069-40-894-0 ✻ Fax 069-40-894-194
email: info@frankfurter-literaturverlag.de

Medien und Buchverlage
DR. VON HÄNSEL-HOHENHAUSEN
seit 1987

Websites der Verlagshäuser der Frankfurter Verlagsgruppe:

www.frankfurter-verlagsgruppe.de
www.frankfurter-literaturverlag.de
www.frankfurter-taschenbuchverlag.de
www.august-goethe-literaturverlag.de
www.fouqué-literaturverlag.de
www.weimarer-schiller-presse.de
www.deutsche-hochschulschriften.de
www.deutsche-bibliothek-der-wissenschaften.de
www.haensel-hohenhausen.de

Bibliografische Information Der Deutschen Bibliothek
Die Deutsche Bibliothek verzeichnet diese Publikation in der Deutschen
Nationalbibliografie; detaillierte bibliografische Daten sind im Internet
über http://dnb.ddb.de abrufbar.

Cover und Grafiken: Irene Wysoudil

Satz und Lektorat: Sandra Sabaliauskas
ISBN 978-3-8372-0180-2
ISBN 978-1-84698-604-8

1. und 2. Aufl. 2008

Die Autoren des Verlags unterstützen das Albert-Schweitzer-Kinderdorf in Hessen e.V.,
das verlassenen Kindern ein Zuhause gibt.
Wenn Sie sich als Leser an dieser Förderung beteiligen möchten, überweisen Sie bitte
einen – auch gern geringen – Beitrag an die Sparkasse Hanau, Kto. 19380, BLZ 506 500 23,
mit dem Stichwort „Literatur verbindet". Die Autoren und der Verlag danken Ihnen dafür!

Gedruckt auf säurefreiem, alterungsbeständigen Papier,
hergestellt aus chlorfrei gebleichten Zellstoff (TcF-Norm)

Printed in Germany

Inhaltsverzeichnis

Wer ist schon, wer er ist?
Wer weiß schon so gut um sein Wesen,
um es zu leben in seiner Eigenart, von Augenblick zu Augenblick,
in einfacher Natürlichkeit wie jeder Baum im Wald?
An sich vorbei zugehen, ist keine Kunst, kein Wagnis, keine Mühe;
Gesellschaft, Trost und Anerkennung finden sich zur Genüge
auf jedem Fluchtweg vor sich selbst.
Wer in sich geht, der geht allein,
denn er kann nur einmal er selber sein.
Hans Kruppa

Wir begeben uns auf eine Reise

Es gibt eine schöne Parabel von Plato, in der er die Menschen mit Gefangenen vergleicht. Sie befinden sich in einer Höhle und starren verbissen auf Schatten, die auf den nackten Felswände hin- und hertanzen. Sie sind überzeugt, die wirkliche Welt vor sich zu haben und sind so fasziniert, dass sie nicht erkennen, dass es nur Figuren und Gegenstände sind, die sich außerhalb der Höhle befinden und von der Sonne beleuchtet, als Schatten auf die Höhlenwände projiziert werden. Würde einer von ihnen es wagen, die Höhle zu verlassen, könnte er sich die Ursache des Schattenspiels ansehen. Käme er dann in die Höhle zurück und erzählte von der Sonne, von bunten Menschen und Tieren, würde ihm zunächst niemand glauben. Die anderen Höhlenbewohner würden ihn vermutlich für verrückt erklären, denn mit dieser Ansicht brächte er ja ihr ganzes Weltbild und ihr soziales Gefüge ins Wanken. Einige Wenige würden sich vielleicht als Anhänger um ihn scharen, für sie wäre er ein Weiser, ein Schamane oder ein Hellsichtiger. Die Möglichkeit, die Höhle zu verlassen und das Draußen zu begreifen, steht zwar allen offen, aber nur wenige nehmen die Chance wahr. Hellsichtig würde hier im wahrsten Sinn des Wortes bedeuten, die Helligkeit außerhalb unserer Höhle zu sehen und die Hintergründe unserer

„Schattenwirtschaft" zu begreifen. Die Menschen, die den Mut haben, aus der Höhle zu treten, sind bereit, sich mit einer anderen Realität zu befassen. In dieser Realität gibt es weder Zeit noch Raum, noch eine Kausalität in unserem Sinn.

Es besteht kein Zweifel, dass die meisten Menschen in körperlicher, intellektueller oder moralischer Hinsicht nur einen sehr beschränkten Bereich ihres potentiellen Seins tatsächlich ausfüllen. Sie benutzen nur einen verschwindend kleinen Teil ihres möglichen Bewusstseins. Wir alle verfügen über Reservoire des Lebens, von denen wir nicht einmal träumen.
William James

In diesem Buch werden wir unsere Höhle verlassen und uns auf eine Entdeckungsreise begeben. Unsere Begleiter werden archetypische Energieprinzipien sein, an denen wir erkennen, wo wir uns selbst blockieren, wo aber auch unsere Transformation stattfinden kann. Wir werden lernen, Spürbewusstsein zu entwickeln und unsere Gedanken, Gefühle und unsere Wahrnehmung gezielt auszurichten. Um uns auf diese Reise richtig vorzubereiten, werden wir uns Gesetzmäßigkeiten näher ansehen, die vermutlich einige unserer Grundsätze und unsere von der Gesellschaft approbierten Dogmen in Frage stellen. Beginnen wir zunächst mit der Frage nach unserer Realität, nach unserer Wirklichkeit.

Was ist unsere Wirklichkeit?

Die meisten von uns würden jetzt vielleicht antworten: „Wirklichkeit ist das, was ist." Von der Antwort auf diese Frage hängt sehr viel ab: sie legt fest, wie wir unser Leben führen, sie dient zur Rechtfertigung unserer Handlungen, von ihr hängt ab, welchen Sinn wir unserem Leben geben. Wenn wir davon ausgehen, dass das Wort „wirken" dahinter steht, könnte es sowohl den, der etwas bewirkt, als auch das Bewirkte bedeuten. Aber wie wissen wir, was wirklich ist???

Jeder Neurologe versichert, dass das Gehirn keinerlei Beweise für die Existenz einer Außenwelt liefert, und dass diese Wirklichkeit nur in unserem Kopf entsteht. Medizinisch, biochemisch und physikalisch gesehen, empfängt das Gehirn ständig Signale, die den Zustand des Körpers, dessen chemisches Gleichgewicht, die Temperatur, den Sauerstoffverbrauch oder den Energieverbrauch beschreiben. Diese Impulse durchlaufen ein verschlungenes Netz feinster Nervenzellen, und sobald ein Signal das Gehirn erreicht, fügt die Großhirnrinde wie ein Computer diese Daten zu noch komplexeren Anordnungen elektrischer und chemischer Impulse zusammen. Unsere grauen Zellen informieren uns allerdings nicht etwa über diesen unaufhörlichen Datenverarbeitungsprozess, sondern vermitteln uns als Software nur eine „fiktive" Welt, so wie ein Operator uns einen Spielfilm zeigt. Unser Gehirn ist jedoch noch wesentlich raffinierter: es erweckt in uns den Eindruck einer Welt in 3D-Bildern, Raumton, verfeinert mit Geschmack und Geruch. Nicht nur das, mit einer beispielhaften Präzision können wir diese Welt auch noch begreifen. Auf diese persönliche Handschrift ist unser Gehirn besonders stolz, denn es gibt vor, uns die Realität zu repräsentieren! Doch es spielt uns dabei einen gewaltigen Streich, denn es täuscht etwas vor, was es gar nicht gibt, nämlich eine direkte Verbindung zwischen dem Datenstrom und unserer subjektiven Wahrnehmung der Außenwelt. Diese Welt könnte genau so gut ein Traum sein. Denn wenn ich schlafe und träume, ist meine Traumwelt genau so realistisch und täuschend „echt" wie die Welt im Wachzustand, besonders wenn ich zusätzlich noch riechen und schmecken kann. Und wer von uns hat sich im Aufwachen noch nicht gedacht: „Wache ich oder träume ich?" Der Unterschied ist also nicht sehr groß, auch wenn im Schlaf der Operator manchmal einige Filme durcheinander bringt. Es ist aber evident, dass mein Gehirn nur über ein System verfügt und nicht über zwei: eines für die Traumwelt und ein anderes für die Welt im Wachzustand. Unter dem Aspekt der Gehirnfunktionen betrachtet, schaltet sich der Traummechanismus nicht ab, wenn man aufwacht. (Darum fragen sich viele auch während des Tages, ob sie nicht träumen!) Die Sehrinde im hinteren Teil des Schädels unterscheidet nicht, ob ich einen Gegenstand, einen Baum, ein Gesicht oder den Himmel als Erinnerung, in einem Traum, auf einem Foto oder mit meinen Augen sehe. Ich kann nur deshalb zwischen einer Erinnerung, einem Traum, einem Foto und der Wirklichkeit unterscheiden, weil sich der Bereich der Gehirnaktivität jeweils um eine Kleinigkeit verlagert. Doch im Grunde haben wir es stets mit dem gleichen Vorgang zu tun: Ich erschaffe aus einem Gewirr feiner Nervenimpulse, die als chemische Explosionen und elektrische Ladungen in mein Gehirn und meinen ganzen Körper schießen, einen Baum, ein Gesicht oder den Himmel. Wie sehr ich mich auch bemühe, ich werde niemals ein chemisches oder elektrisches Muster in Form eines Baumes, eines Gesichts oder in einer anderen Gestalt in meinem Kopf finden. Dort findet sich lediglich ein Feuerwerk elektrochemischer Energie. Steine sind nur deshalb hart, weil das Gehirn eine Flut von hereinkommenden, elektrischen Signalen mit „hart" interpretiert. Die Sonne scheint nur, weil das Gehirn eine andere Flut von elektrischen Signalen als optisches Bild erfasst. In meinem Gehirn gibt es kein Sonnenlicht. Egal, wie hell es draußen ist, in meinem Gehirn bleibt es so dunkel wie in einer Höhle. Und nun kommt unweigerlich die Frage: „Und wie ist das mit mir? Bin ich nun ein Teil deines Traumes oder bist du ein Teil meines Traumes? Wie soll das überhaupt funktionieren? Sind wir alle in einer bizarren Mischung von Vorstellungen gefangen, die wir uns von unserer Welt machen?" Damit stimmt wiederum die Feststellung von Descartes: *„Ich denke, also bin ich"*, wenn auch in einem etwas anderen Sinn. Wir könnten sie dahingehend abändern: *„Ich denke, was ich bin"*. Nach dieser mehr als verwirrenden Ausführung stehen wir mehr denn je vor der Frage: „Wer oder was bin ich nun wirklich?"

Wer bin ich?

Die philosophischen Überlegungen von Descartes „Ich denke, also bin ich" fanden in der westlichen Welt großen Anklang, denn sie entsprachen der damaligen Zeitströmung. Auch heute sind noch viele Menschen überzeugt, dass der Verstand den wahren Menschen ausmacht. Nachdem wir jedoch festgestellt haben, dass unser Denken zwar ein höchst komplizierter Vorgang ist, der jeden Computer in den Schatten stellt, aber kaum die Schaltstelle unseres Ichs sein kann, sollten wir uns den Verstand etwas näher ansehen. Manche Völker unterscheiden hier den „blind mind“, den „conscious mind“ und das Ego[1]. Das Ego ist mit Bewusstsein und Verstand eng verknüpft, denn sowohl im Schlaf als auch in einem transzendenten Zustand ist von einem Ego keine Rede mehr! Außerdem gibt es noch eine interessante Instanz in uns, mit der der Verstand nur sehr wenig anfangen kann – und das ist das Herz, bzw. es sind die Gefühle, die dem Herzmeridian zugeordnet sind. Der Verstand bedient sich der Emotionen, wenn er etwas ausdrücken will, denn reine Gefühle entziehen sich seiner Vorherrschaft. Wir unterscheiden meistens nicht zwischen Gefühl und Emotion und werfen beides in einen Topf. Um es salopp auszudrücken, haben diese beiden verschiedene Eltern: Emotionen sind Kinder des Verstandes[2], er braucht sie, um auszudrücken, womit er nicht einverstanden ist oder was er vermeiden möchte. Wir reagieren auf einen uns unangenehmen Zustand mit Widerstand, Zorn, Ärger, Eifersucht, Wut, Neid oder Angst. Emotionen sind immer mit dem Ego verbunden, sind die Folge von Erwartungen und Bedingungen und machen uns unfrei. Physisch gesehen steigt unser Blutdruck, die Blutgefäße kontrahieren – es macht uns eng (würgt im Hals oder „beklemmt“). Gefühle, wie z. B. die Liebe, machen immer weit, sie kommen aus dem Herzen[3] und sind bedingungslos. Wir fühlen uns getragen, sicher, geborgen und mit allem verbunden. Mit der einzigen Frage: „Macht es mich eng oder macht es mich weit?“ können wir augenblicklich feststellen, ob wir von einem Gefühl oder einer Emotion bewegt werden. Ein zweites Kriterium wäre, dass Gefühle nicht erzeugt werden können, sondern dass sie passieren. Sie kommen „grundlos“, aus heiterem Himmel und sind

[1] In der Bhagawadgita wird der blinde Verstand durch den blinden König Dhritarastra, der bewusste Verstand durch König Pandu und das Ego durch den unbesiegbaren Bhisma verkörpert. Bei den Chinesen wird das Ego oder der Verstand durch den Blasenmeridian vertreten.

[2] Siehe Magenmeridian

[3] Siehe Herzmeridian

einfach da. Daher kann der Verstand der Liebe nichts befehlen oder sie erzeugen, indem er an sie denkt! Emotionen haben immer eine Ursache. Die Liebe scheint eine universelle Instanz zu sein, was man vom Verstand nicht behaupten kann. Der Verstand kommt lediglich dem Besitzer des Gehirns zugute; er ist nur mit sich und seinem Umfeld beschäftigt, und er kann nichts erfassen, was außerhalb seines Bereiches liegt. Er kann auch nichts fühlen, denn für ihn existiert nur das, was er verstehen oder mit Worten ausdrücken kann. Er schafft sich damit seine eigene Welt. Der Verstand bestätigt sich selbst, indem er ein induktives, „selbstreferierendes" System erfindet, das er durch sich wiederholende „Erfahrungen" festigt. Er lebt von vergangenen Ereignissen und nimmt beim Erinnern ständig Wertungen vor, die seine Existenz bestätigen. Dieses Überzeugungssystem ist bindend und erübrigt jede weitere Frage, denn es ist ja selbsterklärend! Weshalb sollten wir die Frage nach dem Geheimnis des Lebens einem System stellen, das bereits weiß, was „wirklich" ist? Das peinliche Problem, dass sich die Existenz einer Welt außerhalb von uns selbst nicht beweisen lässt, unterhöhlt jedoch das gesamte Weltbild des Verstandes. Denn wie soll er ein Außerhalb beschreiben, wenn er „seine Höhle" nicht verlassen kann?

Damit werden alle Thesen und Konzepte, mit denen uns die Wissenschaft beweisen wollte, dass es eine absolute Realität gibt, obsolet. Sogar Popper glaubte noch an eine „angenäherte" Wirklichkeit, an die man sich durch vermehrte Messungen heranschleichen könne. Inzwischen hat die moderne Quantenphysik bewiesen, dass hinter allem das große Nichts steht und in dieser Leere die totale Fülle potentiell möglich ist. Fritjof Capra beschreibt es so[4]: In der klassischen Physik ist „Masse" assoziiert mit einer unzerstörbaren materiellen Substanz, mit irgendeinem „Stoff", aus dem alle Dinge gemacht sind. Die Relativitätstheorie zeigt, dass Masse keineswegs eine Substanz, sondern eine Energieform ist. Auf der subatomaren Ebene zeigt die Materie nur mehr die Tendenz zu erscheinen; es sind mathematisch ausgedrückt „Wahrscheinlichkeitswellen". Es ist alles möglich – und der Beobachter selbst bestimmt die Realität im Augenblick des

[4] Fritjof Capra: Das Tao der Physik, Bern, Wien, 1985, S. 77ff

Beobachtens. Das bedeutet auf den Verstand bezogen, dass seine Feststellungen immer nur Phantasieprodukte sind. Folglich hat auch das überlieferte Wissen, als Produkt des Verstandes, nichts mit der Wirklichkeit zu tun. Alles jedoch, was der Verstand nicht erklären kann, was für ihn unvorstellbar ist, sind Wahrscheinlichkeiten – und damit mögliche Formen der Realität!

Ich bin der Schöpfer meiner Wirklichkeit

Deine Überzeugungen werden deine Gedanken, deine Gedanken werden deine Worte, und deine Worte werden dein Handeln.
Mahatma Gandhi

Wenn wir jemals stolz darauf waren, uns auf unseren gesunden Menschenverstand verlassen zu können, sitzen wir jetzt ganz schön in der Tinte! Denn der Verstand rebelliert und kämpft um seine Existenzberechtigung: „Wir brauchen doch Sicherheit, wir brauchen etwas, worauf wir uns stützen können! Das kann und darf doch alles nicht wahr sein: Unsere Probleme und die Weltlage im Allgemeinen sollen reine Erfindung sein???" Völker, die weniger Wert auf Wissenschaft und ihren Verstand legen und die sich einen anderen Zugang zum Universum offen lassen, haben damit weniger Probleme. Der indische Weise Krishnamurti sagt zum Beispiel: „Du hast diese Welt des völligen Chaos für dich erzeugt. Die Außenwelt ist nichts anderes als die Welt, in der du dein privates Leben lebst."[5] Wir sind die Schöpfer unserer Umgebung und müssen begreifen, dass der menschliche Geist damit Teil dieser „Außen"welt ist, weil sie von uns geschaffen wurde. Jede innere Veränderung wird daher eine Änderung der Gesellschaft nach sich ziehen, da auch sie nur ein Spiegel unseres Selbst ist. Auch die Zeit existiert nur in unserer Vorstellung. Die Bewegung der Erde, die mit Tausenden von Stundenkilometern um die Sonne rast, lässt in uns das Gefühl von Zeit entstehen. Zeit ist jedoch Illusion: sie ist

[5] Jiddu Krsihnamurti: Gespräche über das Sein, London, 1970, S.13

eine Form des inneren Dialoges, die wir benutzen, um damit unsere Erfahrungen oder Wahrnehmungen von Veränderungen und Beziehungen auszudrücken.[6] Manche Leute sind ständig gestresst und haben den Eindruck, dass ihnen die Zeit davonläuft. Manche haben „alle Zeit der Welt". Ihr Herzschlag ist entsprechend langsamer, ihr Blutdruck niedriger, und ihre biologischen Reaktionen sind harmonischer. Dazu noch eine Definition, bei der wir nur staunen können: Auf Chinesisch bedeutet Physik wu li. Da wu je nach Betonung des Wortes jedoch verschiedene Bedeutungen hat, ergeben sich folgende Inhalte für *wu li*: Physik – Energie – Strukturen der Materie – mein Weg – Unsinn – Ich halte an meinen Vorstellungen fest. – Erleuchtung. Diese Bedeutungskopplung ist bemerkenswert, weil jede physikalische Theorie, die im zwanzigsten Jahrhundert entwickelt wurde, auf den gleichen, oft widersprüchlichen Inhalt hinweist.[7] Die meisten Menschen glauben, dass Wissenschaftler die Welt erklären, aber die Wu-Li-Meister wissen, dass sie nur mit ihr tanzen!

„Alle Wirklichkeit ist relativ und nur innerhalb bestimmter Grenzen gültig. Sie ist nur eine Version unter vielen möglichen. Von einer bestimmten Wirklichkeit zu erwachen heißt, ihre relative Realität zu erkennen."[8]

Die Feststellung, dass ich Schöpfer meiner Wirklichkeit bin und im Mittelpunkt dieser Schöpfung stehe, hat aber auch eine weitreichende und äußerst erfreuliche Konsequenz, nämlich dass ich niemandem und nichts hilflos ausgeliefert bin, weil ich als Schöpfer alles auch wieder ändern kann! Die Überlegung, ob Gott durch mich schafft, ob ich dadurch eins mit dem All bin, ob dieser Schaffende der göttliche Teil in mir ist oder ob ich nur Mitschöpfer bin, ist irrelevant. Wichtig ist nur zu erkennen, dass ich nicht mehr gegen die ganze Welt ankämpfen muss, dass ich nicht allein in einer mir feindlichen Umgebung stehe! Wenn ich sie als feindlich empfinde, dann bin ich höchstens selber mein bester Feind – und das will wohl niemand. Es hat damit keinen

[6] Deepak Chopra: Bewusst glücklich, Berlin 2007, S.53
[7] Gary Zukav: Die tanzenden Wu Li Meister, Hamburg 1985, S. 19
[8] Psychologie in der Wende, Hrsg. R.N. Walsh u. F. Vaugh, Bern, München, Wien, 1980, S.156

Sinn, irgend etwas an sich zerstören oder bekämpfen zu wollen, sein Ego vernichten, seinen Körper geißeln – denn der kann am wenigsten etwas dafür. Mein Ich gibt mir ja eine gewisse Sicherheit in dieser verrückten Welt, wenn auch auf Kosten meiner Freiheit, denn so ohne weiteres werde ich meine Höhle nicht aufgeben. Aber vielleicht sollte ich sie dennoch von Zeit zu Zeit verlassen, um auf Erkundungstour zu gehen und zu sehen, was sich außerhalb dieser Höhle befindet? Plato sprach von Licht, Farben und von „wirklichen" Menschen.

Tao, alles fließt

Die Quantenphysik spricht von einem leeren, mit Energie gefüllten Raum. Die Chinesen sprechen von einem Nichts, das aber auch gleichzeitig die unendliche Fülle bedeutet, aus der alles entsteht, das ständig zwischen Nichts und Erscheinung fluktuiert.

Im *tao* versinnbildlichen die beiden Pole *yin* und *yang* den Zyklus des Wandels.

Die ursprüngliche Bedeutung für *yin* lautete: „Wolken verdunkeln die Sonne", die für *yang* „Wolken sind fortgezogen und die Sonne scheint"; zusammengefasst ergeben sie das alte chinesische Symbol Tai-Chi. Die beiden Punkte im Diagramm symbolisieren die Vorstellung, dass in jedem Element das andere bereits enthalten ist, dass jedes Mal, wenn eine der beiden Kräfte ihren Extremwert erreicht, sie bereits die Saat des Gegenteils in sich trägt.[9] Die verschiedenen Kombinationen von *yin* und *yang* wurden im I Ging, dem „Buch der Wandlungen" zusammengefasst. Die zentrale Aussage dieses Werkes ist, dass alles einer ununterbrochenen Wandlung unterworfen und jede Gegebenheit nur die Basis für Veränderung ist. Aus dem kontinuierlichen Zusammenspiel von Gegensätzen leiten die Taoisten Grundregeln für menschliches Verhalten ab: Wer

[9] Fritjof Capra: Der kosmische Reigen, München, Wien 1977

irgendetwas erreichen will, soll mit dem Gegenteil beginnen (ein für unseren Verstand mehr als unsinniger Rat):

Um zu verkleinern, muss man sich erst einmal erweitern.
Um sich zu schwächen, muss man sich erst stärken,
um zu nehmen muss man erst geben.
Sei leer, und du wirst voll bleiben.

Diese Gegensätze schließen gut und böse ein, Recht und Unrecht. Es bedeutet *wu wei*, „handeln im Nicht-Handeln", denn „durch Nicht-Handeln kann alles getan werden. Ein wahrhaft guter Mensch tut nichts, und doch lässt er nichts ungetan. Ein törichter Mensch ist immerfort tätig, doch bleibt vieles zu tun übrig."[10] Die meisten Menschen missdeuten dieses stille Verhalten als Untätigkeit, doch es gleicht einem auf höchste Touren laufenden Ventilator, der vieles bewegt, obwohl er selbst unbewegt ist. Hinter dem „Unsinn" dieser Feststellungen liegt die tiefe Weisheit, dass wir immer beides sind, nichts abtreiben und nichts vermeiden können, wenn wir wirklich zu uns stehen wollen. Und das wollen wir doch alle, wenn wir nach unserem „Ich" fragen. Bevor wir nun den Leser mit der bangen Frage, ob sein Ich überhaupt existiert, in tiefe Verzweiflung stürzen, können wir abschließend Entwarnung geben: Selbstverständlich existiert dieses Ich! Aber diese Form ist nur eine von vielen Möglichkeiten – und wir sollten für Variationen offen sein. Der Bibelspruch, dass Gott uns nach seinem Ebenbild erschaffen hat, bedeutet ja nicht, dass sich der Schöpfer mit einigen Probeexemplaren begnügt hat!

Wie oben, so unten

Wir kennen diesen Spruch und zitieren ihn, wenn wir im Erklärungsnotstand sind. Er ist der Tabula Smaragdina entnommen und besagt, dass *dasjenige, welches unten ist, gleich demjenigen ist, welches oben ist. Und dasjenige, welches oben ist, ist gleich*

[10] Lao Tse: Tao te king, München 1984, S. 38

demjenigen, welches unten ist, um zu vollbringen die Wunderwelt eines einzigen Dinges. Dieser magische Satz wird Hermes Trismegistos zugeschrieben, der identisch mit dem griechischen Götterboten Hermes und dem ägyptischen Gott Toth ist. Seine Geheimlehre wurde an Eingeweihte mündlich weitergegeben, „hermetisch" verschlossen, und gelangte erst 1908 als praktisches Lehrbuch unter dem Begriff Kybalion an die Öffentlichkeit.[11] In dem „esoterischen Symmetriesatz" „wie oben, so unten" erkennen wir Gesetzmäßigkeiten der Atomphysik und der Quantentheorie. Sogar Paracelsus betonte viele Jahrhunderte zuvor, dass ein Philosoph nichts im Himmel und auf Erden finden kann, was er nicht auch im Menschen findet, und der Arzt nichts im Menschen entdecken kann, was er nicht auch im Himmel und auf Erden entdeckt. In Indien heißt es in vielen Gebeten: *Tat tvam asi, „Du bist Das, und Das ist du."* Das heißt, dass wir uns in allem spiegeln und dass alles ein Spiegel für uns ist. Pars pro toto: Wenn wir nur eine einzige Körperzelle betrachten, so ist unser ganzer Körperaufbau darin enthalten – eine einzige Stammzelle ist imstande, jede andere Zelle zu reproduzieren. Wenn unsere Zellen daher mögliche Rückschlüsse zulassen, so sollten wir uns den derzeitigen Stammsitz unseres Ichs einmal näher ansehen.

Die Weisheit unseres Körpers

Wer glaubt, dass es eine zentrale Schaltstelle gibt, die die Gesamtorganisation über unsere Körperfunktionen übernommen hat und dass diese ihren Sitz im Gehirn hat, der hat sich gründlich getäuscht. Auch die Wissenschaftler hingen lange dieser Irrlehre nach, die eng mit einer hierarchischen Struktur verbunden war. Denn wie sollte schon eine Nierenzelle wissen, dass das Ego Angst hat und sich gestresst fühlt? Wer sagt dem Kreislaufmeridian, dass er Vitamin B braucht? Wo ist diese Schaltzentrale, der Hauptcomputer, der alles entscheidet? Wer ist der Täter? Wenn Sherlock Holmes diesen Kriminalfall zu lösen hätte, was würde er als Hypothese aufstellen? Vermutlich würde er die Überlegung

[11] Doreeen Vitue: Wie oben so unten, Burgrain 2007, S. 17

zulassen, dass nicht, wie allgemein angenommen, das Gehirn oder die Hypophyse allein für den Fall verantwortlich sind, denn ein Kriminalist kann sich keine Vorurteile leisten! Er würde beginnen, im Zellverband der Niere nachzufragen, um herauszufinden, wer dieser geheimnisvolle Auftraggeber ist. Und damit sind wir bereits dem Geheimnis des Körpers auf der Spur. Noch vor dreißig Jahren sind die Wissenschaftler der festen Meinung gewesen, dass sich die Intelligenz auf das Gehirn beschränkt. In den 80iger Jahren entdeckte man zunächst im Immun- und wenig später im Verdauungssystem Anzeichen von eigenständiger „intelligenter" Aktivität. Man fand heraus, dass zwischen Gehirn und einzelnen Systemen zwar Botenmoleküle zirkulieren, dass aber unabhängig davon auch eine Interaktion zwischen Immun- und Verdauungssystem stattfand und jeder Zellverband „von seiner Aufgabe wusste", ohne vorher vom Gehirn informiert worden zu sein. Die Zellen, intelligent und klug wie sie sind, haben Technologien aufgebaut, von denen unsere Ingenieure nur träumen können.[12] Jeder Lymphozyt, der zwischen eindringenden feindlichen und harmlosen Bakterien zu unterscheiden hat, trifft eine selbständige Auswahl. Das biologische Verhalten der Zelle kann durch Gedanken genauso gesteuert werden wie durch physische Moleküle. Sie empfangen Umweltinformationen über Rezeptoren, leiten sie durch Effektormoleküle ins Innere der Zelle und reagieren entsprechend. Ihre Intelligenz unterscheidet sich durch nichts von der der Gehirnzellen, nur ihre Aufgaben sind anders determiniert. Die weit verstreuten Nervenzellen unseres Verdauungsapparates bilden ein fein abgestimmtes System, das auf äußere Ereignisse reagiert: eine kritische Bemerkung des Chefs, eine drohende Gefahr, ein Todesfall in der Familie – und die Nierenzellen laufen auf Hochtouren, die Darmzellen hingegen stellen ihre Tätigkeit auf Sparbetrieb um. Auf die Reaktion des Magens kann man sich genauso gut verlassen wie auf die Tätigkeiten der Gehirnzellen, und beide Zellverbände stehen einander in nichts nach, was ihre Komplexität betrifft. Sie treffen Entscheidungen – was man bislang nur dem Gehirn zugestanden und mit Intelligenz bezeichnet hatte. Für die Wissenschaft bedeutete das eine ungeahnte, medizinische Revolution. *Pars pro toto:* fassen wir daher diese Funktionen

[12] Bruce H. Lipton Ph.D: Intelligente Zellen, Burgrain 2007, S. 35 ff

einer Zelle in Hinblick auf unseren Gesamtorganismus zusammen:

- Sie steht mit allen anderen lebenden Zellen in Kontakt.
- Sie reagiert auf Veränderungen, ist sich daher ihrer Umgebung und auch der Umweltsituation bewusst. Sie bleiben flexibel, um so fort reagieren zu können. Festgefahrene Gewohnheiten stehen nicht zur Debatte.
- Sie dient einem höheren Zweck.
- Jede Zelle ist der anderen gleichgestellt, sie sind einander gleichwertig.
- Sie ist dynamisch. Statische Zellen werden als „tot" ausgeschieden.
- Sie ist effizient und sich ihrer Aufgabe „bewusst".
- Sie versucht nicht, grundlos die Aufgabe anderer Zellen zu übernehmen. Zwingende Gründe sind der Ausfall ganzer Zellverbände oder Umstände, die den Tod des Generalzellverbandes bedeuten würde.
- Sie folgt einem bestimmten Rhythmus, der eine optimale Energieversorgung gewährleistet. Sie hält Ruhezeiten ein, in denen sie auf Notbetrieb umschaltet. In dieser Zeit kann sie regenerieren.
- Überbelastung und ständige Überforderung führen zu ihrem Tod.
- Sie ist äußerst effizient, was ihr In- und Output, also ihre Energieversorgung in Bezug auf ihre Leistung betrifft.

Die Leistung der Zelle im Zellverband ist - wie die Leistung einer Ameise im Ameisenstaat - schlichtweg großartig. Nach dem Lehrsatz des Hermes Trismegistos „wie oben, so unten" hieße es in diesem Fall „wie im Kleinen, so auch im Großen". Es ist der Ausdruck kosmischer Intelligenz, die sich seit Jahrmilliarden unserer Realität in biologischer Form ausdrückt. Zurückkommend auf unser Innen-Zellleben ist diese Leistung gar nicht groß genug einzuschätzen: Über 250 verschiedene Zelltypen (die aus zwei Einzelzellen entstanden sind!) arbeiten harmonisch zusammen, ohne einander „in die Quere" zu kommen. Fünfzig Aufgaben einer einzigen Leberzelle überschneiden sich weder mit denen einer Muskel-, Nieren- oder irgendeiner anderen Zelle, sie ergänzen einander vielmehr. Wenn wir dieses Zusammenspiel der Zellen mit unserem Gesellschaftssystem vergleichen, so können wir nur erschreckt registrieren, wie unser Verstand vielfach gegen uns arbeitet, wie es einem Generalmanager ganz leicht gelingt, gegen seine Mitarbeiter zu agieren und gegen die Grundregeln zu verstoßen, die er anderen abverlangt. Wir wollen, dass unsere Leber einwandfrei ihre Arbeit leistet, wir verlangen von unseren Muskeln und unserem Knochenapparat Höchstleistungen und achten dabei nicht auf deren Bedürfnisse. Wir pfuschen ihnen ständig ins Handwerk. Wir füttern unser Nervensystem mit Beruhigungsmitteln, damit es nicht in Hysterie ausbricht, wenn wir täglich erst um 3 Uhr früh ins Bett kommen. Wir sind gierig und gefräßig und beklagen uns über ähnlich agierende Krebszellen. Wenn sich die Zellen genauso verhielten, wie es ihnen ihr Generalmanager vorlebt, wären sie in spätestens einer Woche tot. Es zeugt von tiefer Weisheit, dass sie sich einen Überlebensschutzschalter eingebaut haben, einen Bypass, der den Boss zeitweilig ausschaltet oder ihn als Chef überhaupt ignoriert. Dieses Bypasssystem, ein hoch intelligentes, selbstorganisiertes, vollständig vernetztes Frühwarnsystem synchronisiert von Geburt an die physische, psychische und seelische Ebene und wählt selbstständig den jeweiligen Austragungsort aus, wenn der Chef wieder einmal verschlafen hat. An uns liegt es, aufzuwachen und uns unserer Aufgaben und unserer Verantwortung bewusst zu werden, die wir uns und damit allen anderen gegenüber tragen. Damit sind unsere bisherigen Vorstellungen vom Ich und was wir selbstständig leisten wieder etwas revidiert worden. Daher zurück zu unserer Frage: „Wer bin ich? Bin ich wirklich nur der Verstand, der sich als General aufspielt?"

Das Resonanzgesetz

Um mich zu erkennen, gibt es noch eine Chance, nämlich im Außen. Den Satz *„wie oben, so unten"* können wir erweitern auf *„wie innen, so außen"*, womit wir auf das Resonanzgesetz kommen. Es besagt, dass uns die Außenwelt widerspiegelt – mit dem Zusatz: wenn wir mit ihr in Resonanz stehen. Wenn Sender und

Empfänger auf einer Frequenzebene schwingen, können sie miteinander in Kontakt treten. So wie eine Stimmgabel nur bei ihrem Resonanzton ins Mitschwingen gerät, können auch wir nur das empfangen, was in unserem Wellenbereich liegt. Goethe drückt es so aus: *„Wär' nicht in uns das Auge sonnenhaft, nie könnt' die Sonne es erblicken. Wär' nicht in uns des Gottes Kraft, wie könnt' uns Göttliches entzücken?"* Erweitert heißt das, dass wir nur auf etwas reagieren, mit dem wir in Resonanz stehen, dass uns nur das bewegt, wozu wir eine Affinität besitzen. Was bedeutet das für uns im Alltag? Wir ärgern oder freuen uns nur über etwas, zu dem wir eine Beziehung haben oder das in uns selber schwingt. Manche Dinge, die für jemand anderen besonders schrecklich, provokant oder auch lustig sind, lassen uns dagegen völlig kalt. Wenn man jemandem sehr nahe steht, wenn man in Ein-Klang steht, schwingt man gleich, ohne deswegen identisch zu sein. Wir sprechen von „gleicher Wellenlänge" oder davon, „einen guten Draht zueinander" zu haben. Auch die Körperzellen verfügen bei aller äußeren Verschiedenheit über solch eine innere Gemeinsamkeit.[13] Selbst im Schlaf hört dieses Zusammenspiel nicht auf, Träume lösen Körperreaktionen aus und umgekehrt. Auch meine Umwelt, meine Wohnung, meine Freunde lassen Rückschlüsse auf mich zu. Lebe ich in Ordnung oder Unordnung? Habe ich eine helle, fröhlich gestrichene, lichtdurchflutete Wohnung oder lebe ich in einem Kellerloch? Wie schaut mein Schreibtisch aus? Voll gepackt könnte er auf Überverantwortung, aber auch auf innere Unordnung oder auf Angst hinweisen, sich den eigenen Verpflichtungen zu stellen. Jeder Mensch drückt gleichzeitig aus, wer er ist und wer er nicht sein will. Daher ist es möglich, aus dem persönlichen Umfeld eines Menschen zu schließen, ob derjenige mit seinem Leben zufrieden ist oder nicht, ob er ein starkes Gefühl für seine persönliche Identität hat, ob er ein Konformist oder ein Nonkonformist ist, ob er Ordnung mehr schätzt als Chaos, ob er optimistisch oder hoffnungslos ist.

Erst in dieser Resonanzbegegnung erkennen wir, dass das Abgelehnte und Bekämpfte ein Teil von uns ist und als Freund integriert werden kann. Es muss uns bewusst werden, dass wir

[13] Rüdiger Dahlke: Der Mensch und die Welt sind eins, München 1987, S. 139 ff

mit jedem Gedanken (der von uns als Frequenz ausgestrahlt wird und damit von allen empfangen werden kann) sowohl unser persönliches als auch das kollektive Schicksal beeinflussen und damit - wenn auch nur zu einem winzigen Bruchteil - das globale Geschehen ändern! Damit sollten wir Schritt für Schritt mehr Vertrauen in die eigene Kraft entwickeln und bewusst unsere Schöpferkraft einsetzen.

Das Polaritätsgesetz

Unsere Bestimmung ist, die Gegensätze richtig zu erkennen, erstens nämlich als Gegensätze, dann aber als Pole der Einheit.
Hermann Hesse

Auch das nächste Gesetz beschäftigt sich mit dem Ich-bin, diesmal mit mir in Zusammenhang mit meinem Gegenpol. Die Tabula Smaragdina besagt: „*Jedes Ding auf Erden besitzt den Gegenpol, den wir brauchen, um etwas zu begreifen.*" Hätten wir nur vier Finger ohne den Daumen als Gegenpol oder nur einen Arm, könnten wir nichts erfassen. Gäbe es nur das Gute, könnten wir das Böse nicht erkennen und umgekehrt. Wir brauchen die Gegenpole für unser Menschsein. Was einmal das Dunkle und einmal das Lichte hervortreten lässt, das ist der Sinn, der Weg, das Tao. Uns scheint es paradox, dass Erfahrungen und Werte, die wir immer für gegensätzlich hielten, am Ende eins – und gleich gut sind. Wir neigen dazu, unsere positiven, herzeigbaren Eigenschaften hervorzukehren und die Schattenseiten zu negieren. Damit lehnen wir einen Teil von uns ab oder ignorieren ihn einfach. Wir brauchen aber dieses Spiel von Licht und Schatten, hinter dem der Glaube an uns und unsere einzigartige Berufung, an den göttlichen Anteil in uns steht, um wieder in die Harmonie zu kommen! Um wieder als volles Ganzes dazustehen, ist unser Seelenanteil bestrebt, auch diesen Teil über eine Lebenssituation oder mit Hilfe eines Resonanzpartners als Spiegel zu integrieren. Es ist jedoch immer eine Auseinandersetzung mit uns selbst. Wer sich dieser Auseinandersetzung nicht stellt, wird von innen her zerfressen. Die in uns angestaute Lebensenergie (Chi) richtet sich dann gegen uns. Es geht daher nicht darum, unser Fehlverhalten, unsere Krankheiten oder einige „schlechte" Eigenschaften abzutreiben oder durch gute zu ersetzen, denn damit wären wir in unseren Augen zwar gesünder oder besser, blieben aber wieder nur unvollständig. Verzweiflung, Krankheit oder Tod gehören zu unserem Leben und sind äußerliche, wertvolle, unverzichtbare Hilfen für Bewusstwerdung, Wachstum und Reife; Vorgänge, die aber immer nur von innen heraus geschehen können.

Alles in dieser Welt verändert sich, alles befindet sich in einem Zustand ständigen Übergangs. Jeder Teil in und um uns ist dieser Veränderung unterworfen und wird nicht durch Grundgesetze bestimmt, sondern durch die Eigenschaften aller anderen Teile.[14] Wir sind Teil dieser Wandlung, erleben sie in den Jahreszeiten, mit dem Älterwerden, sind ständig mit ihr konfrontiert. Das Wunder der Metamorphose können wir täglich erleben: Ein perfektes Zusammenspiel chemischer Vorgänge ist erforderlich, um aus einer Raupe einen Schmetterling zu machen, so als würde man eine Dampfwalze zur Reparatur bringen und einen Düsenjet zurück bekommen – und das in einem Recyclingverfahren, ohne einen einzigen Bestandteil verschwendet zu haben. Die Komplexität besteht aus vielen tausend Einzelschritten, die bis in kleinste Details aufeinander abgestimmt sind. Außerdem ist dieser Vorgang von der Länge der Tage und damit vom Umlauf der Erde um die Sonne abhängig. Somit besteht seit Jahrmillionen eine enge Verbindung zwischen einem kosmischen Zyklus und der Metamorphose eines Schmetterlings – um nur ein Beispiel zu nennen.

Wir lassen den Wandel nicht zu

Die Natur aller Dinge ist Homöostase, das Streben nach einem natürlichen Gleichgewicht. Damit sind auch wir als kreative Schöpfer einem ständigen Prozess des Neuschaffens und damit

[14] Fritjof Capra: Der kosmische Reigen, Bern, München, Wien, 1977, S. 291

auch einer Veränderung unterworfen. Auch Buddha lehrt, dass „alle zusammengesetzten Dinge unbeständig sind“ und dass alles Leiden in der Welt dem Versuch entspringt, an fixierten Formen festzuhalten. Der ständige Wandel wird hier Samsara oder Sankhara genannt. Damit hat sich der Kreis geschlossen und wir sind wieder am Anfang. Die Frage nach dem Ich-bin hat sich um die Frage: „Warum leidet mein Ich?“ erweitert. Wir leiden nicht, weil wir im feindlichen Leben stehen, sondern weil wir im Leben erstarrt sind und den Wandel nicht zulassen. Wir blicken in die Vergangenheit, um die Gegenwart zu ändern, damit wir die Zukunft genießen können! Wenn wir aber erkennen, dass wir unseres eigenen Glückes Schmied sind, dass die Gegenwart immer so gut ist, wie sie ist, dann sind wir frei, in jedem Augenblick den Wandel zuzulassen. Es ist ein Fehler, unser Ego zum Sündenbock und damit seine ständigen Forderungen, seine Gier und seine Selbstsucht für unsere Leiden verantwortlich zu machen. Auch die Mär, dass der Mensch von Natur aus fehlerhaft ist, gezeichnet von den Narben seiner Sünden, missbilligt oder sogar verdammt von Gott, ist nur die Ausgeburt von jenen, die Macht über uns ausüben wollen.

Wer unser Ich auch immer ist, es ist zunächst der Schöpfer dieser Realität! Wenn wir eine wunderschöne rote Rose in die Hand nehmen und ihren Duft einatmen, heißt das: „Ohne mich hätte diese Blume keinen Duft“. Wenn wir uns über das leuchtende Rot freuen, können wir uns sagen: „Ohne mich hätte diese Blume keine Farbe“. Ohne uns gäbe es keine Rose mehr, sondern nur noch Atome, die in der Leere vibrieren. Die „wahre“ Realität lässt sich daher weder mit Worten ausdrücken, noch kann sie vermittelt werden, weil jeder eine andere Wahrheit in sich trägt. Tief im Inneren spüre ich, ob mir etwas gefällt, passt, schmeckt, angenehm oder unangenehm ist. Und das allein zählt – denn das ist für mich wahr. Wir können authentisch traurig sein oder traurig, weil man „in dieser Situation traurig zu sein hat“, wir können aber auch authentisch fröhlich sein, obwohl man jetzt eine ernste Miene aufzusetzen hat. Wir müssen uns immer wieder fragen: „Fühle ich mich jetzt wirklich so oder fühle ich mich so, weil man sich jetzt so zu fühlen hat?“ Oder noch anders ausgedrückt: „Fühle ich so oder denke ich, dass ich fühle?“

Die meisten Menschen meinen, ohne Prinzipien, Grundsätze und Ideale nicht leben zu können, denn erst das mache „den wahren, edlen Menschen“ aus. Damit sind wir aber niemals frei, sondern sehen die Welt gefiltert durch die Brille unserer Erwartungen und Hoffnungen oder unserer Ängste. Auf unserer Reise nach innen sollten wir all das Gelernte und Anerzogene ablegen und wieder lernen, zuzuhören und aufmerksam mit dem Herzen zu beobachten. Unser Leben ist sehr komplex, damit wir die komplexe Struktur unseres Wesens verstehen können. Wenn wir uns dagegen wehren und beharrlich gegen die innere Stimme handeln, hilft uns unser Körper auf die Sprünge. Er drängt uns durch äußerliche Ereignisse, Unfälle oder Krankheiten, innezuhalten, wieder heil zu werden und in unsere Mitte zu kommen.

Selbstheilung

Seit die Menschheit besteht, ist sie auf der Suche nach Heilung, auf der Suche, die verborgene Quelle zu finden, jene Zauberkraft, die die Wunden schließt und die verlorene Verbindung mit dem Leben zurückbringt. Vor Jahrtausenden beteten die Heiler um die Hilfe der Geister, die den Eingang in die verzweigten Welten jenseits der Vorstellungskraft bewachten. Sie entdeckten die Möglichkeit, ihr Bewusstsein so zu verändern, dass sie wie im Traum immer stärker die Bestimmung der Seele wahrnahmen, um Heilung für ihre Familien und Stämme zu finden. Dabei kommt es nicht einmal so sehr auf den Wahrheitsgehalt einer schamanischen Performance an, sondern lediglich darauf, wie sie der Patient umsetzen kann. Wir können das bei philippinischen Heilern beobachten, die oftmals „blutig“ arbeiten, nur weil damit der Patient eher geneigt ist, an die Wirkung zu glauben. Sie versichern immer wieder, dass jede Operation mit dem gleichen Erfolg genau so gut unblutig verlaufen könnte. Schamanen lernen zu heilen, sehen eine andere Welt, arbeiten mit nichtphysischen Energien, sprechen mit Tieren und Geistern, erfahren archetypische Symbole und Visionen. Sie verlassen ihren Körper oder bringen das ganze Spektrum paranormaler Phänomene wie Telepathie, Hellsehen, Psychokinese, Transmutation von Objekten, körperliche Verwandlungen, magische Beeinflussung von Tieren, Pflanzen und Menschen hervor. Sie beeinflussen die Elemente und Naturgesetze nach ihrem Willen.[15] Sie benützen dabei Trancetänze, Hyperventilation, Musik, psychedelische Drogen, die als Katalysator wirken und sie in die Lage versetzen, Krankheitsursachen zu erkennen und zu beseitigen. Die Heiler oder Medizinmänner übernehmen dabei meistens die Verantwortung für den Patienten. Heute legt ein Therapeut viel mehr Wert darauf, dass er selbst als Katalysator wirkt und nur als Begleiter den Patienten in dessen Prozess unterstützt, selbst die Ursachen herauszufinden, die zu Disharmonie und Ungleichgewicht geführt haben.

Durch Erfahrungen, die wir beim Feuerlauf, auf dem Jakobsweg, bei Schweigeseminaren, in Erdlöchern (Vision Quests) oder in langen Meditationen machen können, gelingt es uns, auch ohne Drogen in eine andere Bewusstseinsebene zu gelangen und den engeren Kontakt mit unserer Seele wieder herzustellen. Clemens Kuby berichtet in seinem Film „Unterweg in die nächste Dimension" von seinen Erfahrungen mit Don Agustin in den Regenwäldern des Amazonas. Er erkannte, dass es nicht nur die Heilgesänge, Tanzrituale oder Agustins Säfte waren, die die entscheidende Heilwirkung auf die Patienten ausübten, sondern der unerschütterliche Glaube an die eigene Kraft, den Don Agustin so überzeugend vermitteln konnte. Da letztlich jeder Heilprozess ein Selbstheilungsvorgang ist, gibt es keinen Grund, irgendeinen Weg zur Aktivierung dieser Seelenkräfte zu diskreditieren.[16] Auch ein Therapeut kann immer nur eine begleitende Funktion ausüben und nie unabhängig vom Patienten agieren, wenn er nachhaltig erfolgreich sein will.

[15] Holger Kalweit: Die Welt der Schamanen, Darmstadt 2004, S. 366
[16] Clemens Kuby : Heilung, das Wunder in uns, München 2006, S. 56

Selbstheilung und wie wir sie erfolgreich verhindern!

In vielen Fällen verlassen wir uns auch heute noch auf die Götter, die heute in weiß gekleidet sind und an die wir unsere Verantwortung abgeben. Wir wollen zwar von Leiden, Angst, Schmerz, Versagen und der Ungewissheit des Lebens befreit werden, aber unsere Persönlichkeit, unser bisheriges Verhalten beibehalten. Wir haben Angst, etwas zu verlieren, das wir als einen Teil unserer Persönlichkeit betrachten, und wir wollen nur unliebsame Nebenerscheinungen unseres Verhaltens abtreiben lassen. Dass das nicht funktioniert, sehen wir an chronischen Krankheiten oder an körperlichen Folgeerscheinungen, die sich immer wieder einstellen. Weitere Ursachen, die Selbstheilung verhindern, sind seelische oder psychische Verletzungen, die wir uns in unserer Kindheit geholt haben. Es sind Urkonflikte von Traumata und Schocks sowie psychische Zwangsmuster, die uns unsere Entscheidungsfreiheit nehmen. Wenn ein Kind ein traumatisches Ereignis, das es als lebensbedrohend, gefährlich oder als sehr unangenehm empfindet, nicht aufarbeiten kann, verdrängt und vergisst es zunächst den Vorfall. Weil es uns jedoch nicht gelingt, unseren negativen Erinnerungen zu entfliehen, arrangieren wir uns mit ihnen und überlagern sie mit immer neuen Schichten, die diese unbewusste Erinnerung zwar bestätigen, aber nie zur Auflösung bringen. Wir bleiben damit in unserer Hilflosigkeit und fühlen uns auch als Erwachsene in verschiedenen Situationen oft wie verängstigte Kinder. Gespeicherte Erinnerungen sind wie Mikrochips, die darauf programmiert sind, eine immer gleiche Botschaft zu senden. Ein Trauma beschwört immer wieder die gleiche Situation herauf, um endlich aufgelöst zu werden. Wir fühlen uns daher quasi vom Schicksal verfolgt und jammern: „Wann hört diese Unglücksserie endlich auf?" Schocks hingegen führen dazu, dass man diese Situation meidet. Man geht daher nicht mehr im Finstern in den Wald oder fährt nicht mehr mit dem Rad über eine Brücke usw. und entwickelt abenteuerliche, für andere völlig unbegründete Handlungsweisen. Es hilft nichts, die Botschaft nachträglich zu verändern, da dieses Problem damit nicht gelöst wird. Man muss sich das traumatische Ereignis, das meistens ganz früh in der Kindheit stattgefunden hat, nochmals anschauen und als Erwachsener bewusst auflösen, was ja insofern nicht ganz einfach ist, da man es ja vergessen hat. Erkennen können wir es allerdings an den Verhaltensweisen, die wir uns gleichsam als „Schutz“ zugelegt haben: nämlich in der Manipulation, der Kontrolle oder der Verdrängung.

Manipulation

Die Ausgangssituation bestand darin, dass uns massiv Unrecht zugefügt wurde, dass uns Grundrechte genommen wurden und wir recht- und hilflos dastanden. Wir versuchen daher jetzt, uns das zu holen, was uns fehlt oder was wir glauben zu brauchen, indem wir unsere Umgebung manipulieren. Wir täuschen, betrügen, schmeicheln, drohen oder versuchen durch Charme, Verstellung oder Überredungskunst das zu bekommen, was uns fehlt – oder was uns damals als Kind genommen bzw. nicht gegeben wurde. Wir sind uns jedoch weder der Ursache bewusst noch merken wir, dass wir in Wahrheit manipulieren. Wir glauben, im Recht zu sein. Damit werden wir selbst zum Täter, um unsere Opferrolle auszugleichen. Wir nützen andere aus, stellen Forderungen an sie, verursachen Druck, Konflikte, erwecken in anderen Schuldgefühle und fühlen uns aber dabei immer noch als Opfer (des Schicksals).

Kontrolle

In dieser traumatisierenden Situation ging es um Macht. Wir fühlten uns arm, ohnmächtig einem Erwachsenen gegenüber, missbraucht und hilflos ausgeliefert. Zurück bleibt oftmals der Gedanke: „Hätte ich doch ...“ Um das zu kompensieren, arbeitet man mit Kontrolle. Wer kontrolliert, zwingt Menschen die eigene Vorgehensweise auf und tarnt damit seine Unsicherheit. Wir kritisieren, überwachen und überprüfen sie, um auf diese Weise Macht über sie zu haben. Mit der Macht werden wir zum Täter und rächen uns indirekt dafür, was uns angetan wurde oder was wir haben geschehen lassen. Wir haben das Verlangen, den anderen festzuhalten, (an uns) zu binden und von uns abhängig zu machen. Den meisten Menschen ist überhaupt nicht bewusst, dass sie ihre Mitmenschen beeinflussen und damit steuern. Sie suchen durch Lob, Tadel, Gekränktsein, durch Krankheit oder Unpässlichkeit sowohl die Aufmerksamkeit auf sich zu ziehen, als auch Zuwendung zu bekommen. Sie geben sich zwar als Opfer, sind aber damit zu ziemlich rücksichtslosen Tätern geworden. Mütter benützen oftmals diese Rolle, entwickeln ein Helfersyndrom oder spielen den Überverantwortlichen, aber auch Männer flüchten geschickt in diese Rolle, um durch „sanftes Lob" und stille Vorwürfe die Familie zu steuern. Sie haben dabei das Gefühl, dass ihnen niemand genügend Dankbarkeit oder Wertschätzung entgegenbringt. Kontrollieren kann ich auch mit einer zu leisen Stimme, durch Brüllen, Ärger, schlechte Laune, unhöfliches Zuspätkommen, Depressionen, Unterwürfigkeit und „Hilflosigkeit". Es gibt hier ungeahnte Möglichkeiten, die alle das gleiche Ziel haben, nämlich den anderen in Schuld zu bringen, wenn er mir nicht hilft, mir nicht zuhört oder mich übersieht. Indem ich den anderen zum Sündenbock mache, will ich mich von meiner Schuld reinwaschen, denn im Unterbewusstsein habe ich immer noch das Gefühl, selbst an dem ursprünglichen Trauma oder dem Schock (mit)schuld gewesen zu sein.

Verdrängung

Hinter der Verdrängung liegt Angst. Es gilt zwar unter den Psychologen als die kindischste der drei Verhaltensweisen, weil derjenige damit die Augen vor der Wirklichkeit verschließt und sich selbst nicht zugesteht, seine Probleme selbst lösen zu können. Dahinter liegen die Furcht, bei der Bewältigung des Problems zu versagen, das Bedürfnis eines Kindes, dass ihm ein anderer helfen sollte oder müsste und die Unsicherheit, die richtige Entscheidung zu treffen. Diese Menschen stecken den Kopf in den Sand und versuchen, durch Ignorieren die Sache aus dem Weg zu schaffen. Die Verdrängung wirkt sich aber auch auf andere Gebiete aus. Diesen Menschen fehlt es oft an Konzentration, sie sind vergesslich, sie zögern meistens Entscheidungen hinaus, sie lassen sich auch bei Kleinigkeiten helfen, die sie ohne weiteres selbst erledigen könnten. Sie geben sich hilflos und legen sich ein oftmals lächerliches, kindliches Verhalten zu. Es sind vielfach Frauen, die zu „Hascherln" werden, sich sehr unterwürfig verhalten und damit die eigene Verantwortung abgeben. Sie liefern damit die Vorlagen zu den Blondinenwitzen. Sie können sich nicht durchsetzen und reagieren in vielen Dingen wie ein kleines Kind. Die Umgebung nimmt sie damit nicht ernst, nicht für voll, übergeht sie vielfach und verzeiht ihnen Fehler oder Schwächen, weil sie ja „so arm, so hilflos oder so ungeschickt" sind. Wenn diese Menschen die Ursachen der Verdrängung gesehen und anerkannt haben, können sie sehr schnell umschalten, selbst- und verantwortungsbewusst werden und ihr kindliches Verhalten ablegen.

Die Voraussetzung zur Selbstheilung ist daher Bewusstsein. Ich muss zunächst meine Verhaltensweisen als das erkennen, was sie sind, dann kann ich die Verantwortung dafür übernehmen. Damit schaffe ich mir die Möglichkeit, meine Traumata, Schocks, Ängste, Phobien oder was auch immer aufzulösen. Bewusstsein schafft damit Entspannung auf allen Ebenen. Dazu schreibt Peter Schellenbaum: „*Wirklich heil können wir nur werden, wenn wir tief innerlich spüren, was wir brauchen und diesem Spürbewusstsein folgen*".[17] Erst mit diesem Bewusstsein ist uns Selbstkorrektur möglich, die uns zu dem führt, was in unserer Kinderseele als Bestimmung oder als Lebenssinn verankert ist und zu dem wir so wenig Zugang haben. Damit sind wir wieder beim Prinzip der Homöostase, das besagt, dass alle Prozesse im Universum bestrebt sind, einen Ausgleich zu schaffen. Wir sollten daher bereit sein, uns mit den „Spielregeln" auseinanderzusetzen, die die Voraussetzung für Gesundheit, Glück und Erfolg sind.

[17] Schellenbaum, Peter: Im Einverständnis mit dem Wunderbaren, München 2003, S. 47

Warum sollten wir?

Kennen wir überhaupt die Spielregeln, an die wir uns halten sollten? Es hängt zunächst einmal grundsätzlich mit den Gegenpolen zusammen, die zu einer Vereinigung drängen. C. G. Jung spricht von der Individuation und meint damit, dass man sich mit seinem verborgenen Schatten vereint. Voraussetzung dazu ist, dass man sich zunächst einmal als das annimmt, was man ist: dass man sich als Frau oder als Mann völlig akzeptiert und nicht etwas anderes daraus machen will. Der nächste Schritt bedeutet dann, die Schattenseite, die Lilith, in sich zu entdecken und zu integrieren. Wir neigen zu einer einseitigen Überbetonung: in der Emanzipation erstreben wir männliche Dominanz, Macht und Einfluss, Kampf und Sieg und vergessen dabei unser wahres Frausein. Für einen „echten" Mann ersetzt neben Erfolg, Ruhm oder Ehre das Mater-ielle (mater = Mutter) seinen weiblichen Teil, und er vernachlässigt dabei seine Spiritualität. Wir vertauschen damit nur die Pole oder verstärken sie sogar und sehnen uns gleichzeitig nach Vereinigung. Auch das Wort Yoga heißt „Vereinigung beider Seiten"; wir im Westen benützen Yoga in all seinen Formen, um das Ungleichgewicht in unserer Lebensweise auszugleichen.

Den Gegenpol zu erkennen und zu akzeptieren ist die wichtigste und allergrößte Chance in unserem Leben. Wir neigen dazu, die Wirklichkeit nur von einem Pol aus zu betrachten und eine „gute" Seite überzubetonen, damit stehen wir ständig in Konflikt mit der Wirklichkeit, die uns immer mit beiden Seiten konfrontiert: neben Frieden und Harmonie erleben wir Streit, Krieg, Neid und Ärger. Wer jedoch den Konflikt und den Zusammenprall beider Seiten erlebt, ohne imstande zu sein, sie zu integrieren, ist psychotisch. Wir neigen zur Zersplitterung, zur Entropie, wir urteilen, polarisieren, verur-teilen damit den anderen Pol und machen diese Denkweise zur Maxime unseres Handelns. Selbst wenn wir spirituell oder esoterisch unterwegs sind oder uns ganz „bio" geben, sehen wir meistens die restliche Welt als etwas von uns Getrenntes und Abgesondertes. Wir verstehen den anderen Pol nicht und vertreten unsere Ansicht in Streit- und Verteidigungsgesprächen. Wir grenzen uns ab und schützen uns mit Elektrozäunen.

Wir sprechen vom Nord- Süd-Gefälle, von der Dritten Welt, von Asylanten und verteidigen Grund, Boden, Wasser und Luft. Wie außen, so innen. Damit ernten wir auch immer das, was uns ordnungsgemäß zusteht, nämlich Streit, Ärger oder Enttäuschung. Weder die Krise noch deren Phänomene sind schlecht, genauso wenig wie die Umweltkatastrophen oder die derzeitige Weltlage: sie sind zu Recht, wie sie sind. Wenn wir die Katastrophe, nämlich unseren Umkehrpunkt, erkannt haben, haben wir die Chance, um- und heimzukehren und in die Mitte zu kommen. Wir sind aus dem Paradies ausgezogen, haben uns in der Fremde verloren und kehren wieder heim – weise und reich an Erfahrung.

Heilung

Schicksal ist Chance; Schmerz und Krankheit sind die Aufforderung, gewisse Korrekturen vorzunehmen. Sie wollen uns körperlich darauf aufmerksam machen, dass wir eine andere Richtung einschlagen sollten. Sie sagen uns, dass wir den Weg, den sich unsere Seele zu gehen vorgenommen hat, verlassen haben und dass wir in gewisser Weise „gegen uns" arbeiten. Haben wir den Wink verstanden und haben wir die entsprechenden Änderungen vorgenommen, so steht einer Heilung nichts mehr im Weg. Oft sind diese Korrekturen sehr subtil und finden nur auf der Bewusstseinsebene statt, sind aber genau so effizient wie eine schwierige Operation oder das Durchleiden eines langen Krankheitsprozesses. Man ist dann geneigt, von Wunderheilungen zu sprechen. Eine Abkürzung dieses Weges ohne entsprechendes geistiges Wachstum ist jedoch nicht möglich.

Die seelische Ebene

Wenn die Menschen überhaupt etwas gemeinsam haben, dann ist es der Glaube an die Seele, der so tief in unserem Bewusstsein verankert ist, dass selbst eine mechanistische Weltanschauung nicht imstande war, diesem Glauben den Todesstoß zu versetzen.

Sowohl das griechische „Anima" als auch das lateinische „Spiritus" bedeutet „Wind". Für einen Schamanen ist die Seele der Teil, der den Körper beseelt, der ihm Leben verleiht, der ihn durchdringt. Ein Schamane ist imstande, sein Bewusstsein so zu kontrollieren, dass er diesen Anteil vom Körper lösen und sich auf Astralreisen, Seelenexkursion oder Out-of-The-Body-Experience begeben kann.

Harald Wessbecher bezeichnet die Seele als Summe von Schöpfungsideen: *„Es gibt viele Zustände des erweiterten Bewusstseins, in denen man in bewussten Kontakt mit seiner Seele treten kann. Sie werden manchmal als so gewaltig erlebt, dass man sie häufig als Gotteserfahrung bezeichnet, einfach deswegen, weil das, was unsere Seele als Potential und Energie in sich trägt, unser Begriffsvermögen übersteigt. Mit der Seele sind wir durch Schöpfungsideen mit dem großen Schöpfer verbunden. Sie sind Aspekte unseres Bewusstseins, die in der Lage sind, ungerichtete, göttliche Schöpfungsenergie in eine Form zu bringen, sie auszurichten und damit zu manifestieren.*"[18] Wessbecher spricht von Bewusstseins- oder Wahrnehmungsebenen, die man beliebig kontaktieren oder „aufsuchen" kann. Es geht also immer darum, mit dieser seelischen Ebene, ganz gleich wie wir sie bezeichnen, in Kontakt zu treten und uns bewusst auf sie einzulassen. Denn das Bewusstsein gestaltet die Wirklichkeit, und je bewusster wir sind, desto klarer können wir unseren Weg gehen. Der Weg der spirituellen Magie, den wir auch als „Nicht-Schamanen" gehen können, hilft uns, mit Dankbarkeit und Liebe unser Leben besser zu gestalten und unseren Schöpferauftrag zu erfüllen, den sich unsere Seele vorgenommen hat. Je tiefer wir uns auf diese Bewusstseinszustände einlassen, desto natürlicher, erfolgreicher und erfüllender wird sich unser Leben entfalten. Je weiter wir uns davon entfernen, desto härter werden wir unser Schicksal empfinden. Denn erst, wenn wir im Einklang mit unserer Seelenebene sind, können wir die uns dort zur Verfügung stehenden Energien nutzen. Wir nehmen die Schönheit und Geborgenheit wahr, bekommen Kraft und Stärke und empfinden Dankbarkeit und Liebe.

Erst wenn wir diesen göttlichen Anteil in uns kennen und gelernt haben, mit ihm umzugehen, werden wir zu wahren Schöpfern und können unser Leben – und damit unsere Wirklichkeit – frei

[18] Harald Wessbecher: Entfalte deine Bestimmung, München 2003, S. 55

gestalten. Man könnte sagen, dass die Luft in dieser Höhe zwar sehr dünn, dafür aber klar geworden ist: wir sind frei geworden, bewusst zu kreieren, aber auch bewusst zu manipulieren und schwarze oder weiße Magie sehr effizient zu betreiben. Unbewusst machen das alle Menschen: wie Zauberlehrlinge senden sie täglich unzählige Botschaften aus und wundern sich, welche Antworten sie zurückbekommen. Sie zeugen ungewollt Kinder und ärgern sich über diesen Nachwuchs (oder fragen sich, woher er kommt)! Wer seine Seelenebene kennt und mit ihr arbeitet, empfindet sich nicht mehr als vom Schicksal verfolgt und wie eine Marionette hin und her geschoben, sondern wird zum spirituellen Magier, der sein Leben mit all seinen Licht- und Schattenseiten annehmen und gestalten kann.

Die psychische Ebene

In der chinesischen Gesundheitslehre heißt es, dass sich jede Kinderseele ihre seelischen Wunden und Verletzungen holt, um ihr Schicksal oder ihre Aufgabe erfüllen zu können. Es ist für uns irrelevant, woher dieser Auftrag stammt und was uns dazu veranlasst hat, hier auf diesem Planeten zu inkarnieren, für uns zählt nur, dass unsere Seele bereit war, dieses Spiel zu spielen. Um diesen Plan auch durchführen zu können, schafft sie sich das Ambiente: sie wählt Eltern, soziale Umweltbedingungen, psychische und physische Vorteile wie Talente, besondere Begabungen, besondere Fähigkeiten, aber auch Handicaps oder Schikanen auf der „Tour de la vie". Es sind, wie es die Chinesen ausdrücken, psychische Zwangsmuster, die sich die Seele in Form von Traumata oder Schocks holt, um sie dann in Vorlieben, Abneigungen, Phobien oder Psychosen umzuwandeln. Sie dienen nur dazu, die Erfahrungen zu machen, die von der Seele selbst gewählt wurden, um reich belohnt wieder heimkehren zu können. Es ist die Geschichte vom verlorenen Sohn. Dieses Paket steht fest und ist nicht zu ändern. Wenn wir dieses Was nicht akzeptieren und mit Gott zu hadern beginnen, sind wir nicht frei. Es ist die ständige Frage nach dem Warum. „Warum, Gott? Warum hast Du mir dieses Leid geschickt, meine Kinder sterben lassen, warum lässt Du diesen Krieg zu ...?" Es ist der verzweifelte Schrei der Menschheit. Es ist auch der Urgrund, warum wir leiden.

Sehen wir uns diese psychischen Zwangsmuster einmal näher an und zitieren den Psychotherapeuten Carl Rogers, der sagt, dass die Ursache psychischer Probleme bereits in der Wiege zu suchen ist: *„Liebe seitens der Eltern oder einer anderen Bezugsperson ist immer an Bedingungen geknüpft. Um diesen Personen zu gefallen, muss das Kind deren Wertvorstellungen annehmen und zu seinen eigenen machen - sehr oft in einem Prozess des Sollens oder Müssens. Damit versucht das Kind, das Selbst zu werden oder zu sein, das andere von ihm erwarten, anstelle des Selbst, das es eigentlich ist. Aus diesem Grund scheinen die Familie und andere institutionalisierte Beziehungen in unserer Kultur häufig Brutstätte für psychische Krankheiten zu sein."*[19] Liebesentzug oder Bestrafung – in der Erziehung wenden wir immer die gleiche Methode an.

Das Kind ist, wenn es auf die Welt kommt, zunächst nur Gefühl, eins mit sich und seiner Umgebung. Um gut überleben zu können, muss es sich jedoch anpassen und die Konzepte seiner Umgebung übernehmen. Allmählich vergisst es sein eigenes Programm, seine Authentizität und lebt nach den Konzepten und Sollwerten, die ihm seine Umwelt vorgibt. Eigenschaften wie z. B. Ehrgeiz, Pflichtbewusstsein oder Zielstrebigkeit sind gesellschaftspolitisch erstrebenswert, haben Vorbildwirkung und sind gleichzeitig die Grundlage für Neurosen, Burnouts oder Depressionen. An diesen psychischen Folgeerscheinungen könnten wir die Muster leicht erkennen und sie transformieren. Meistens sehen wir sie jedoch als einen Teil von uns an und verteidigen sie: „Man muss doch pünktlich, loyal, sozial, anständig, dynamisch oder ehrgeizig sein!" Dass mir das Muster „ich muss der Erste und Beste in der Firma sein" jedoch nicht gut tut, zeigt mir der Körper nach einigen anderen Warnsignalen spätestens mit einem Herzinfarkt.

[19] Rogers, Carl R.: Therapeut und Klient, Frankfurt 1983, S. 140

Die körperliche Ebene

Wenn wir von Krankheiten sprechen, meinen wir zunächst körperliche Symptome, die wir ausheilen wollen. Und damit sind wir bereits auf der körperlichen Ebene, auf der wir alle seelischen und psychischen Muster austragen, ob wir das zur Kenntnis nehmen oder nicht. Sogar die Medizin spricht bereits von einigen „psycho-somatischen" Krankheiten, weigert sich aber noch immer hartnäckig, Viren, Bakterien, Unfälle oder Verletzungen als psychisch bedingte Ursache anzuerkennen. Durch körperliche Symptome wird jedoch die seelische Matrix erfahrbar, man kann daher von der ECM, der erfahrbaren chinesischen Medizin sprechen. Es ist kein „Zufall", wenn unterdrückte Wut oder Ärger zunächst mit Leberproblemen und später mit Knieschmerzen einhergehen oder wenn sich Autoritätsprobleme mit Asthma ausdrücken wollen. Es ist ein Appell, sich dieses Prinzip anzusehen und sich mit der seelischen/psychischen Ursache zu beschäftigen, damit man es nicht auf der körperlichen Ebene auszutragen hat. Schon anhand einiger Beispiele kann man diesen Zusammenhang leicht erkennen:

- Jeder Widerstand im oder gegen das Leben zeigt sich durch ein gestörtes Säure-Basen-Gleichgewicht (Magenmeridian).
- Parasiten zeigen an, wo ich mir durch mein Verhalten Energie rauben lasse, wo ich mich selbst unter (Leistungs-) Druck setze oder etwas idealisiere (Dick-, Dünndarm-Meridian).
- Schwermetallbelastungen oder Beeinträchtigungen durch Elektrosmog weisen darauf hin, dass ich mich negativ beeinflussen lasse, dass ich auf viele Ereignisse mit Angst reagiere (Nierenmeridian).
- Hormon- oder Vitaminmangel zeigt ein Ungleichgewicht von *yin* und *yang* im Körper an. Hier kann man klar erkennen, dass z. B. Angst den Nierenmeridian stresst, der damit einen erhöhten Calciumbedarf anzeigt. Stehen der Kreislaufmeridian oder der Dreifacherwärmer unter Stress, zeigt sich das durch Vitamin B- oder Magnesiummangel.

Das Meridiansystem

Der Begriff Meridian als Bezeichnung für eine Energieleitbahn ist bereits Allgemeingut geworden. Das chinesische Wort für das Meridiansystem ist Jing Luo. Jing bedeutet „das im Inneren befindliche Blutgefäßsystem". Luo heißt „Netzwerk".[20] Es ist aber nicht nur ein Energieleitsystem, sondern hat noch wesentlich komplexere Aufgaben: Auf der physischen Ebene geben die Meridiane äußere Einwirkungen nach innen weiter, und sie geben auch Auskunft über den jeweiligen Zustand der ihm angeschlossenen Organe. Auf der psychischen Ebene sind hier Traumata, Schocks und die psychischen Zwangsmuster erkennbar, die uns steuern. Damit ist erkennbar, was ich idealisiere, womit ich im Widerstand bin und wo ich in meinen Handlungen frei bin. Auf der seelischen Ebene sehe ich nicht nur meine Bestimmung, sondern auch, wo meine Chance liegt, das Schicksal, das sich meine Seele vorgenommen hat, zu erfüllen.

Das Meridiansystem ist in zwölf Hauptmeridiane und acht Sondermeridiane eingeteilt. Die Hauptmeridiane sind paarweise in je einen Yin- und einen Yang-Meridian angeordnet, die Yin-Meridiane verlaufen auf der Körpervorderseite und die Yang-Meridiane auf der Rückseite. Zusammen bilden sie ein geschlossenes System, in dem die Energie (das Chi) permanent in einem bestimmten Rhythmus fließt. Wie der nachfolgenden „Organuhr" zu entnehmen ist, wird demnach zu einem bestimmten Zeitpunkt ein Meridian maximal, der gegenüberliegende Meridian minimal mit *chi* (Lebensenergie) versorgt. Viele Beschwerden machen sich daher immer zu einer bestimmten Uhrzeit bemerkbar.

Chi

Man kann heute den Fluss des *chi*, das unsere Lebensqualität bestimmt, mit Licht- und Wärmekameras sichtbar machen. Aber was ist das *chi* in Wirklichkeit? Die Chinesen bezeichnen

[20] Steinbrecht-Baade, Christine: Traditionelle Chinesische Medizin, Rastatt, 1998, S. 40

das *chi* (Qi) mit Atem, Energie, Leben, Kraft, Vitalität und Funktion. Sie sagen, das *chi* entsteht, wenn *yin* und *yang* miteinander verschmelzen. *Chi* ist Energie. Die Hauptsätze der Thermodynamik beschreiben zwar Energie, aber nur die, die von außen zugeführt und verändert – sozusagen in einem geschlossenen System manipuliert werden kann. *Chi* umfasst jedoch weit mehr. Es ist das Prana, das uns umgibt, das über die Medulla oder auch direkt über die Mitochondrien empfangen werden kann, es ist die Uressenz, wobei das Wort Essenz bereits täuscht. Die Mitochondrien, die Energiezentren in einer Zelle, oxydieren Kohlehydrate und Fette, sind aber auch in der Lage, unabhängig von jeder „körpereigenen" Energiezufuhr Proteine *selbst* zu synthetisieren. Sie können ihre Energie direkt aus dem Sonnenlicht oder dem „Äther" beziehen – die Wissenschaft steht hier noch vor einem großen Rätsel. Wenn wir sagen, dass *chi* der Motor des Lebens ist, so beschreiben wir bereits Funktionen dieses *chi*. *Chi* ist die Substanz, die uns am Leben erhält, die uns von einem Toten unterscheidet. Ludwig Boltzmann spricht von einer inneren, potentiellen Energie eines Teilchensystems – aber auch die ist auf dieses System begrenzt. In Wahrheit haben wir keine Ahnung, was *chi*, *prana* oder der Odem Gottes ist. Wir kennen nur die Auswirkungen oder die Möglichkeiten, die durch das *chi* eröffnet werden. Viele Eigenschaften, die die Chinesen dem *chi* zuschreiben, sind Funktionen einer Zelle, wie Umwandlung von Nahrung in Energie, Transport dieser Energie in die Meridiane, zu den Organen und zu den Geweben. All diese Eigenschaften und Steuermechanismen kann man zwar chemisch und physikalisch nachweisen und begründen, aber die Wissenschaft bleibt uns die Antwort schuldig, wer oder was diese Funktionen letztendlich aufrechterhält. Damit sind wir wieder beim *chi*, der großen, geheimnisvollen Kraftquelle. Kann das *chi* nicht frei fließen, ist es blockiert, gestört, gestaut oder behindert, äußert sich das in körperlichen Beschwerden, die in der TCM entsprechend behandelt werden. Das *chi* kann aktiviert, das heißt, unserem System, unseren Meridianen oder Organen besser zur Verfügung gestellt werden; es kann sediert werden, das heißt, dass wir Energiestau oder Überenergie ableiten. Energiestau äußert sich in Schmerzen, Druck, Stress, Spannungszuständen oder

Verdichtungen des Gewebes (Tumoren, Krebs); Energieleere zeigt sich in Antriebslosigkeit, Müdigkeit, verdicktem Blut oder geschwächter Verdauung. Das *chi* kann von uns selbst aktiviert werden, indem wir lachen, uns freuen, an etwas begeistern oder kreativ und unternehmungslustig sind. In der Medizin wird es durch Akupressur oder Akupunktur mittels Nadel, Ton oder Licht an speziellen Akupunkturpunkten „tonisiert“.

Die Organuhr

Viele therapeutische Verfahren bedienen sich dieser sehr komplexen Vernetzung, indem sie seelische Probleme über den Körper oder körperliche Leiden über die Psyche behandeln. In der chinesischen Medizin ist seit 5 000 Jahren bekannt, dass man mit Hilfe des Meridiansystems sowohl diagnostizieren als auch heilen kann. Man ortete verschiedene Schaltstellen – Tsubos – die sowohl den psychischen als auch den physischen Körper ansprachen und über die mit Hilfe von Akupressur oder Akupunktur behandelt werden konnte.

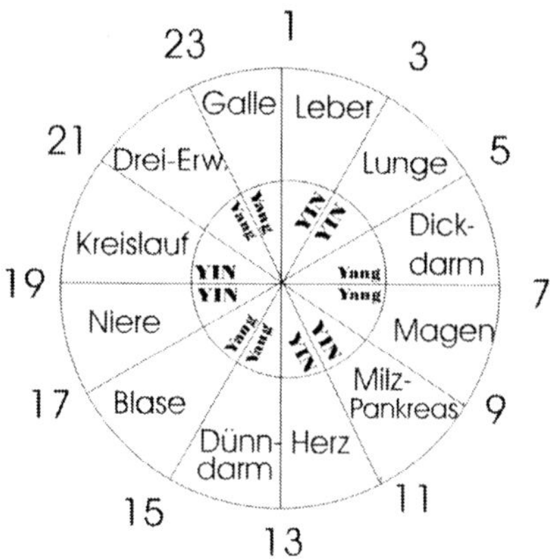

Akupressur, Akupunktur

Die einfachste chinesische Volksmedizin ist Akupressur. Akupressur auf den richtigen Akupunkturpunkt des jeweiligen Meridians aktiviert unmittelbar die Selbstheilungskraft, hält aber nur kurzfristig an. Die Methode der Akupunktur hat in den letzten Jahrzehnten auch in der westlichen Medizin Eingang gefunden.

Es gab bereits zahlreiche Studien, die nachgewiesen haben, dass sich an den Akupunkturpunkten pro Quadratmillimeter doppelt so viele Rezeptoren wie an anderen Meridianstellen befinden. Damit ist bewiesen, dass auf den Meridianen Reiz- und damit Wirkpunkte liegen, an denen der Energiefluss durch Sedieren reduziert oder durch Stimulieren aktiviert werden kann. Nadelakupunktur aktiviert den Chi-Fluss, regt die Selbstheilungskraft körperlich und geistig an und wirkt damit bereits viel tiefer und nachhaltiger. Am effektivsten haben sich bis jetzt die Licht- und Tonakupunktur erwiesen, die dem Körper über die entsprechenden Akupunkturpunkte ausgewählte homöopathische Mittel im Licht- oder Tonfrequenzbereich anbieten. Der Meridian hat damit die Möglichkeit, die von ihm benötigte Farbfrequenz selbst auszuwählen. Da die Bioinformation des homöopathischen Mittels die Zellinformation verändert, wird damit sowohl die körperliche als auch die geistige und seelische Ebene angesprochen und die Wirkung ist damit am tiefgreifendsten und nachhaltigsten. Wenn man den psychologischen oder seelischen Hintergrund kennt, der dem Meridiansystem zugrunde liegt, kann man aus dem Energiepotential eines jeweiligen Meridians den körperlichen, psychischen und seelischen Zustand des Klienten erkennen. Damit sieht ein Therapeut auch, mit welchen Lebensthemen der Patient konfrontiert ist, kann damit auf die jeweilige Situation dieses Menschen eingehen und ihm dessen „blinde Flecken" bewusst machen. Ein guter Therapeut wird eine Krankheit oder ein Krankheitssymptom immer in einen größeren Zusammenhang verstehen, er wird Krankheit nicht nur als bedrohlich, sondern auch als förderlich betrachtet. Er wird die körperlichen Beschwerden nicht abtreiben, sondern sie dafür nützen, wofür sie gedacht sind, nämlich als Hinweis auf „fehlendes Bewusstsein". Er wird den Klienten auf dessen Selbstheilungsweg begleiten und unterstützen.

Das Geheimnis der Meridiane

Setzen wir unsere Reise fort, und lassen wir uns darauf ein, was uns die Meridiane zu sagen und welche Funktionen sie auf der körperlichen, geistigen und seelischen Ebene haben. Dabei sollte uns aber klar sein, dass es sich hier um ein ausgeklügeltes Energie- und Informationssystem, ein grandioses Netzwerk handelt, über welches sowohl Daten ausgetauscht als auch Erste-Hilfe-Aktionen gestartet werden können. Einzelne Meridiane können für andere „einspringen", können einander unterstützen, aber auch behindern. Oftmals muss man einen Meridian schwächen, damit ein anderer wieder zu einer ausgeglichenen Energiebilanz kommt. Wie oben, so unten; wie außen, so innen: Es ist alles mit allem verbunden, und unser System ist immer bestrebt, einen harmonischen Ausgleich zu schaffen.

Lungenmeridian, der Verantwortliche

Metall / Yin

Organzeit: 3 - 5 Uhr Jahreszeit: Herbst

Qualitäten:	Kommunikation, Autorität, Ausdruck, Traurigkeit, Distanz
Befreite psychische Qualität:	Beziehungsfähigkeit
Befreite seelische Qualität:	Ich bringe meine Seele zum Ausdruck, ich bin Autor meines Lebens.

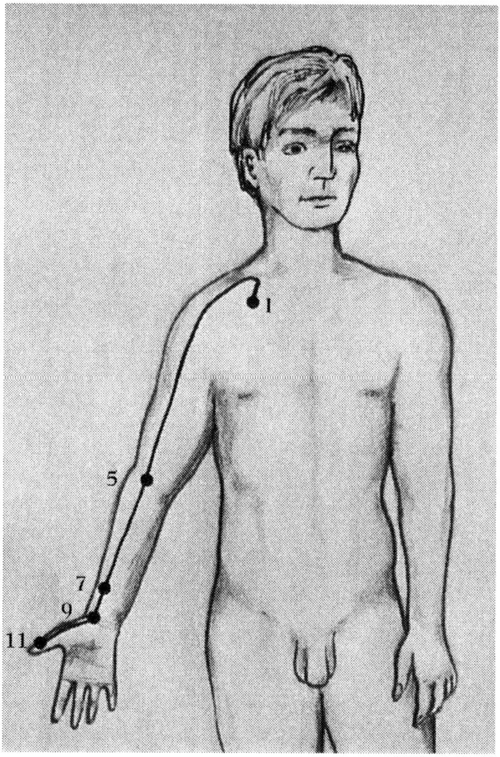

Lunge 1 (Tshu Fu)
- gewöhnliche Erkältung, Husten, Asthma

Lunge 5 (Shoku Taku)
- bei Husten, Ellbogenschmerzen, schmerzhafter Atmung, Versteifung

Lunge 7 (Retsu Ketsu)
- Kopfweh, Erkältung

Lunge 9 (Tai En)
- Wiederbelebung, Halsentzündung

Lunge 11 (Shou Shu)
- bei Erkältungen und Halsschmerzen, Husten

In Verbindung mit anderen Meridianen werden folgende Themen angesprochen:

Lu + Di	Sehe ich klar? Kann ich Verantwortung übernehmen? Autorität?
Lu + M	Will ich immer Recht haben?
Lu + MP	Kritiksucht, Selbstzerstörung durch Missbrauch
Lu + Dü	Ich kenne meine Talente nicht, zerrede Schmerz und Trauer.
Lu + B	Erkenne ich die Ist-Situation? Kann ich zu mir stehen?
Lu + N	Habe ich Angst vor Macht und Autorität?
Lu + H	Übernehme ich Verantwortung für meine Gefühle? Kann ich meine Traurigkeit zeigen?
Lu + Kl	Wie leicht mache ich es mir im Leben?
Lu + 3E	Gönne ich mir die Fülle, erkenne ich, was mir gut tut? Wie lebe ich die Fülle?
Lu + Gb	Fühle ich mich für alles verantwortlich?
Lu + Le	Kann ich über meine Emotionen sprechen oder unterdrücke ich sie?

Element Metall / Funktionskreise Lunge und Dickdarm:

Das Element Metall kontrolliert alles, was in Zusammenhang mit Abgrenzung und Anpassung steht, es betrifft auch alle Systeme, die mit Schutz und Verteidigung zu tun haben, wie das Immunsystem und das Lymphsystem: Nase, Nebenhöhlen, Kehle, Bronchien und Lunge sowie den Dickdarm. Es schützt und befeuchtet die Haut, reinigt und verteilt Wasser durch die Lymphe und kontrolliert den Biorhythmus. Bei vorübergehendem Energieüberschuss im Lungen- und Dickdarmmeridian entsteht ein Ungleichgewicht gegenüber den Elementen Erde und Wasser, d. h., dass Milz und Niere zuviel Energie bekommen und Leber und Herz zu wenig. Dies äußert sich durch Überempfindlichkeit und Labilität auf allen Ebenen (körperlich, emotional und geistig).

Bei blockierter Energie im Element Metall sind Maßnahmen angezeigt, die das Schwitzen fördern, sowie Lymphdrainage oder Bindegewebsmassage. Ist der Lungenmeridian blockiert oder energetisch unterversorgt, kann es zu Bronchitis, Asthma, Lungen- und Rippenfellentzündung, Angina, Emphysem, Sauerstoffmangel oder Anämie kommen. Hautprobleme zeigen sich mit Akne, Neurodermitis, Psoriasis oder Ekzemen. Beschwerden entlang des Meridianverlaufes können Tennisarmsymptome, Muskelkrämpfe oder z. B. Myopathia sein.

Der Lungenmeridian auf der psychischen Ebene

Lungenkrankheiten hängen auch mit einem zu großen Spannungsfeld des Yin-Yang-Prinzips zusammen. Man neigt dann dazu, in die Überverantwortlichkeit zu gehen, kann aber keine Verantwortung für sich selbst übernehmen. Das erzeugt ein enormes Spannungsfeld, womit auch alle Organe, die mit diesem Meridian zusammenhängen, in Mitleidenschaft gezogen werden, speziell natürlich die Lunge.

Physische Ebene

Die Hauptaufgabe der Lunge ist die Atmung, d. h. der Gasaustausch zwischen Organismus und Umwelt. O_2 gelangt mit der Atemluft in ca. 300 Millionen Lungenbläschen, wird vom Blut aufgenommen, zu den Zellen transportiert, in CO_2 umgewandelt, das wieder zu den Lungen gelangt und ausgeatmet wird. Pro Minute werden im Ruhezustand ca. 7,5 l Luft ein- und ausgeatmet.

Bachblüten / kalifornische Essenzen

Beech: wenn man immer das letzte Wort hat und sich in alles einmischt

Centaury: bei übertriebener Hilfsbereitschaft und Vernachlässigung des Selbst, wenig Willenskraft

Chicory: hilft bei Aufdringlichkeit, wenn man den anderen vereinnahmt und sich um alles kümmert

Larch: hilft bei fehlendem Selbstvertrauen und Unsicherheit in der Ausdrucksweise

Mimulus: hilft bei Angst, sich zu Wort zu melden

Peppermint: erhöht die Aufmerksamkeit und das Lernvermögen

Poison Oak: hilft bei Kommunikationsproblemen, die Distanz zu anderen zu überwinden

Sweet Pea: man vermeidet, Verantwortung zu übernehmen

Trumpet Vine: hilft bei Hemmungen und Unsicherheit im Ausdruck und der Sprache

Violet: für schüchterne Menschen, die fürchten, übergangen zu werden

Walnut: hilft bei Neuanfang, gibt Startenergie

Water Violet: fördert die Kommunikationsfähigkeit

Die Stille

SECHZEHN

Mache dich selbst von allem leer. Lass deinen Geist in Ruhe weilen. Die zehntausend Dinge entstehen und vergehen, während das Selbst ihr Zurückgehen betrachtet. Sie wachsen und gedeihen und kehren dann zum Ursprung zurück. Die Rückkehr zum Ursprung ist Stille, und das ist der Weg der Natur[21]

Das Alte Testament beginnt mit dem Satz: „Im Anfang war das Wort". Ohne diese Feststellung kommentieren zu wollen, lassen wir uns auf folgenden Gedanken ein: „Es ist die Stille". Es gibt keinen Anfang, kein Ende – es ist. In dieser Stille und Leere ist alles vorhanden; die Stille ist die in sich ruhende Ursubstanz,

[21] Laotse, Tao te King

aus der alles entsteht. Wenn wir still werden, einfach nur dasitzen, wenn wir ruhig ein- und ausatmen und nur dem Atem folgen, sind auch wir als Schöpfer bereit, uns für Neues zu öffnen, und können „zehntausend Dinge" entstehen lassen. Dann beginnen wir, in der Stille zu hören. Vielleicht wird diese Stille zum OM, dem „Ich bin", das uns in dieser Leere trägt und uns zu unserem inneren Selbst, zu unserem Ursprung zurückführt, vielleicht wird sie zu einer sprudelnden Quelle der Inspiration, die nur darauf wartet, gefasst zu werden. Wenn es uns nicht gelingt, von Zeit zu Zeit in die innere Stille zu gehen, werden wir von der Hektik des Alltags aufgerieben, divergieren wir in Äußerlichkeiten, werden wir „gelebt", ohne selbst kreativ gestalten zu können. Die Stille ist wie der Ozean, das Reich des Neptun, geheimnisvoll, lockend und doch gefährlich in seiner Urgewalt für all jene, die sich ihm nicht hingeben, sondern dagegen ankämpfen. Wir kennen die griechische Sage von Odysseus, der sich gegen Poseidon auflehnte, vergeblich gegen die Stürme des Meeres ankämpfte und schließlich mit seinen Gefährten unterging. Erst als er sich am Meeresgrund seiner kostbaren Kleider entledigte und alles abwarf, konnte er von den Najaden gerettet und wieder zum Leben erweckt werden. Wir entledigen uns unserer Sorgen, unserer Ängste und befreien uns vom Tagesgeschehen, wenn wir in die Stille gehen und meditieren. Die Stille können wir in einem Wald finden, auf einer Wiese, an einem See, wo wir spüren, wie sich unser Bewusstsein ausdehnt und wo wir diesen Frieden aufnehmen können. Auch das ist OM – das „Ich bin". Viele meiden diese Stille: sie laufen mit Kopfhörern durch die Gegend, sie verwandeln ihr Auto in eine Disko, sie schlafen vor ihrem eingeschaltenen Fernsehgerät ein. Sie sind nicht einmal mehr imstande, bei einem Konzert die Töne in die Stille verklingen zu lassen und minutenlang schweigend dazusitzen, um mit dem Herzen nachzuschwingen. Man hat den Eindruck, dass sich viele vor dieser Stille fürchten. Der Verstand kann diese Stille nicht ertragen.

Mit dem Herzen zuhören

In diese Stille hineinzulauschen bedeutet, mit dem Herzen zuzuhören. Wenn wir bei einem Gespräch jemandem zuhören, ist unser Verstand sehr bemüht, die Worte und deren Sinn zu erfassen, sie wie mit einem Computerprogramm mit bereits Gehörtem oder Erfahrenem zu vergleichen, um dann passende Antworten geben zu können. Je besser die Software, das Wissen und damit der Arbeitsspeicher sind, desto klüger und brillianter fallen die Entgegnungen aus. Bei diesem Zuhören habe ich jedoch weder Zeit noch Möglichkeit, die Begleitumstände, gleichsam die Obertöne, zu erfassen. Lausche ich nur mit den Ohren und übersetze mit dem Verstand, entgehen mir diese Zwischentöne. Oft steht hinter den Sätzen eine ganz andere Aussage, manchmal ist es dem Gesprächspartner gar nicht bewusst, was er in Wahrheit ausdrücken will. Habe ich jedoch meinen Verstand, mein Ego ausgeschaltet, kann mich ganz auf die nonverbale Sprache einstellen, die wesentlich aussagekräftiger ist. Wenn ich mit dem Herzen zuhöre, erfasse ich mehr als nur die gesprochenen Worte, erfasse ich die Geschichte, die dahinter steht, erfahre ich die wirklichen Beweggründe. Die *„elders"* der Indianer Amerikas kommunizieren auch heute noch nonverbal. Sie berufen ihre meetings über Tausende von Kilometern mental ein und bestreiten auch ihre Konversation auf diese Weise! Sie benötigen keine Rauchzeichen, keine Handys, sondern sie kommunizieren über Gedanken, die unabhängig von der jeweiligen Sprache ausgetauscht werden können. Diese meetings verlaufen schweigend, offen und ehrlich – denn anders als bei unseren Gesprächsrunden kann man nichts mehr verbergen oder vortäuschen. Die Gespräche sind wahrhaftig, so wie sie auch eine ehrliche und aufrichtige Gesinnung voraussetzen, die allen Lebewesen entgegengebracht wird. Die Schamanen kommunizieren auf diese Weise (auch heute noch!) mit den Tieren und den Pflanzen, sie haben noch Ehrfurcht vor der Schöpfung.

Wir brüsten uns mit unserer Zivilisation, prahlen mit Fortschritt und technischen Errungenschaften, haben jedoch dieses Grundverständnis verloren. Der Satz „Der Mensch zeichnet sich durch die Sprache von allen Lebewesen aus." wurde vom Verstand geprägt und ist an Hybris nicht zu überbieten. Die *elders* weigern sich vielfach zu reden und verwenden das Englische meistens nur, wenn sie mit Weißen kommunizieren müssen, die die nonverbale Verständigung und das Fühlen bereits verlernt haben. Wir lassen meist den ganzen Tag das Radio unseres Verstandes laufen. Tausende Gedanken plappern dahin, wiederholen immer wieder die gleichen Sätze, stellen die gleichen Überlegungen an. Ich „wälze" Gedanken und bin noch stolz darauf, anstatt dass ich diese Geräuschkulisse zumindest stundenweise abstelle, in die Stille gehe und nach innen lausche. Die Frage nach dem „Wer bin ich?" kann nur über das Herz beantwortet werden. Nur mit dem Herzen kann ich mit mir selbst eine ehrliche Kommunkation aufbauen, die über einen Dialog hinausgeht, bei dem die Antworten schon vorprogrammiert sind.

Der Lungenmeridian – die Kommunikation

Nicht umsonst ist der Lungenmeridian der erste Meridian der Meridianreihe. Er ist *yin*, verkörpert die weibliche Hingabe, er ist *shakti*, die weibliche Schöpferkraft; er erhält uns durch den Atem am Leben und verbindet uns damit mit der Außenwelt. Er ist Spirit: Respiration und Inspiration. Mit dem Lungenmeridian tritt das Neugeborene zum ersten Mal mit seiner Umwelt in Kontakt, genau so wie es neun Monate lang mit seiner Mutter kommuniziert hat. Mit dem ersten Schrei füllt es seine Lungen mit Sauerstoff und beginnt, seine Welt zu erobern. Ein Lächeln, ein Blick, eine Berührung sind die Brücken, die es zu seiner Umwelt schlägt: es will gesehen, anerkannt und geliebt werden. Es ist noch unverdorben und kann vorurteilsfei und spontan eine Beziehung aufnehmen. Es sieht dir offen in die Augen, lädt dich ein, mit ihm zu spielen. Diese ersten Kontakte mit den Eltern und den Bezugspersonen sind oft ausschlaggebend für die Beziehungsfähigkeit und den Umgang mit anderen. Darunter fällt nicht nur die so genannte „Hackordnung" in einer Gemeinschaft, der Rang, der mir auf Grund meiner Leistung zusteht, oder den ich mir erkämpft habe, sondern vor allem der Wert, den ich mir selbst zubillige. Habe ich genügend Selbstvertrauen und Mut, mich in die Gemeinschaft einzubringen? Oder habe ich Angst, nicht anerkannt, nicht gehört oder nicht angenommen zu werden?

Der Lungenmeridian in seiner Schutzfunktion

Die Angst wird durch den Nierenmeridian vertreten, der mit jedem Meridian in Verbindung steht. Bewusst oder unbewusst werden wir durch Angst gesteuert oder durchs Leben getrieben, auch wenn uns das nur in den seltensten Fällen bewusst wird. Der Lungenmeridian zeigt in seiner Schutzfunktion auf, wann und wo Verletzungen stattgefunden haben und wogegen ich mich zur Wehr setze. Stottern oder Sprachprobleme zeigen erschwerte Kommunikationsfähigkeit an: man kann sich nicht klar ausdrücken, man hat Angst, nicht ernst genommen zu werden, man hat Angst zu versagen. Auch ständiges Halsweh oder temporäre Heiserkeit zeigen Schwierigkeiten mit dem sozialen Umfeld auf: man will sich zurückziehen oder wehrt sich gegen etwas, ohne dass man es sich eingesteht. Man steht nicht zu sich, spricht seine Bedürfnisse nicht klar aus und bekommt statt dessen Halsweh. Ohnmachtsanfälle sind ebenfalls Schutzfunktionen. Man hat seine Haltung verloren oder man hält seine Situation nicht mehr aus, bekommt keine Luft mehr, der Kreislauf versagt und man hat keine Macht mehr, um sich selbst zu verteidigen: man fällt in Ohnmacht. Asthma weist auf traumatische Verletzungen in der Kindheit hin. Aus Angst, hilflos allein gelassen zu werden und zu wenig Liebe und Zuwendung zu bekommen, reagiert das Kind mit Atemnot und Erstickungsanfällen, wodurch sich das Kind die Aufmerksamkeit erzwingt. Asthma, Allergien, Neurodermitis und Psoriasis weisen immer auf Verletzungen hin, die das Kind in seiner unschuldigen, kindlichen Offenheit erfahren hat. Sprays und Cortison können eine

Zeit lang Abhilfe schaffen, aber letztendlich liegt es an uns, uns den Verletzungen zu stellen und nach der Ursache zu forschen. Erst wenn wir bereit sind, uns und dem Verursacher unserer Probleme zu vergeben, können wir uns von den Glaubenssätze und alten Konditionierungen lösen, die uns eingeschränkt und in unserer Kommunikation behindert haben. Erst dann sind wir imstande, unsere Visionen zu verwirklichen.

Autoritätshörigkeit

Ein weiteres Muster raubt uns nicht nur Energie, sondern verhindert auch unsere Persönlichkeitsentwicklung, und das ist die Autoritätshörigkeit. Man gibt damit seine Verantwortung für sich selbst ab und lädt sie jemand anderem auf. Dahinter steht die Angst, nicht gut genug zu sein und für Fehlentscheidungen bestraft zu werden. Es ist eine versteckte Form von Feigheit, mit der ich verhindere, mich dem Leben und den eigenen Aufgaben zu stellen. Dahinter steht auch die Angst, zu versagen, mich zu blamieren oder schlecht da zu stehen. In dieser Schattenrolle werde ich sogar zum Täter, indem ich mein Opfer zwinge, für mich zu entscheiden und für mich und meine Aktionen die Verantwortung zu übernehmen. Dieses Hascherl-Rollenspiel findet täglich in kleinem Rahmen statt: „Was soll ich heute kochen?" „Entscheide du, wohin wir auf Urlaub fahren." „Der Papa wird dir schon sagen, was du zu machen hast." Ich täusche damit Kompromissbereitschaft und Anpassungsfähigkeit vor, fürchte mich aber gleichzeitig vor Fehlentscheidungen, die mir vom Partner übel genommen werden könnten. Der Übergang zur Hörigkeit ist fließend, bei dem ich mich gänzlich von jemand anderem abhängig mache. Als Autoritätsperson wiederum nehme ich mit meiner Dominanz dem anderen die Möglichkeit, sich selbst weiter zu entwickeln und für sein Leben einzutreten.

Unseren Träumen Ausdruck verleihen

Mit allem, was ich mir vorstellen kann, bin ich begrenzt,
mit allem, was ich mir nicht vorstellen kann, bin ich genau-so begrenzt!
Engelbert Hammerschmidt

So wie der Kosmos aus dem Nichts, oder was immer wir darunter verstehen, erschaffen wurde, so hat auch unsere Seele mit ihrem göttlichen Anteil den Wunsch, zu schaffen und Schöpfungsideen Ausdruck zu verleihen. Unserem Bewusstsein stehen unbegrenzte Möglichkeiten zu Verfügung, unserer Phantasie sind keine Grenzen gesetzt, nur der Verstand limitiert uns ständig und versucht, uns auf dem Boden seiner Wirklichkeit zu halten. Wir könnten alles, was wir uns vorstellen oder ausdenken, verwirklichen, gestehen das jedoch nur einigen Erleuchteten, Illusionisten, Wunderkindern oder Phantasten zu. Wir weichen daher in Träume aus, schwelgen in science-fiction, bleiben aber im reinen Überleben und suchen zumindest, dem „alltäglichen" Leben einen metaphysischen Anstrich zu geben. Dabei brauchen wir den Sinn des Lebens nicht im Außen zu suchen, denn dieser ist nur in unserem Inneren zu finden – das Außen ist nur der Rahmen, den wir uns als Bühne für unser Komödienspiel erschaffen haben. Es gibt viele globale Mitstreiter, die behaupten, dass das Leben eher eine Tragödie ist, und sie sehen die Erde sogar als Straflager für gescheiterte Seelen an. Es steht zwar jedem frei, pessimistisch, griesgrämig und negativ durch das Leben zu gehen, es steht uns aber auch zu, das Leben interessant, spannend und sehr innovativ zu finden. Und so einfach das Rezept auch klingen mag, - durch alles, was uns Spaß macht, wofür wir uns begeistern können, erhalten wir weitere Impulse und können wir Energie „tanken". Es ist eindeutig die bessere Variante, denn alles, was wir mit Widerwillen tun, zieht uns Energie ab. Da das Leben daran interessiert ist, uns am Leben zu erhalten, stellt es uns auch dafür genügend Energie zur Verfügung. Wenn wir jedoch „gegen uns" leben und uns das Leben schwer machen, verstoßen wir gegen das lebenserhaltende Prinzip und verhindern unseren Lebenstraum, den wir uns eigentlich erfüllen wollten. Je kreativer wir sind und je mehr wir uns und unsere Talente zum Ausdruck bringen, desto mehr kosmische Energie steht uns dafür zur Verfügung.

Mit einem geschwächten oder blockierten Lungenmeridian ist man auch kein Freund vieler Worte, und man vermeidet Diskussionen, Streitgespräche oder Auseinandersetzungen, weil diese „sowieso zu nichts führen“. Damit verzichtet man vielfach darauf, seine eigenen Interessen zu wahren und zu sich selbst zu stehen. Man zieht es vor, eher nichts zu sagen, als „sein Gesicht zu verlieren“. Hinter lächelnder, zuvorkommender Höflichkeit steckt des öfteren ein passionierter Feigling!

Das, worauf wir den Fokus unserer Aufmerksamkeit richten, wird zur Wirklichkeit unserer Welt.
Gregg Braden

Verantwortung

Nur die ungeteilte Aufmerksamkeit für alles, was wir gerade tun, erschließt unsere Kreativität und lässt inneres Leuchten und Freude zu, denn dann ist dieses Tun zu einem Teil von uns geworden und nicht mehr eine von außen aufgesetzte Forderung. Leute, die glauben, alles nur für andere tun zu müssen, kommen dabei selbst zu kurz, indem sie sich von ihrer Mitte wegbewegen. Indem sie ihre Aufmerksamkeit auf Müssen, Sollen und Dürfen richten, beginnen sie, sich abzugrenzen und zu verteidigen und nähren gleichzeitig den Wunsch nach Selbstverwirklichung. Sie nennen es zwar Selbstverwirklichung im Dienst an anderen, wobei jedoch sowohl der Gebende als auch der Nehmende auf der Strecke bleiben, weil die Aufmerksamkeit jetzt nicht mehr auf das Worauf sondern auf das Wofür gerichtet ist. Hier beginnt der Trapezakt: in der Verbindung nach außen und dem Hinwenden an das Du das Gespür für die eigene Lebendigkeit nicht zu verlieren. Denn wer sich selbst veräußert, macht den anderen zum Täter![22] Ein ausgeglichener Lungenmeridian zeigt, dass ich Eigenverantwortung übernehmen kann, dass ich klar zu mir und zu meinen

[22] Schellenbaum, a.a.O.

Gefühlen stehe und für sie auch die Verantwortung übernehme. Ich brauche, da ich meinen Stellenwert kenne, mich dafür weder zu rechtfertigen noch nach Begründungen zu suchen.

Ist der Lungenmeridianwert zu hoch, wird Verantwortung hochstilisiert. Ich bin zwar an allem interessiert, möchte es allen recht machen, möchte aber vor allem über alles Bescheid wissen. Damit übertreibe ich vielfach im Ausdruck und weiß meistens alles besser. Ich bin übervorsorglich, gehe damit in die Überverantwortlichkeit und mache mich zum Täter. Ich zwinge dem anderen meinen Willen auf, indem ich ihm vielfach seine Arbeit und seine Pflichten sich selbst und anderen gegenüber abnehme. Ich kann damit zwar mein Helfersyndrom ausleben, übernehme aber meistens für mich zu wenig Verantwortung, denn erst wenn alle anderen versorgt sind, denke ich an meine eigenen Bedürfnisse.

Leute mit einem guten Lungenmeridian sind gute Rhetoriker, ausgezeichnete Manager, Fremdenführer, Journalisten, Schul- oder Hoteldirektoren, alles Personen, deren Beruf es ist, gut informiert zu sein. Sprecher, Ansager, Märchenerzähler und Schauspieler brauchen einen ausgeglichen Lungenmeridian, damit können sie gleichzeitig eine Brücke zum Du schlagen, schaffen sofort eine Beziehung und verleihen ihren Worten nachhaltigen Nachdruck.

Das Wort

Der Verstand ist auf die Worte und die Sprache angewiesen, und unsere Kommunikation findet überwiegend verbal statt, indem wir unsere Meinungen und Gedanken austauschen. Wir richten an jemanden das Wort, wir entziehen ihm das Wort, wir schneiden ihm das Wort ab. Wir trösten oder kränken den anderen durch Worte. Wir strafen jemanden, indem wir ihn wortlos übergehen, kein Wort an ihn richten und ihm so unsere Verachtung zeigen. Führernaturen können mit ihren wortgewaltigen Reden die Massen mobilisieren und sie beeinflussen; Menschen mit Charisma werden mit ihren Worten Herzen bewegen. Es gibt zwar Situationen, in denen es besser wäre zu schweigen, es gibt aber auch Gelegenheiten, bei denen man es verabsäumt hat, ein befreiendes Wort zu sprechen, und vermieden hat, dem anderen zu sagen, dass man ihn liebt, dass man ihm verzeiht oder dass man ihn schätzt. Mit dem Wort bekommen wir auch Macht über andere, oder wir fühlen uns ohnmächtig, wenn andere uns nicht zu Wort kommen lassen. Aus dieser Ohnmachtstellung heraus ziehen wir uns zurück und betreiben aus dem Hinterhalt Stellungskriege und Partisanenkämpfe. Indem wir uns als Opfer fühlen, werden wir zu Tätern.

Transformation

Wie wir die Wirklichkeit wahrnehmen, wird durch die Art und Weise bestimmt, in der wir uns in dieser Wirklichkeit zum Ausdruck bringen.
Harald Wessbecher

Wenn wir uns Klarheit darüber verschafft haben, was der Sinn unseres Lebens ist, können wir beginnen, bewusst danach zu leben. Wir werden mit Freude und voll Elan Verantwortung für uns und unser Leben übernehmen, wir werden unser Schöpferpotential nutzen und dankbar für alle Impulse sein. Das daraus resultierende Glücksgefühl entspricht unserem innersten Wesenskern, denn Liebe, Harmonie und Geborgenheit sind Geburtsrechte – wenn wir bereit sind, als Schöpfer zu leben und nicht unsere Talente zu vergraben. Wahrhaftig zu leben bedeutet, das zu leben, was uns innerlich berührt, was für unsere Entwicklung förderlich ist, uns weiterbringt und uns Spaß macht. Wenn wir unsere Wahrnehmung und unsere Aufmerksamkeit nur darauf richten, was wir in unserem Leben verwirklichen wollen und was unserem wahren Wesen entspricht und darauf vertrauen, von den Urkräften des Seins dabei unterstützt zu werden, werden wir ein erfülltes und glückliches Leben leben. Dann können wir unser Erdendasein auch genießen.

Dann haben wir unseren eigenen Ton im Leben gefunden und können das Lied unserer Seele singen.

Dazu unser erstes Märchen:

Der Tanzbär

Es war einmal ein Kaufmann, der hatte zwei Söhne. Adrian versuchte, es dem Vater gleichzutun und versprach, was das Geschäft betraf, ein guter Nachfolger zu werden. Er war freundlich und verbindlich im Laden, redegewandt verkaufte er die Ware, und man verließ das Geschäft in dem Bewusstsein, das Beste zum günstigsten Preis bekommen zu haben. Manuolo hingegen schien gänzlich ungeeignet, in die Fußstapfen des Vaters zu treten. Er verrechnete sich dauernd, und handeln konnte er schon gar nicht; er versuchte vielmehr, die Leute zu unterhalten und zum Lachen zu bringen. Anstatt über Büchern zu sitzen, spielte er den ganzen lieben Tag auf seiner Geige und sang die schönsten Lieder dazu. Als der Vater sah, dass mit Manuolo nichts Gescheites anzufangen war, gab er ihm Geld, ein paar gute Ratschläge und schickte ihn in die Welt hinaus. Das gefiel Manuolo sehr: Jetzt konnte er singen und spielen, wann und wo immer er wollte, und er konnte selbst die Verantwortung für sich übernehmen. Er spielte auf Märkten, zog durch Dörfer und Städte; er unterhielt die Leute und wurde reichlich dafür belohnt.

Eines Tages, als sein Geigenspiel die Frauen vor Sehnsucht seufzen ließ und seine Liebeslieder alle Herzen gerührt hatten, kam ein Junge auf ihn zu und fragte ihn, ob er nicht Unterricht nehmen könne. „Du gefällst mir“, meinte Manuolo, „ich werde dir zeigen, wie man einer Geige Töne entlockt, die selbst Steine erweichen und die Frauenherzen höher schlagen lassen. Ich werde dir zeigen, wie man mit einer Fiedel seine Seele singen lassen kann.“ Roberto stimmte freudig zu und erwies sich als gelehriger Schüler. Die beiden hatten viel Spaß miteinander, zogen von Dorf zu Dorf, und wenn es ihnen in einer Stadt besonders gefiel, blieben sie ein paar Tage länger. Auf ihrer Wanderung kamen sie auch nach Regensburg. Es war gerade Jahrmarkt, Frauen und Kinder boten an ihren Ständen Obst, Gemüse und süßes Gebäck an, Gaukler und Sänger zogen durch die Stadt und unterhielten die Leute. Die Hauptattraktion war jedoch ein Tanzbär, der sich im Takt hin und her bewegte, auch wenn das Spiel des Geigers mehr als dürftig war. Manuolo war von dem Bären sehr angetan und überredete den Besitzer, ihnen den Bären zu verkaufen. Zunächst ging alles ganz gut, Manuolo spielte seine schönsten Weisen und der

Bär tanzte dazu. Aber als sich der Bär nach einigen Wochen beharrlich weigerte, auch nur einen Tanzschritt mehr zu machen und nur wütend schnaubte, verlor Manuolo die Geduld. Erbost erschlug er den Bären und zog ihm die Haut ab. Roberto war entsetzt und stellte seinen Freund zur Rede, Manuolo aber lachte und meinte, dass er eine viel bessere Idee hätte, als sich mit dem Vieh herumzuärgern. Er ließ sich von Roberto in die Bärenhaut einnähen, so dass nur seine Augen heraussahen und begann, sich im Takt zu wiegen und tollpatschig hin und her zu wandern. Er wirkte so echt, dass selbst sein Schüler vor Verwunderung die Hände zusammenschlug. Perfekt als Bär verkleidet, konnte Manuolo jetzt nach jeder Melodie und in jedem Rhythmus tanzen und konnte nach Lust und Laune brummen und die Leute unterhalten. Da Roberto bei seinem Spiel aber immer noch patzte und auf den Saiten daneben griff, stupste ihn der Bär bei jedem Fehler und korrigierte ihn – sehr zum Vergnügen aller Zuschauer. Bald waren sie auf allen Jahrmärkten bekannt, und die Leute kamen von weit her, um dieses Paar zu sehen.

Ihr Ruf erreichte schließlich auch den Königshof, auf dem ein recht verdrießlicher König herrschte. Er war zwar nicht sehr gescheit, was ihn aber nicht daran hinderte, über alle zu bestimmen und ihnen seine Meinung aufzudrängen. Er war ein richtiger Despot, der niemand anderen gelten ließ. Er erließ ein Gesetz nach dem anderen und verlangte absoluten Gehorsam. Das passte seiner unternehmungslustigen Tochter Miranda überhaupt nicht, die nicht einsah, warum alles nach dem Willen ihres Vaters gehen sollte – auch wenn er von vielen Dingen keine Ahnung hatte. Da sie immer hübscher wurde und sich immer mehr Freier um sie bewarben, verkündete ihr eines Tages ihr Vater, dass es an der Zeit wäre, für sie einen Mann auszuwählen. Miranda stampfte wütend auf und erklärte ihm klipp und klar, dass sie das selbst tun werde: „Ich weiß selbst am besten, was für mich gut ist, und ich entscheide, mit wem ich mein Leben verbringen werde.“ Das konnte sich der König nicht gefallen lassen. Er war in seiner Eitelkeit gekränkt, und um sein Gesicht zu wahren, ließ er sie in eine Höhle sperren. Es war keine echte, dunkle und feuchte Höhle, wo man Asthma oder sonstige Gebrechen bekam, sondern ein im Felsen verstecktes kleines Schloss, das allerdings nur durch drei besondere Eingänge zu erreichen war. „Hier bleibst du so lange, bis du den Mann nimmst, den ich dir aussuche“, meinte er. „Sollte es allerdings wirklich jemandem gelingen, bis zu dir vorzudringen, dann kannst du ihn haben!“ Da nur er und sein alter Diener, der sie mit allem Nötigen versorgte, über das Versteck Bescheid wussten, schien ihre Lage ziemlich aussichtslos. Der Schlüssel für das erste Tor im Felsen lag in einem Vogelnest, der für das zweite Tor befand sich hinter dem Wasserfall und das dritte Tor ließ sich erst dann aufsperren, wenn man den Schlüssel unter dem Nest hervorholte, auf dem eine Natter brütete.

Inzwischen hatte der König an dem Tanzbären Gefallen gefunden. Immer wieder ließ er Roberto mit seinem Bären zu sich kommen und amüsierte sich darüber, dass der Bär alles besser wusste und seinen Herrn und Meister ständig korrigierte. Schließlich beschloss er in einem Anfall von Großzügigkeit, auch seiner Tochter dieses Spektakel zu gönnen. Sein Diener, der selbst ein wenig Geige spielte, brachte den Bären in die Höhle und die beiden ergaben ein so herrliches Paar, dass Miranda Tränen lachte und ganz vergaß, in welcher Lage sie sich befand. Der Diener spielte so schlecht, dass Manuolo ihn immer wieder verbessern musste und ihm schließlich die Geige wegnahm und sie Miranda reichte. Miranda spielte zwar auch nicht besser – aber Manuolo gab sein Bestes und tanzte diesmal ohne Murren. Miranda war begeistert. Um seine Tochter gnädiger zu stimmen und sie für seine Wünsche empfänglicher zu machen, gestattete der König ihr, den gutmütigen Bären ein paar Tage in der Höhle zu lassen. Als aber der Diener gegangen war und Miranda wieder zur Fiedel griff und spielen wollte, nahm ihr der Bär die Geige aus der Hand und begann zu sprechen: „Wenn du so nett wärest, mir aus dem Fell helfen, dann könnte ich dir zeigen, wie man wirklich Geige spielt. Es tut meinen Ohren weh, wenn ich höre, was die meisten mit ihrer Fiedel anstellen!" Miranda verschlug es die Rede. Etwas unsicher und ziemlich nervös begann sie, die Fäden aufzutrennen, neugierig, wer sich in diesem Untier versteckt hielt. Vor den Augen der Prinzessin schälte sich ein prächtiger Bursche aus dem Bärenfell, ergriff die Geige und spielte, dass dem Mädchen Hören und Sehen verging – vor allem aber so, dass es ihr ganz warm ums Herz wurde. Als er dann endlich die Fiedel aus der Hand legte und sie einander in die Augen sahen, brauchten sie weder Melodie noch Worte, um ihre Gefühle auszudrücken und die Nacht wurde ihnen viel zu kurz. Schweren Herzens verabschiedete sich Miranda von Manuolo, als der Diener am nächsten Morgen den Bären abholte, um ihn wieder seinem Besitzer zu übergeben. Manuolo berichtete Roberto von dieser wundersamen Fügung des Schicksals und weihte ihn in seinen Plan ein, die Prinzessin aus der Höhle zu befreien. Ausstaffiert in prächtige Gewänder erschien er am nächsten Tag am Hof *und ließ sich beim König melden: „Ich möchte nach deiner Tochter suchen, auch wenn es mich das Leben kosten sollte." Der König gab ihm 24 Stunden Zeit: „Wenn du sie auffindest, gebe ich sie dir zur Frau. Wenn du allerdings scheiterst, hast du dein Leben verwirkt."*

Manuolo machte sich auf den Weg zur Höhle. Als er jedoch durch den finsteren Wald ging, geschahen merkwürdige Dinge. Zunächst sah er im dichten Untergehölz des Waldes einen Zwerg, der sich in einer Schlinge verfangen hatte. Er befreite ihn aus dieser misslichen Lage und wollte schon weitergehen, da flüsterte ihm der Zwerg ein paar Worte ins Ohr und meinte, dass er sie wohl brauchen werde. Er war noch nicht weit gekommen, da sah er einen gar seltsamen Gesellen am Rande einer Schlucht liegen und schlafen. Der Umhang bedeckte nur dürftig ein fahles Skelett, und Manuolo erfasste ziemlich schnell, dass er den Tod vor sich hatte. Er weckte ihn auf und meinte freundlich lächelnd: „Was schläfst du hier am Abgrund? Jeder andere hätte dich hinunter gerollt. Ich aber bin großzügig und schenke dir dein Leben!" Der Tod amüsierte sich über diesen frechen Burschen: „Deine lockere Rede gefällt mir, denn die meisten jammern, wenn sie mich sehen. Du hast einen Wunsch frei: Falls du mich einmal brauchen solltest, dann nimm diesen Knochen zur Hand. Wann immer du ihn in die Luft wirfst, erscheine ich auf der Stelle, um dir zu helfen." Manuolo bedankte sich und erreichte nach kurzer Zeit den ersten Eingang zur Höhle, der sich von Büschen versteckt im Felsen befand. Mühelos fand er die Schlüssel, öffnete die Tore und schloss überglücklich Miranda in die Arme. Gemeinsam verließen sie ihr Gefängnis und erreichten noch vor Anbruch der Dunkelheit den Hof des Königs. „Das Meinige habe ich getan, jetzt ist es an Euch, das Versprechen zu halten", sagte Manuolo, als er Miranda zu ihrem Vater brachte. Das gefiel dem König überhaupt nicht, denn er hatte seine Tochter bereits einem noblen Schmeichler als Belohnung für seine Spitzeldienste versprochen. „Zuerst musst du mir noch eine Frage beantworten", herrschte er den Burschen an, „dein Leben hängt von der Antwort ab. Sage mir: was ist schlimmer als ein Unglück?" Manuolo dachte an die Worte des Zwerges und sagte: „Ein Ding nicht zu sehen, ist schlimm genug – doch noch schlimmer ist es, die Ursach' nicht zu erkennen. Eitelkeit mit Dummheit gepaart, nimmt jede Sicht." Der König schnaubte vor Wut und zog seinen Degen, um diesem frechen Burschen doch noch zu zeigen, wer hier das Sagen hatte. Da warf Manuolo den Knochen in die Luft und rief den Tod um Hilfe, der sich nicht lange bitten ließ.

Miranda und der Kaufmannssohn aber rüsteten zur Hochzeit und feierten eine Woche lang. Sie luden auch Roberto ein, mit ihnen im Schloss zu leben oder ein Ministeramt zu übernehmen, aber der junge Geiger zog die Freiheit vor. Reich beschenkt verließ er den Hof und zog weiterhin fiedelnd durchs Land. Und wenn man verträumt auf einer Wiese liegt und in die Wolken guckt, kann man ihn noch heute hören.

Manuolo hatte den Ton seiner Seele gefunden. Er war bereit, aus dem Gefängnis der Tradition und der vorgegebenen Werte auszusteigen und seinen eigenen Weg zu suchen. Er hatte Freude an seinem Tun, das damit niemals zur lästigen „Arbeit“ wurde. Er zog durch die Lande, genoss seine Freiheit, übernahm die volle Verantwortung für sich und seine Handlungen und wurde dafür vom Schicksal belohnt. Wenn wir Initiative ergreifen und bereit sind, uns den jeweiligen Anforderungen zu stellen, werden uns immer die geeigneten Instrumente zur Verfügung gestellt, die richtigen Worte eingegeben und die richtigen Schlüssel geschenkt, damit wir unseren Traum auch verwirklichen können.

Dickdarmmeridian, der Perfektionist

Metall / Yang
Organzeit: 7 - 9 Uhr Jahreszeit: Herbst

Qualitäten:	Erschaffen, Loslassen, Grenzen, Klarheit, Handeln
Befreite psychische Qualität:	Handlungsfähigkeit, Prioritäten setzen können
Befreite seelische Qualität:	In Klarheit erschaffe ich meine Ideen und Visionen und glaube daran, meine Seele wird Ausdruck meiner Wirklichkeit. Ich bin der Schöpfer meines Lebens.

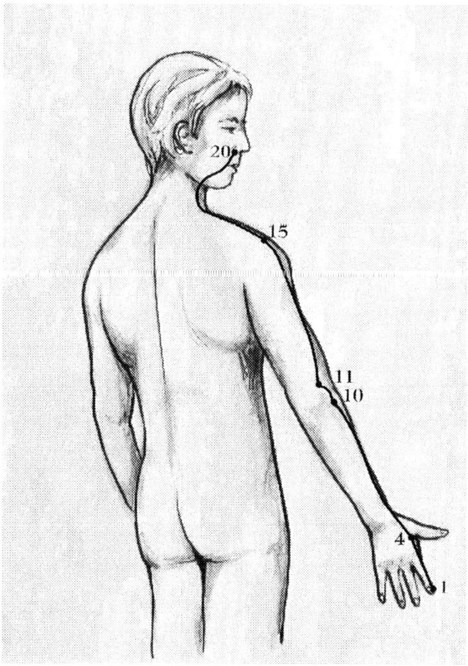

Dickdarm 1 (Sho Yo)
- Fieber Durchfall

Dickdarm 4 (Go Koku)
- Durchfall, Ausschlag, Zahnschmerzen

Dickdarm 10 (Te San Ri)
- schmerzende Beine, Schmerz und Ermüdung in den Armen

Dickdarm 11 (Kyoku Tshi)
- Armprobleme jedweder Art

Dickdarm 15 (Ken Gu)
- Schultergelenkschmerzen, versteiftes Schultergelenk

Dickdarm 20 (Gei Ko)
- Nasenverstopfung, Schnupfen

In Verbindung mit anderen Meridianen werden folgende Themen angesprochen:

Di+ Lu	Professionalist, effizient, perfekter Ausdruck
Di+ Ma	Man muss alles begründen oder kritisieren, sowohl was als auch wie es zu erreichen ist. Minimalist: es ist unnötig, etwas zu erreichen; Widerstand auf Autorität
Di+ MP	Richter, Staatsanwalt, Polizist
Di+ Dü	Man macht seinen Selbstwert von einer perfekten Leistung abhängig.
Di+ B	Ich muss perfekt sein. Rebellion dagegen
Di+ Kl	Perfektion verhindert, das Leben leicht zu nehmen
Di+ 3E	Chefkoch eines Fünfsternerestaurants
Di+ Ni	Angst vor Versagen; Angst, nicht immer das Beste leisten zu können; perfekte Angst
Di+ GB	schlechtes Gewissen, wenn man versagt, nicht sein Bestes gibt, wenn man nein sagt
Di+ Le	Caligula, Massenmörder

Element Metall / Funktionskreise Lunge und Dickdarm:

Diese Funktionskreise sind für Atmung, Haut, Kiefer, Zähne, Schleimhäute und Haare sowie das Chi zuständig. Darüber hinaus regulieren sie die Schweißbildung, die Körpertemperatur und die Abwehrfunktionen. Das Element Metall kontrolliert alles, was mit Abgrenzung und Anpassung in Zusammenhang steht und beeinflusst daher alle Körpersysteme, die mit Schutz und Verteidigung zu tun haben. Es regelt den Wasserhaushalt, schützt und befeuchtet durch Schleimabsonderung und Schweiß die Haut und kontrolliert den Biorhythmus.

Körperliche Probleme zeigen sich daher mit: Ekzemen, Neurodermitis, Akne oder Psoriasis; Verstopfung, Colitis, Appendizitis, Blähungen, Gastritis. Entlang des Meridianverlaufs kann es bei blockiertem Chi-Fluss u. a. zu neuralgischen und arthritischen Schulter- und Armproblemen, Bursitis, Tennisellenbogen, Muskelschmerzen, Kopfschmerzen, Hautproblemen oder Spasmen kommen.

Bei vorübergehendem Energieüberschuss im Dickdarmmeridian entsteht ein Ungleichgewicht gegenüber den Elementen Erde und Wasser, d. h. dass Milz und Niere zuviel Energie bekommen und Leber und Herz zu wenig. Dies äußert sich durch Überempfindlichkeit und Labilität auf der psychischen und pysischen Ebene.

Der Dickdarm hat eine Länge von 1,3 m, und seine Hauptfunktion ist es, aus dem Darminhalt weiterhin Wasser und Elektrolyte zu resorbieren und auf ein Fünftel der ursprünglichen Menge einzudicken.

Robert Wichtig als typischer Vertreter des Dickdarmmeridians ist eine sportlich-dynamische Erscheinung, überzeugt, dass körperliche Aktivität sowohl seinem Image als auch seiner Leistungsfähigkeit zuträglich ist. „Disziplin ist das halbe Leben", meint er immer zu seiner Frau, wenn er um sieben Uhr das Haus verlässt, um möglichst der erste in seinem Konstruktionsbüro zu sein. Dank seiner Gabe, Entwicklungen und Veränderungen bereits im Ansatz zu erkennen und sie dann sofort in die Tat umzusetzen, ist es ihm gelungen, trotz Konjunkturschwächen in eine Marktnische zu kommen. Er hatte sich schon immer für alte Bau- und Konstruktionspläne interessiert, hatte alles gesammelt, was ihm in die Hände fiel und bei seinen Reisen stets Wert darauf gelegt, auch Archive und Antiquariate, Museen oder Bibliotheken aufzusuchen. Er liebt Ordnung und Genauigkeit und ist sich seiner Verantwortung durchaus bewusst. Er ist Perfektionist und neigt dazu, auch von den anderen das Letzte abzuverlangen. Für manche seiner Mitarbeiter und Angestellten ist er zu dogmatisch, strikt und verbissen, wenn es um Ansehen und Erfolg geht. Misserfolg empfindet er als persönliche Niederlage. „Mit ein bisschen Ehrgeiz und etwas Anstrengung kann man Berge versetzen", pflegt er den Kindern zu sagen, wenn sie seine Anforderungen für übertrieben halten. „Noch einen Berg mehr – und du hast dir deinen Herzinfarkt redlich verdient", pflegt dann seine Frau zu antworten.

Bach- und Buschblüten

Baby Blue Eyes: Unsicherheit und Schutzlosigkeit. Man vermisst die Anerkennung durch den Vater.
Impatiens: stets in Eile, hektisch und aufbrausend
Larkspur: hat zu hohe Anforderungen an Mitarbeiter und Untergebene; missbrauchte Führung
Oak: für Workoholiker mit einem übertriebenen Pflichtbewusstsein
Rock Water: stellt hohe, unerfüllbare Anforderungen an sich selbst
Saguaro: Man lehnt Vorschriften ab, kann sich nicht unterordnen.
Sunflower: Man hat Konflikte mit dem Vater und der eigenen Männlichkeit.
Trillium: Neigung, seine Mitmenschen zu tyrannisieren und ihnen seinen Willen aufzuzwängen

Der Dickdarmmeridian steht für Struktur und Ordnung

Der Dickdarmmeridian, als Archetyp von *yang*, entspricht zunächst dem Vater und steht damit für Autorität und Sicherheit. Je nach Anwesenheit des Vaters in der Familie empfindet ihn das Kind als höchste Instanz und akzeptiert ihn als Vorbild oder es ersetzt ihn durch das Phantombild: „So könnte mein Vater für mich sein". Das Kind versucht, entweder dem Vater zu entsprechen oder es verfällt genau ins Gegenteil. Die Dynamik, in der wir leben und nach der wir uns ausrichten, besagt, dass der Vater das *yang* und die Mutter das *yin* vertreten muss. Ist der Vater abwesend, erscheint er dem Kind als Versager oder hat er keine Autorität in der Familie, so wird die Yin-Yang-Dynamik pervertiert, was dem Kind große Probleme bereitet, da die erlebten Rollenbilder nicht den in ihm verankerten Archetypen entsprechen. Frauen, die ihr Vaterproblem nicht gelöst haben, werden in der Kinderrolle bleiben und sich wieder einen väterlichen Partner suchen. Ihr Selbstwert ist eher gering. Diese Frauen sprechen den Partner meistens mit Papa an, der Partner seine Frau hingegen mit Mama! Durch den Dickdarmmeridian erleben und erfahren wir das männliche Prinzip. Was bedeutet das speziell für den Mann? Seine Seele hat sich in diesem Leben als Mann inkarniert, möchte das Yang-Prinzip leben und sollte sich auch dementsprechend fühlen und verhalten. Er sollte gleichsam als „roter Ferrari" und nicht als Androgyner durch die Welt ziehen. Fühlt er sich eher schwach, weich, verträumt und nachgiebig, tritt er wie ein Hippie der Achtziger Jahre auf, so sendet er „falsche" Signale aus, die durch die Umwelt dementsprechend widergespiegelt werden. Er wirkt wie ein Löwe, der sich als Schaf ausgibt und hat damit adäquate Probleme. Da in dieser Zeit auch die antiautoritäre Erziehung hoch im Kurs stand, wuchsen die Kinder dementsprechend orientierungslos auf: es wurden ihnen keine Grenzen gesetzt, sie vermissten die natürliche Autorität des Vaters und sie lernten nicht, klare Entscheidungen zu treffen. Denn sowohl im Dick- als auch im Dünndarmmeridian wird das Weltbild angelegt, das die Grundordnung unserer Realität und unseres Gesellschaftssystems enthält.

Ein blockierter Dickdarmmeridian hat Schwierigkeiten mit Gesetzen, Verordnungen, Vorschriften und steht damit meistens auf Kriegsfuß mit Gebrauchsanweisungen! Er ordnet sich ungern oder überhaupt nicht unter und hat Probleme mit Disziplin, Schule, Bürokratie und autoritären Systemen. All diese Eigenschaften verschärfen sich im Alter: man „erstarrt" zusehends und wirkt blockiert, was sich auf der körperlichen Ebene mit „Verstopfung" zeigt. Psychisch wird man zusehends sturer, man ist verdrossen, ausgebrannt und fühlt sich abgewertet. Multiple Sklerose oder Alzheimer stehen auch mit dem Dickdarmmeridian in Zusammenhang. Wenn man in der Therapie hier auf die psychischen Probleme eingehen kann, so wirkt sich das bereits sehr positiv auf der physischen Ebene aus.

Ein schwacher Dickdarmmeridian hat Probleme mit Grenzen. Hier kann ich mir die Fragen stellen: „Beachte ich die Grenzen von anderen? Kann ich meine Grenzen verteidigen oder lasse ich es zu, dass sie andere übersteigen?“ In diesem Fall kann ich nicht „Nein“ sagen und lasse mich in der Nacht bei Kleinigkeiten aus dem Bett holen, um anderen zu helfen. Zeigt der Meridian Schwächen, ist man orientierungslos, man schießt über das Ziel hinaus oder erreicht es nie. Man kann den anderen nicht richtig einschätzen, tritt ihm zu nahe oder lässt ihn zu nahe an sich heran. Damit fühlt man sich überfordert, ausgenützt und von anderen überfahren, ohne seine eigenen Grenzen ziehen zu können. Man schmiedet Pläne über Pläne, die schon in der Anfangsphase scheitern oder man beginnt viele Projekte, die man nicht zu Ende führt. Man sieht nicht klar, was man zu leisten imstande ist, man ist ruhelos, siedelt oft um, ohne sich wirklich wohl zu fühlen. Man wechselt oft den Beruf oder findet selten etwas, das einem passt.

Der Dickdarmmeridian steht auch für Leistung und Planung und für alles, was ich in die Tat umsetze. Hier sind daher sowohl Arbeitsverweigerer und Leute, die nichts auf die Reihe bringen, als auch Alles-Besser-Könner und Arbeitssüchtige anzutreffen, die nicht entspannen und damit kaum zur Ruhe kommen können. Ein ausgeglichener Dickdarmmeridian kann sich konzentrieren, ist klar, geht strukturiert ans Werk und setzt sich Ziele, die er auch erreicht. Manche Berufe können nur von einem Perfektionisten ausgeübt werden: ein Starkoch, der Manager eines Fünf-Sterne-Hotels, Konzernleiter müssen Spitzenleistungen erbringen können, genügend Verantwortung, Umsicht, Durchblick und Einsatzbereitschaft haben, wenn sie in der Wirtschaft bestehen wollen. Leistungsorientierte Menschen mit zu hohen Dickdarmmeridianwerten erreichen daher sehr viel in ihrem Leben, legen sich jedoch meistens die Latte höher, als sie sie gerade noch schaffen und stehen damit permanent unter Druck. Es geht ihnen weniger um das Sein als vielmehr um das Tun, das sie voll auskosten. Damit sind Burnout und Herzinfarkt vorprogrammiert. Wobei der Herzinfarkt durch etwas mehr Bewegung durchaus zu vermeiden wäre, denn einem ausdauernden, trainierten Herzen ist nichts zuviel. Der Adrenalinspiegel des täglichen

Leistungsstress' jedoch, der im Gegensatz zu dem Stress, vor einem Bären zu fliehen, niemals richtig abgebaut werden kann, ist reichlich ungesund. Dazu kommt noch, dass das Stresshormon Kortisol das Immunsystem schwächt: ihm scheint die Gefahr, von einem Bären gefressen zu werden, von größerer Wichtigkeit zu sein als die, an einer Lungenentzündung zu sterben und schickt daher sämtliche Energien in die Beine. Unser übernervöser, unter Dauerstress stehender Geschäftsleiter wird in Ermangelung eines Bären daher seinen eigenen Abwehrsystemen zum Opfer fallen. Meistens haben diese Menschen auch Schwierigkeiten zu delegieren, da die Perfektion, die sie selbst an den Tag legen, von anderen kaum erreicht wird oder weil sie den Mitarbeitern und Untergebenen zu wenig Spielraum für Eigeninitiativen lassen. Ein nicht erreichtes Ziel heißt für sie immer, versagt zu haben. Ist dieses Ziel zu eng definiert, dann ist das Gefühl, nicht zu genügen schon vorprogrammiert.

All diese Muster und Vorgaben wurden bereits im Säuglingsalter angelegt: Das Kind will perfekt sein, damit es vom Vater anerkannt, beachtet und gelobt wird. Es will zeigen, dass es wert ist, vom Vater geliebt zu werden. Jede Missachtung seitens des Vaters bedeutet für das Kind, dass es versagt hat oder dass es den Anforderungen des Vaters nicht genügt! Damit baut es gleichzeitig ein Schuldmuster auf: es sucht stets die Schuld bei sich, warum es zu diesem Versagen gekommen ist. Für sein Weltbild ist es notwendig, den Vater auf einen Thron zu stellen, ganz gleich, ob der Vater seinerseits diese Anforderungen erfüllt. Bei einem abwesenden Vater werden sie durch das Bild ersetzt: „So hätte mein Vater für mich sein können".

Jede Idealisierung schwächt

Damit sind wir bei einem weiteren Dickdarmmuster, der Idealisierung. Sehen wir uns dazu den psychologischen Hintergrund näher an: Ein Mann erhält mit einer Familiengründung eine völlig neue Aufgabe, es werden Anforderungen an ihn gestellt, mit denen er zuvor noch nie konfrontiert war. Dadurch, dass seine Familie an ihn glaubt, ihn respektiert und Erwartungen an ihn stellt, erhält er die Energie dazu. Das bedingungslose Vertrauen des Kindes zum Vater, das Wissen, dass dieser Mann imstande ist, es zu beschützen, zu ernähren und auf seinem Lebensweg zu unterstützen, ist gleichsam ein Vertrauensvorschuss; das Kind überträgt damit einen Teil seiner Energie an den Vater, damit dieser die Aufgabe auch erfüllen kann. Die gleiche Energieübertragung findet jedoch bei jeder Idealisierung statt, damit sich dieses Idol auch auf seinem Thron halten kann. Unbewusst geben wir Energie ab, die der Inthronisierte für sich nutzen kann, obwohl wir glauben, von unserem Idol etwas Glanz abzubekommen. Dabei kommen wir uns minderwertig vor und unterdrücken unsere eigene Persönlichkeit. Was entwicklungsgeschichtlich in der Familienkonstruktion einen Sinn ergibt, ist in der Heldenverehrung pervertiert worden. Jemanden nachzuahmen, poliert meine Persönlichkeit nicht unbedingt auf; in seinem Schatten zu wandeln, hemmt jedoch meine Entwicklung. Wenn ich als *Elvis Presley* durchs Leben wandle, erfüllte ich vielleicht seinen, aber nicht unbedingt meinen Lebensauftrag!

Es hat zu funktionieren

Unsere Privathölle sind alle täglich neu erschaffenen Situationen, mit denen wir nicht zurecht kommen, gegen die wir ankämpfen. Beim Dickdarmmeridian bedeutet das: „Wo funktioniere ich nicht? Warum können die anderen nicht halbwegs das auf die Reihe bringen, was ich ihnen vorlebe? Warum lernen die Kinder nichts? Was könnte ich heute noch alles tun? Warum rufen alle mich an, wenn sie etwas brauchen? Warum muss ich alles alleine machen? Warum versteht niemand, was ich sage?“ Mit meinen Vorstellungen, wie etwas zu sein und zu funktionieren hat, bin ich ständig mit mir und meiner Umwelt unzufrieden, habe Verbesserungsvorschläge und kann nichts beim Alten lassen. Das heißt, ich kann nichts so akzeptieren, wie es ist und es zunächst einmal in Ruhe genießen. Ich glaube, mit meinen Ideen die Welt verbessern zu müssen, bin ein Landschaftsgestalter, Umweltschützer, bin Computerspezialist oder arbeite in einem Servicebetrieb.

Ich kann nichts sterben lassen

Immer wieder klammert man sich an das Liebegewonnene und meint, es sei Treue, es ist aber bloß Angst, dann mit leeren Händen dazustehen.

Auf der seelischen Ebene wird der Dickdarmmeridian auch Wächter des Todes genannt. Das bedeutet, dass man an allem festhält, dass man nichts „sterben lassen" kann. Hier sind die Sammler angesiedelt, die Verwerter, die alles brauchen können und all jene, die ihre Keller und Dachböden vollgeräumt haben, weil sie sich von so viel Erinnerungsstücken, Antiquitäten und Sachen, die sie vielleicht noch einmal brauchen, nicht trennen können. Grundsätzlich können die wenigsten von uns etwas sterben lassen. Nicht dass immer die Angst vor dem Tod dahinter stünde, es ist eher die Angst vor dem Loslassen. Manchmal ist es gut zu wissen, dass wir hier auf Erden nur zu Gast sind und nichts mitnehmen können. Loslassen bedeutet Freiheit. In dieses Leben hinein sterben zu können, bedeutet, erst richtig zu leben!

Wenn wir davon ausgehen, dass wir uns als Seele für dieses Leben ein Ziel gesetzt zu haben, so können wir das grundsätzlich nur über den Dickdarmmeridian erreichen. Das sind – von außen betrachtet - die Sollwerte der Eltern und unserer Gesellschaft, von der Meridianseite aus gesehen, die Konzepte des Blasenmeridians, es sind alle Vorgaben, die uns auf ein Ziel zuarbeiten lassen. Wir schlagen uns durch die Schule, die Lehre, wollen Geld verdienen, eine Familie gründen und sie auch erhalten, wir wollen in den Urlaub fahren und wollen auf jeden Fall etwas erreichen. Das Fatale daran ist aber, dass wir glauben, dann glücklich und zufrieden zu sein. Wir können das Glück auch durch Erfolg, Ansehen, Macht, Einfluss oder Geld bzw. die Zufriedenheit mit ethischen, religiösen, immateriellen oder transpersonalen Werten ersetzen – es bleibt ein angestrebtes Ziel, das uns Erfüllung und immanentes Glück verspricht. Der Gedanke daran hält uns zwar am Laufen, hat aber den Schönheitsfehler, dass er reine Illusion ist. Falls Versprechungen damit verknüpft sind, sind diese ein glatte Lüge. Das Ziel, etwas leisten, schaffen oder erreichen zu müssen, macht uns zu Sklaven, bringt uns in eine lebenslängliche Abhängigkeit und macht uns manipulierbar.

Was versprechen wir uns von dem Erreichen eines Zieles? Anerkennung, Lob, Achtung, Ehre, Lorbeeren, Geld, Ansehen und vor allem jede Form von Liebe. Meistens ist sie teuer erkauft. Wenn wir dann wirklich das Ziel unseres Lebens erreicht haben, einen liebenden Partner und ein Haus besitzen, reizende Kinder um uns und drei Autos in der Garage stehen haben, dann sehen wir andere Wolken am sonst so ungetrübten Himmel, müssen uns mit lästigen Nachbarn, einem kranken Hund und unseren Gallensteinen herumärgern und stellen fest, dass das erhoffte Glücksgefühl reine Illusion war. Wir streben weiter, denn mit einem guten Dickdarmmeridian erreicht man jedes Ziel, man ist zäh und widerstandsfähig, ehrgeizig und nicht leicht umzubringen. Jetzt treten Burnout oder Herzinfarkt auf den Plan, um uns zum Umdenken zu bewegen, und winken mit dem Schild: *Sterben lassen.* Um sich nicht gleich selbst opfern zu müssen, wirft man Ballast ab, in der Hoffnung, das sinkende Schiff vielleicht doch noch retten zu können. Man opfert zunächst die Zeit, die man vorher nicht hatte, und geht in Urlaub. Man lässt Termine sausen, sagt Parties ab, verkauft das Segelboot und lässt vor allem Illusionen sterben. Man ist jetzt eher bereit, all die Werte in Frage zu stellen, die uns glückversprechend in Abhängigkeit gebracht haben. Wenn wir sie zum Ziel unserer Wünsche gemacht haben, liegen wir immer falsch.

Damit wird der Weg zum Ziel. Das bedeutet, dass ich im Jetzt lebe und dieses Leben auch genieße. Ich werde im Laufe meines Lebens viele Aspekte, angenehme oder unangenehme Situationen kennen lernen, wobei es an mir liegt, wie ich sie nehme oder durchlaufe. Arm bin ich nur dann, wenn ich mich dagegen wehre oder unbewusst täglich in die gleiche Grube falle. Wenn ich bewusst lebe, kann mich nichts mehr erschüttern.

Klarheit

Der Dickdarmmeridian befähigt uns auch dazu, dass wir klar unsere Absichten erkennen und sie auch ausführen können. Da Handeln immer mit Konsequenzen verbunden ist, erkennt man einen geschwächten Meridian in der Verweigerung: man ist nicht bereit, sein Gewissen zu erforschen und danach zu handeln; man hat Angst vor Entscheidungen, man zerredet Tatsachen, man handelt gegen besseres Wissen und man begründet Nicht-Entscheidungen, die letztlich natürlich ebenfalls Entscheidungen sind. Um nicht mit anderen Menschen in Konflikt zu kommen, zieht man Isolation vor, man meidet Massenveranstaltungen und man fühlt sich zu Hause am allerwohlsten. Das hat aber in Wirklichkeit wenig mit der freien, klaren Entscheidung zu tun, in die Stille zu gehen, sondern man fühlt sich in großer Gesellschaft einfach „nicht wohl", man hat das „dringende" Bedürfnis nach Luft und Natur. Hier zu unterscheiden, ob es Flucht vor sich selbst oder ein Ausdruck reiner Freude ist, bleibt jedem selbst überlassen. Uns fehlt meistens die Klarheit, dass wir bei jeder Entscheidung, die wir treffen, auch etwas sterben lassen müssen. Meistens zeigen Hautprobleme an, wie entscheidungs(un)fähig man wirklich ist.

Transformation

Mit einem transformierten Dickdarmmeridian kann man sagen: „Alles ist perfekt, so wie es ist." Ich habe die Möglichkeit, diese Situation zu ändern oder sie zu lassen, schnell zu sein oder stehen zu bleiben. Im Idealfall habe ich sogar Lust am Versagen, da ich weiß, dass ich es jederzeit schaffen kann, ohne jemandem etwas beweisen zu müssen! Ich habe die Kraft der Entscheidung, mein Ja ist ein Ja und mein Nein ist ein Nein. Ich bin weder manipulierbar noch erpressbar. Ich habe bereits viele Erfahrungen in meinem Leben gemacht, und durch diese Erfahrungen ist Wissen zur Weisheit geworden. Wenn wir dieser Weisheit und Klarheit vertrauen, können wir ihnen auch die

Führung überlassen, so dass „Handeln“ einfach passiert. Damit ist nicht mehr der Verstand der Handelnde, der eine Lösung finden muss, sondern die Lösung entsteht in uns. Sie geschieht wie von selbst. Es wird durch uns gehandelt. Es ist wie mit einer Komposition, die nicht „erdacht“ werden kann, sondern die wie von selbst aus dem Inneren strömt. Wir können uns auf dieses Strömen verlassen und können dann im Einklang mit dieser Bewegung handeln. Aus dieser inneren Führung heraus erkennen wir auch, dass es manchmal besser ist, etwas zu lassen. Es ist ein „aktives“ Nicht-Handeln, das die Chinesen mit *wu wei* (Handeln im Nichthandeln) bezeichnen.

Unsere Geschichte ist eine Parabel frei nach Roland Kübler. Sie braucht nicht kommentiert zu werden, denn wir werden uns in vielen Stationen selbst erkennen. Jede Reise ist schön: man kommt reich an Erfahrungen nach Hause, selbst wenn man unterwegs ein paar Mal seine Richtung oder seine Zielvorstellung geändert hat.

Vom Sperling, der sich verwandeln wollte

In einem netten kleinen Dorf lebte eine Sperlingsgruppe. Sie nisteten schon seit Generationen hier und kamen kaum über den nächsten Berg hinaus. Sie regten sich über alles auf: dass es zu wenig Futter gab, dass ihre Nester zu wenig sicher vor der Katze waren und dass es im Winter zu wenig warme Ställe gab. Außerdem beneideten sie die hübschen Hühner im Garten, die Tauben in ihrem schmucken Häuschen, die vornehmen Schwäne im Teich und vor allem den hochgelehrten Uhu. Aber der sprach selten und wenn, dann sehr weise. Eines Tages geschah jedoch etwas ganz Besonderes, das das Leben dieser Spatzen total verändern sollte. Ein Sperling, der schon lange als verschollen gegolten hatte, saß eines Morgens mit geschlossenen Augen auf einem Ast der Linde und murmelte geheimnisvolle Worte vor sich hin. Er hatte die Federn leicht gespreizt und benahm sich gar nicht so, wie man es von Artgenossen gewohnt war. Selbst seine Sprache hatte sich verändert, als er nach längerem Schweigen zu erzählen begann. Er sprach von fernen Ländern, die er bereist hatte und von wundersamen Dingen: Im fernen Indien hatte er die Kunst erlernt, sich in jeden Vogel verwandeln zu können; womit er zu verstehen gab, dass ein Sperlingsdasein das Letzte war, was man sich wünschen konnte. „Erst wahre Größe", er sprach von Erleuchtung, „ermöglicht ein zufriedenes und glückliches Leben!" Er wirkte sehr überzeugend und hinterließ einen bleibenden Eindruck, als er nach einigen Tagen so plötzlich verschwand, wie er gekommen war. Allerdings hatte er auch sein Geheimnis mitgenommen, wer ihn die Kunst der Verwandlung gelehrt hatte. Die Aufregung in der Sperlingsgemeinde war groß, man überlegte hin und her und beschloss schließlich, eine Gruppe Freiwilliger nach dem fernen Indien zu schicken, um diesem Geheimnis auf die Spur zu kommen.

Nach Wochen erfolglosen Suchens stieß die Gruppe auf eine Krähe, die gerade ihr prächtiges Gefieder putzte und hoheitsvoll auf die armselige Schar herunterblickte. „Nach Indien", meinte die Krähe, „braucht ihr nicht mehr zu fliegen. Es gibt nichts, was ich euch nicht lehren kann. Wenn ihr euch getreulich nach meinen Anweisungen richtet, kann ich aus euch ganz passable Krähen machen." Die Sperlinge waren hoch zufrieden, bauten in der Nähe dieses prächtigen Vogels ihre Nester auf und folgten allen seinen Anweisungen. Sie versorgten ihn mit Futter und achteten auf all seine Wünsche und Befehle. Sie begannen, sich wie Krähen zu benehmen, imitierten die Sprache und warteten auf die versprochene Verwandlung. Nach einiger Zeit wurde jedoch ein Teil der Sperlinge misstrauisch. Sie argwöhnten, einem Hochstapler aufgesessen zu sein, und sie beschlossen, bei Nacht und Nebel weiterzufliegen, um sich nach einem anderen Lehrmeister umzusehen. Der hatte sich bald gefunden: ein prächtiger Reiher gab ihnen zu verstehen, dass er als Zenmeister die schwere Kunst der Meditation und Versenkung lehren könne. Die Sperlinge waren froh, endlich dem Ziel näher gekommen zu sein, sich aus ihrem schnöden Sperlingsdasein befreien zu können. Gehorsam befolgten sie die schwierigen Techniken und die strengen Gesetze, in völliger Bewegungslosigkeit und Stille zu verharren, was ihnen als Sperlingen besonders schwer fiel. Manche von ihnen wurden geradezu depressiv – während sie geduldig auf den Augenblick der Erleuchtung warteten.

Ein nettes, kleines Sperlingsmädchen hatte sich auch dieser Gruppe verwandlungssüchtiger Spatzen angeschlossen. Es hatte besondere Mühe, den Anweisungen ihrer jeweiligen Lehrmeister zu folgen. Es lag ihm nichts daran, sich von den Klippen ins Meer zu stürzen, um Fische zu fangen *oder in Bergeshöhen im Aufwind zu schweben. Außerdem hatte es den stillen Verdacht, schamlos ausgenützt und zu Tätigkeiten verpflichtet zu werden, die es in seiner Sperlingskommune nie und nimmer gemacht hätte. Es kam sich bei all diesen Vogelgrößen unterdrückt und minderwertig vor. Es wollte nicht still sitzen, sondern mit den Freundinnen plaudern, Mücken fangen und Pirouetten drehen. Es fragte sich allmählich, welchem schwachsinnigen Sperlingsvorstand es nicht mehr genügt hatte, einfach Sperling zu sein, dem es nur um Anderssein, Ruhm und Anerkennung gegangen war. Es fühlte sich vielmehr zu dem netten, etwas zerzausten und total unkonzentrierten Sperlingsjungen hingezogen, der etwas abseits von der Gruppe seine Späße machte. Schließlich nahm das Spatzenmädchen all seinen Mut zusammen und flüsterte dem Jungen zu: „Du bist der beste aller Vögel. Großmeister hin oder her. Ich würde mit keinem anderen mein Leben verbringen wollen. Komm, lass uns heimkehren!“*

Gesagt, getan. Sie verabschiedeten sich heimlich bei Nacht und Nebel und flogen in ihr nettes, kleines Dorf zurück. Dort wartete man schon mit Spannung auf die verwandelten Artgenossen. Die beiden sahen zwar etwas zerzaust und mitgenommen aus, schienen sich aber wenig verändert zu haben. „Die Reise war sehr interessant und lehrreich“, begannen sie. „Wir haben viele Vögel kennen gelernt, die besser fliegen konnten; wir begegneten Vögeln, die wochen- und monatelang überhaupt nicht landen mussten und im Fliegen schlafen konnten! Wir haben Vögel gesehen, die aus großer Höhe eine ganz kleine Maus erspähen konnten. Aber trotz allem können wir euch versichern, dass es das Beste ist, ein Sperling zu sein! Es gibt immer Spinner, die glauben, dass sie es als Adler besser hätten – aber glaubt uns: die haben keine Ahnung, wie dünn die Luft da oben ist. Wir bleiben dabei: nur als Spatz kann man sein Leben so lustig und sorglos genießen, wie wir es tun!“

Magenmeridian, der Analytiker

Erde / Yang
Organzeit: 7 - 9 Uhr

Qualitäten:	analytisch, kritisch, zynisch
Befreite psychische Qualität:	Wie verdaue ich mein Schicksal?
Befreite seelische Qualität:	Ich lebe das Leben leicht und mit Dankbarkeit. Ich bin.

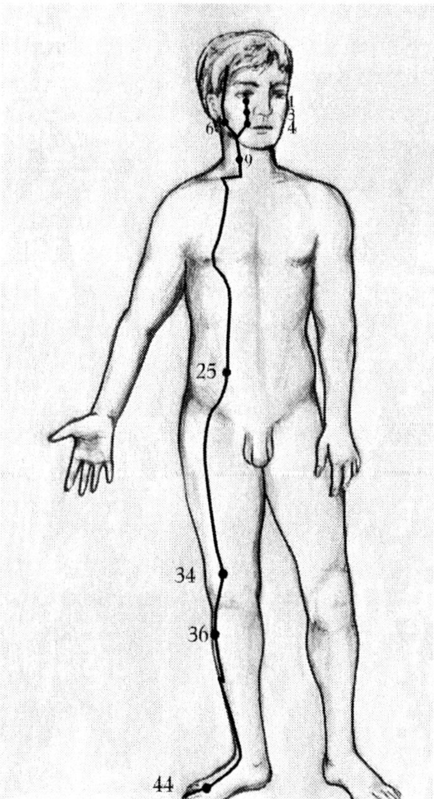

Magen 3 Kyo Sho
- bei Stirnhöhlenkatarrh, Schnupfen, Gesichtsschmerzen

Magen 4 (Tsi So)
- bei Zahnschmerzen und Gesichtsmuskelspannung

Magen 6 (Kyo Shya)
- bei Zahnschmerzen

Magen 9 (Jin Gei)
- bei hohem Blutdruck

Magen 25 (Ten Su)
- bei Bauchweh und Durchfall

Magen 34 (Ryo Kyu)
- bei Magenschmerzen, Durchfall, Arthritis im Knie

Magen 36 (Ashi Ri)
- für allgemeines Wohlbefinden, bei müden Beinen

Magen 44 (Nai Tei)
- bei Magen- und Zahnschmerzen

In Verbindung mit anderen Meridianen ergeben sich folgende Muster:

Ma+ Lu	Zeitungskritiker, Nörgler
Ma+ Di	Anarchist
Ma+ MP	Sadist
Ma+ He	Widerstand auf das Leben und die Liebe
Ma+ Dü	Widerstand auf Schmerz und Trauer
Ma+ Bl	Gesetzgeber, Gerichtshof
Ma+ Ni	Feigling, Phobien
Ma+ Kl	Widerstand auf Leichtigkeit, Zeugen Jehovas
Ma+ 3E	Minimalist, Asket
Ma+ Gb	Beichte
Ma+ Le	Demonstrant, Terrorist

Element Erde / Funktionskreis Magen und Milz / Pankreas:

Das Element Erde kontrolliert alles, was mit Kontinuität, Stoffwechsel, Transport und Transformation in Verbindung steht. Es reguliert den Stoffwechsel, die Viskosität der flüssigen Stoffe, kontrolliert das Gefäßsystem, nährt die Struktur und die Dichte des Körpergewebes. Wenn Energieüberschuss in Magen- und Milz-Pankreasmeridian besteht, kommt es zu einem Ungleichgewicht der Elemente Feuer und Metall, was bedeutet, dass Herz / Dünndarm und Lunge / Dickdarm zuviel und Niere sowie Leber zu wenig Energie bekommen. Das Element Erde ist für die Gefühls- und Genussfähigkeit und die Fähigkeit, intellektuelle und emotionale Eindrücke zu verarbeiten, zuständig. Erde steht für klares Denken, analytische Fähigkeiten, Konzentrationskraft, Visions- und Merkfähigkeit. Bei anhaltendem Energieüberschuss neigt der Erde-Typus zu Überempfindlichkeit, Enttäuschung und unrealistischer Erwartungshaltung. Der Typus kämpft vielfach mit Gewichtsproblemen, Verdauungsschwierigkeiten, Stoffwechselproblemen, Lymphstau und Gefäßproblemen.

Der Magenmeridian ist für die pH-Regulation des Blutes zuständig und er kontrolliert die Körpersäfte. Menschen mit einem blockierten Magenmeridian neigen zu Trigeminus Neuralgie, Nebenhöhlenentzündung, Zahn-, (Neben-) Schilddrüsen-, Brust- und Eierstockbeschwerden. Ein energieschwacher Magenmeridian zeigt eine allgemeine Übersäuerung an: zu viel Magensäure oder überhaupt ein gestörtes Säure-Basen-Gleichgewicht. Als Begleiterscheinung können je nach Konstitution Magenverstimmung, Bauchschmerzen, Blähungen, Appetitlosigkeit, Gewichtsprobleme, Durchfall, Anämie, Hämorrhoiden, Ödeme, Müdigkeit, Schweregefühl, Prolapsneigung oder venösen Stauungen auftreten. Entlang des Meridianverlaufs sind neuralgische, arthritische und vaskuläre Beinschwierigkeiten, Myopathia, Dystrophie und Atrophie, Mastitis, Mastapathie zu beobachten.

Physisch ist der Magen für die Verdauung zuständig, wobei täglich bis zu 3l Magensaft produziert wird, der im wesentlichen aus Eiweiß spaltenden Enzymen (Pepsinen), Schleim und Salzsäure besteht. Wichtig dabei ist die Regulation des pH-Wertes, der eine maximale Konzentration von 1,0 aufweist und bis zu 4,0 „abgepuffert" wird. Der niedrige pH-Wert ermöglicht eine optimale Verdauung (Denaturierung der Nahrung) und wirkt bakterizid. Psychische Zustände wirken sich meistens negativ auf den pH-Wert aus und übersäuern den Magen, der damit nicht mehr ausreichend gepuffert werden kann: Aggressionen wirken sekretionssteigernd, Angst hingegen hemmend. Auch das Nervensystem aktiviert über den Nervus vagus die Magensekretionen. Die geistige, negative Einstellung beeinflusst daher zunächst den Magen: „Es liegt uns etwas im Magen, wir sind sauer". Womit wir auch körperlich übersäuert sind, was sich besonders bei alten Leuten zeigt, die ihr Leben als Misanthrop verbracht haben: sie riechen bereits sauer.

Bachblüten, kalifornische Essenzen:

Beech: bei überkritischen, intoleranten Menschen, Zynikern
Dill: bei Neigung zu Verdauungsproblemen, Verarbeitung und Verdauung von Erfahrungen
Hound's Tongue: glaubt, alles berechnen und erklären zu können
Mountain Pennyroyal: bei negativer Einstellung zum Leben
Nasturtium: für Menschen, die nur im Kopf leben
Scotch Broom: bei Weltuntergangsstimmung
Snapdragon: bei Sarkasmus und Zynismus
Wild Rose: bei Leuten, die das Leben sinnlos finden

Als Beispiel für einen Vertreter des Elements Erde haben wir Heribert gewählt:

Heribert fühlte sich stets als Fels in der Brandung. Er war kaum aus der Ruhe zu bringen, auch wenn man ihn manchmal als phlegmatisch bezeichnete. Er war überzeugt, dass man ohne ihn im Büro einfach aufgeschmissen wäre. Mit Geduld, Ausdauer und Beständigkeit bearbeitete er die Schadensakte einer Versicherungsgesellschaft. Man schätzte seine fachliche Meinung und in einer Gesprächsrunde war er nicht zu schlagen: er wusste stets eine Antwort und behielt den roten Faden – auch wenn es noch so chaotisch zuging. Einmal pro Woche traf er sich mit Freunden bei einem Kegelabend. Manchmal lud er sie auch zu sich ein, wo sie nach einem gediegenen Essen noch Karten spielten. Er war ein guter Koch und liebte das Essen, was man ihm leider auch ansah. Doch seit er wusste, dass dicke Männer nur selten unter Depressionen leiden, dass sie nicht nur gemütlicher, sondern auch glücklicher sind, hatte er das Thema Abnehmen fallen gelassen: Er hatte sich bloß sein Gewand um eine Nummer größer besorgt.

Die Wurzeln unserer negativen Einstellung zum Leben lassen sich auf drei Ängste zurückführen: die Angst, verlassen zu werden, minderwertig zu sein sowie kein Vertrauen zu haben.

Wir schaffen uns unsere eigene Welt

Reinhard Gutmann beschreibt das Ego als ein geschlossenes, dynamisches System, dessen Erscheinungsformen vom Verstand bestimmt sind und dessen einzige Bedingung es ist, sich selbst und seine Realität zu bestätigen und somit am Leben zu erhalten. Da der Verstand selbstreferierend alle Eingangswerte zensiert und wertet, wird damit nur das vorher bestimmte Bild des Ichs bestätigt. Wir schaffen uns damit durch unseren Verstand unsere eigene Welt. Da er nicht imstande ist, etwas außerhalb seiner selbst zu beobachten, beschreibt er immer nur eine von ihm kreierte Wirklichkeit, die eng mit seiner Lebensgeschichte und damit mit der fiktiven Realität seiner Umwelt und seiner Bezugspersonen verbunden ist. Dieses System ist induktiv, selbstreferierend und basiert stets auf der Vergangenheit. Er kann sich daher auch die Zukunft nur als Vergangenheit vorstellen. Wir sehen nur, was wir glauben und bestätigen auch beim Erinnern nur unsere eigenen Wirklichkeitsvorstellungen. Damit sind wir aber außerstande, die Wahrheit zu sehen, die – allgegenwärtig – nicht gesucht werden muss. Der Verstand gibt zwar vor, auf der Suche nach einer allgemeingültigen Wahrheit zu sein und erfindet eine Wirklichkeitskonstruktion nach der anderen, die aber wieder nur dem Gehirn entspringen. Er ist stets auf der „Suche" nach Lösungen und nach wissenschaftlichen Erklärungen, mit deren Hilfe er sowohl seinen eigenen kognitiven Bereich bestätigen, als auch durch weitere wissenschaftliche Erkenntnisse beliebig erweitern kann. Wir sind daran gewöhnt, mit anderen über unsere Realität so zu reden, als würden sie das gleiche sehen, hören oder empfinden und stimmen damit unsere sensorischen Empfindungen aufeinander ab. Der Verstand ist somit höchst kreativ, begierig, seine eigene Welt zu erweitern und bekommt, selbstreflektierend, nie genug. Die Anerkennung einer Wahrheit, die außerhalb des Ego-Bereiches läge, würde zur Selbstaufgabe führen. Dazu die Geschichte von der Bettelschale:

Ein großer, mächtiger König traf einmal in seinem Garten einen Bettler an und fragte ihn ungehalten über diese Störung: „Wie bist du hier hereingelangt und was begehrst du von mir?" Der Bettler antwortete: „Überlege dir gut, was du sagst, denn es könnte sein, dass du es mir nicht erfüllen kannst." Der König fühlte sich von diesem Bettler herausgefordert und meinte, dass er ihm sehr wohl jeden Wunsch erfüllen könne, schließlich sei er der König. Da bat ihn der Bettler: „Ich habe dich gewarnt. Aber wenn du kannst, dann fülle mir meine Bettelschale - ganz gleich womit." Der König ließ sich nicht lumpen und wies seinen Schatzmeister an, sie mit Gold und Edelsteinen zu füllen. Doch kaum hatten diese die Bettelschale berührt, waren sie spurlos verschwunden. Sie versuchten es mit Silber und mit Reis und mit Weizen, aber ganz gleich was und wie viel sie in diese Schale schütteten – alles verschwand in dieser Bettelschale. Am Abend hatte der König alles, was er besaß, in diese Bettelschale geschüttet – und er war so arm wie der Bettler, der noch immer mit einer leeren Schale vor ihm stand. „Ich sehe ein, dass du mit deiner Warnung recht hattest", sagte der König. „Aber kannst du mir das Geheimnis dieser Schale verraten?" „Da gibt es kein Geheimnis", meinte der Bettler, „die Schale ist aus dem Schädel eines Menschen gemacht. Du kannst den Verstand füttern, womit du willst, er wird immer noch hungrig sein."

Unsere Realität

Bleiben wir auf dem Boden „unserer Realität" und sehen uns den Magenmeridian auf der psychischen Ebene an: Dieser Meridian vertritt zunächst den kritischen Verstand, der versucht, seine Kontrolle auf Faktoren aufzubauen, die er für absolut hält, wobei auch Moral und ethische Werte nur dazu dienen, sein System zu begründen und aufrecht zu erhalten. Der Verstand mit seinem zwanghaften Kontrollbedürfnis betrachtet Hingabe als Niederlage. Er braucht Struktur und Symmetrie, um sich wohl zu fühlen und stülpt der Wahrnehmung eine künstliche

Ordnung über. Er macht alles zu einer organisierten und strukturierten Angelegenheit. Er ist gleichsam der Apfel vom Baum der Erkenntnis, der Adam und Eva befähigte, zu erkennen, zu unterscheiden und die Gegebenheiten von mehreren Seiten zu betrachten. Er entscheidet von seinem Standpunkt aus, was gut oder schlecht ist. Er vermehrt ständig sein Wissen und seine Kenntnisse, lernt dazu, und befähigt uns, alltägliche Handlungen schnell und problemlos ablaufen zu lassen, „ohne lange nachzudenken". Er hilft uns, Gefahren frühzeitig zu erkennen, so dass wir nicht immer wieder erfahren müssen, dass man sich an einer heißen Herdplatte verbrennt. Er geht hier Hand in Hand mit dem Blasenmeridian und verwendet seinen Intellekt, Verhaltensmuster zu entwickeln. Er befähigt uns zu sprechen, nämlich gezielt Worte einzusetzen, um etwas Bestimmtes auszudrücken. Er kann damit Anleitungen geben und Erfahrungen anderer weiterleiten, die man selbst noch nicht gemacht hat. Damit fungiert er als Speicher oder als Bibliothek, als Biocomputer, aus dem man Brauchbares abrufen kann. Er trifft die Auswahl aus einer Unmenge an Informationen, mit denen wir konfrontiert sind, lässt nur einen winzigen Teil in unser neuronales Bewusstsein dringen und deutet es so, wie es seiner Realität entspricht.

Wir werten, urteilen und kritisieren

Wir brauchen den Verstand, um Entscheidungen zu fällen, um eine Auswahl zu treffen und um mit anderen kommunizieren zu können, wobei er jedoch alle anderen „Realitäten", Möglichkeiten oder Ebenen negiert, die ihn in einer Interaktion ausschließen. Da unsere Gesellschaft darauf aufgebaut ist, viel zu wissen und viel zu entscheiden, da unsere Reputation davon abhängt, wie viel wir können und leisten, haben wir ihm eine Vormachtstellung eingeräumt und damit ein Ungleichgewicht von Verstand und Gefühl hergestellt. Der Magenmeridian bleibt jedoch nicht auf der sachlichen Ebene, um festzustellen, dass es hell oder dunkel, warm oder kalt ist, sondern er sieht es als seine Aufgabe an zu werten. Er bezieht alles auf sich und stellt damit Vergleiche an, ob das Gegebene für ihn praktisch oder unpraktisch, gut oder schlecht ist. Da der Verstand aber immer Recht haben will, beginnt er zu kritisieren. Wir maßen uns an, ein Werturteil abzugeben, ob etwas richtig oder falsch, passend oder nicht passend ist. Mit Hilfe des Vergleichs und der Wertung stellen wir uns über andere. Dabei sind wir nur Stellvertreter von Meinungen anderer, Meinungen, die wir im Laufe unseres Lebens übernommen haben und von denen wir manchmal sogar glauben, dass sie von uns stammen. Wenn wir einen Satz beginnen mit: „Ich will ja nur sagen …“ betonen wir unsere Wichtigkeit und heben oder unterstützen unser Selbstwertgefühl. Wir verstecken unsere Kritik auch mit Beiwörtern. Der Satz: „Es ist kein Salz auf dem Tisch“, ist eine Feststellung und wird durch: „Es ist schon wieder kein Salz auf dem Tisch“ zur Kritik. Um diese Kritik zu entschärfen, endet sie meistens mit: „Ich wollte ja nur sagen“. Typisch für den Magenmeridian ist auch das Wort ABER, mit dem er keine Tatsache oder Meinungsäußerung eines anderen auf sich beruhen lassen kann, sondern immer noch „seine“ Version und seine Überlegung mit einbringen will: „Ich glaube dir schon, aber …“ Der Magenmeridian begnügt sich auch nicht mit einer lapidaren Feststellung und findet sich selten mit Tatsachen ab. „Warum ist das so?“ ist seine Lieblingsfrage. Mit ein bisschen Hellhörigkeit kann man sich hier selbst gut erkennen. Wir vergleichen die Konzepte, werten die Bonität, schätzen unseren Standpunkt ein und gehen meistens sofort in Widerstand, da wir uns im Nachteil fühlen. Außerdem glauben wir an die Wichtigkeit der (selbst auferlegten) Zwänge: „Ich sollte heute noch etwas tun. Ich muss noch schnell …“ Auch hier sind wir wieder selbstreferierend und bestätigen unsere Meinung, Absicht oder Überlegung durch ein *„Muss“* oder *„Soll“*. Außerdem werden wir ärgerlich, wenn ein anderer dieses Muss in Frage stellt, denn Kritik verträgt der Verstand sehr schlecht. Er kann zwar gut austeilen, ist aber schlecht im Einstecken.

Mit der „Selbstbestätigung“ haben wir jedoch immer Erwartungen und sind auf die Reaktion anderer angewiesen. Damit müssen wir uns stets von unserer besten Seite zeigen, können nie ungezwungen in den Tag leben und brauchen die Unterstützung, Ermutigung oder Bestätigung der anderen. Es ist wie mit einer Droge: zuerst verspricht sie Entspannung und Hilfe, doch dann wird sie zum Selbstzweck, macht abhängig und begründet diese Abhängigkeit noch. Es ist das, was wir unter „selbstreferierend" verstehen. Wenn unsere Weltanschauung nicht mit der eines anderen übereinstimmt oder wenn unsere Wahrheit in Frage gestellt wird, reagieren wir mit Aggression, gehen in den Rückzug oder wir werden zynisch. Der Zynismus hat mehrere Vorteile: man wehrt einen Angriff ab, zeigt dem anderen eine gewisse Überlegenheit und bietet Schutz. Man verschafft sich Distanz, indem man mit einem Scherz oder einigen zynischen Bemerkungen darüber hinwegtäuscht, dass man verunsichert ist, selbst keine Kritik verträgt und ihr zuvorkommen möchte. Meistens spielt hier auch Angst mit eine Rolle: Angst vor Zurückweisung, vor Verletzung oder vor Schuldzuweisungen.

Wie empfinde ich mein Schicksal?

Auf der seelischen Ebene zeigt der Magenmeridian, wie man das Schicksal empfindet. Wir können uns hier die Frage stellen: „Wie sehe ich die Welt? Wie verdaue ich mein Schicksal? Wie gehe ich mit meinem Schicksal um? Hadre ich damit? Lehne ich es ab? Nehme ich es leicht oder schwer?" Wenn wir die vorher angestellten philosophischen Überlegungen außer acht lassen, wie real unsere Welt wirklich ist, und davon ausgehen, dass es die Entscheidung unserer Seele war, auf der Erde zu inkarnieren, so haben wir uns damit sowohl dieses Leben als auch die Randbedingungen selbst ausgesucht. Mit dem Schicksal zu hadern, ist daher in zweifacher Hinsicht unsinnig: Diese „Versuchsanordnung" steht in den Grundzügen seit unserer Geburt fest, und die Eltern, die Lebensumstände sowie der soziale Kontext sind für uns zur „Realität" geworden. Und zum zweiten steht es uns frei, jederzeit willentlich auszusteigen und uns nicht mehr diesem Spiel zu unterwerfen. Der selbstreferierende Verstand jedoch, der auf Gedeih und Verderben an diese Realität gebunden ist, kann beide Überlegungen nicht akzeptieren. Er beginnt, mit Gott zu hadern, indem er nach dem Warum fragt: „Warum, Gott, hast Du mir dieses Schicksal auferlegt?" Unser Verstand meint, wenn er den Grund wüsste, könnte er etwas ändern oder er könnte zumindest jemandem die Schuld geben. Hier geht er Hand in Hand mit dem Gallenblasenmeridian und leidet sich damit durchs Leben. Unsere Grundkonstellation ist sozusagen festgelegt, ist nicht zu werten oder zu beurteilen, es gibt daher auch kein „Gewinner- oder Verlierermuster“. Es ist unser Startkapital oder es sind unsere Talente – wie man es betrachten will.

Hier ist auch das Spannungsfeld Seele / Psyche angelegt: Wenn wir uns selbst beobachten, werden wir feststellen, dass wir ziemlich oft mit diesem oder jenem unzufrieden sind, dass wir uns kritisieren oder uns bedauern und dass wir mit leidender Miene unsere Arbeit verrichten. Meistens gehen wir Hunderte Male täglich mit etwas in Konfrontation und kritisieren das, was ist und wie es ist. Wir regen uns auf und machen uns etwas vor: unser Ja ist kein Ja, unser Nein kein Nein. Wenn wir uns wirklich einmal sehr genau beobachten, würden wir staunen oder eher erschrecken, wie viele Male wir täglich gegen etwas protestieren, uns beschweren oder jammern: dass wir zu früh aufstehen müssen, zu wenig oder zu schlecht geschlafen haben, dass die Kinder den Wecker überhört haben, schon wieder keine Milch da ist, die Schuhe nicht geputzt wurden, die Schultasche nicht eingeräumt ist oder der Mülleimer nicht ausgeleert wurde. Es wäre eine spannende Übung, jedes Mal, wenn wir uns über etwas beschweren, auf einem Zettel ein Kreuz zu machen. Nur für einen Tag – das aber konsequent – alle Nein, Aber, Warum, Klagen, Beschwerden, Beschuldigungen, also alles, was einem nicht passt, aufzulisten. Dann wissen wir zweierlei: Erstens, wie oft wir gegen unser Schicksal protestieren und zweitens, wie viel Säure wir dabei produzieren, denn jeder Ärger bedeutet einen Tropfen Säure, den wir unserem Körper zuführen. Mit zunehmendem Alter sind wir damit nicht nur total übersäuert, sondern werden auch starr und unbeweglich. Unser physischer Körper spiegelt genau unseren psychischen Zustand wider; unsere starren Ansichten und Meinungen haben uns dann bereits gezeichnet.

Transformation

Der Schicksalsweg in seiner befreiten Form ist der Christusweg, der bedeutet, dass ich jede Sekunde „ja“ zu meinem Schicksal sage. Wenn wir das Schicksal negativ, als Bedrohung oder als auferlegtes Joch sehen, dann bleiben wir im Überlebenskampf. Lassen wir uns jedoch auf das Leben ein, dann erkennen wir das Schicksal als Chance. Denn erst, wenn wir es so angenommen haben, wie es ist, sind wir frei. Unser Verstand will das nicht begreifen und er wehrt sich vehement dagegen, dass er freiwillig etwas tun soll oder muss. Der tiefere Sinn liegt im Annehmen. Wenn wir unsere Tochter bitten, das Geschirr abzuwaschen, freuen wir uns, wenn sie es macht. Wenn es zu ihren Aufgaben gehört, setzen wir sogar voraus, dass sie es macht, ohne viele Worte darüber zu verlieren, und wir ärgern uns, wenn sie es missmutig erledigt und sich jedes Mal darüber aufregt. Wenn sie dabei singt, hat sie das Beste daraus gemacht. Um es nochmals zu betonen, weil es so schwer zu verstehen, aber gleichzeitig so wichtig für uns ist: Erst wenn wir freiwillig das tun, was gerade zu tun ist, sind wir frei. Wir kommen damit wieder zum *wu wei*, dem Handeln im Nicht-Handeln.

Tief im Inneren hat jeder von uns schon nach dem Sinn des Lebens gefragt. In Momenten der größten Freude, aber auch der größten Enttäuschung oder Niederlage waren wir bereit, den Verstand auszuschalten und auf unser Herz zu hören. Wir waren bereit, wieder die Träume und Visionen zuzulassen, die uns in unserer Kindheit so vertraut waren. Jenseits des Verstandes drängt diese Urkraft in uns immer noch nach Verwirklichung und wartet auf eine Gelegenheit, sich voll entfalten zu können. Jeder von uns trägt diesen Schamanen in sich, der schöpferisch aus dem „Nichts“ kreiert, der bereit ist, diese Fülle für sich in Anspruch zu nehmen. Wenn wir bereit sind, uns auf die mystische Seite des Lebens einzulassen, können wir Wirklichkeiten und Erlebnisräume entstehen lassen, zu denen wir mit unserem nüchternen Tagesbewusstsein kaum Zugang haben. Wenn wir lernen, wie Kinder wieder staunen zu können und uns der Dinge um uns herum bewusst zu werden, dann wird der Verstand allmählich still und demütig und ist sogar bereit, sich selbst als

Ego zu vergessen. Er wird zum Mystiker und kann alles so nehmen, wie es ist. Er ist in seiner Entscheidung frei, etwas zu tun, etwas zu ändern oder es einfach sein zu lassen.

Ich lebe das Leben leicht und mit Dankbarkeit. Ich bin.

Und nun zu unserem Märchen. Keine andere Geschichte kann die Dynamik des Verstandes besser veranschaulichen als die nachfolgende Geschichte, frei nach den Gebrüdern Grimm.

Der Wolf und die 7 Geißlein

Es war einmal eine Geißenmutter, die mit ihren 7 Kindern in einem netten kleinen Häuschen am Waldesrand lebte. Ihr Mann hatte ihr kurz nach der Geburt der kleinen Lilli verkündet, dass er etwas Auszeit brauche und ward seither nicht mehr gesehen. „Eine Frau, die nur Mädchen gebären kann", argumentierte er bei sich, „hat nichts Besseres verdient". Frau Josefa Geiß war harte Arbeit gewöhnt und brachte sich und die Kinder ganz gut über die Runden. Jeden Mittwoch hatte sie ihren freien Tag, an dem sie sich meistens mit ihrer Freundin, Frau Anastasia Wolf traf. Frau Wolf war aus besserem Haus, und da sie sogar lesen und schreiben konnte, arbeitete sie als freie Mitarbeiterin bei einer Zeitung. Zwar waren ihre sozialkritischen Beiträge vielfach zu scharf formuliert, aber in der Frauenbeilage schätze man sie als „Frau Anastasia" sehr, und ihre zynischen Kommentare wurden von den meisten gern gelesen. Auf Männer war sie nicht gut zu sprechen. Ihr erster Mann hatte sie ständig betrogen, bevor er sie ganz verlassen hatte, aber auch mit dem zweiten hatte sie ihre liebe Not. Igor Wolf war ausgesprochen arbeitsscheu und zog es vor, sich sein Brot auf die leichte Art zu verdienen. Wenn er konnte, vermied er alles, was nach Arbeit aussah, und versuchte, mit Tricks und faulem Zauber an seine Beute heranzukommen. Anastasia fragte sich, was sie in ihrem Leben falsch gemacht hatte, dass sie mit solchen Männern bestraft wurde. Ein so hartes Schicksal hatte sie wahrlich nicht verdient! Den sanften Hinweis, dass sie selbst an der Auswahl ihrer Männer beteiligt war, wollte sie allerdings nicht zur Kenntnis nehmen, denn Kritik konnte sie sehr schlecht vertragen.

Frau Geiß hingegen fand, dass sie es schlimmer hätte treffen können: sie hatte ein bescheidenes Einkommen und ihre Mädchen halfen, wo sie konnten; sogar mit dem Haushalt kamen sie ganz gut allein zurecht. Bevor Josefa zur Arbeit ging, schärfte sie jedoch den Kindern ein, niemandem die Tür zu öffnen. Frau Geiß hatte den leisen Verdacht, dass der Mann ihrer Freundin manchmal auf krumme Touren ging, und sie wollten jeden Ärger vermeiden. Igor Wolf verstand nicht, warum sich seine Frau ständig beklagte, an ihm herumnörgelte und ihm seinen Lebenswandel vorwarf. Was wusste diese eingebildete Emanze schon von Lebensqualität? Er sah, wie sich manche krumm und bucklig arbeiteten und überhaupt nichts von ihrem Leben hatten. Er hingegen war stolz auf seine Findigkeit und auf seine guten Einfälle, jeglicher Arbeit aus dem Weg gehen zu können. Er scheute vor nichts zurück und benützte seinen Verstand, um den Lauf der Dinge zu seinen Gunsten zu ändern. Es gab immer ein kleines Huhn oder ein liebes Schaf, das ihm über den Weg lief – und wenn sie nicht freiwillig liefen, dann half er nach! Die sieben niedlichen Geißlein hatte er schon lange im Auge. Denn wenn man sah, wie sich die arme Mutter mit ihren Kindern plagen musste, sollte man doch der Frau Geiß schon aus reiner Nächstenliebe helfen! Ein paar Geißlein weniger – und Josefa könnte sich öfter mit seiner Frau im Kaffeehaus treffen! Allerdings musste er sich diesmal etwas Besonderes ausdenken. Denn als er vor drei Monaten versucht hatte, sich mit verstellter Stimme Zutritt zu verschaffen, hatten ihn diese Kinder nur ausgelacht und gemeint, dass sie auf solch faule Tricks nicht hereinfallen. Peinlich! Vor vier Wochen war ihm dann die Reklame vor der Apotheke aufgefallen: „Verbessern auch Sie ihre Stimme! Ultrasono macht's möglich: Bereits nach drei Anwendungen ist Ihre Stimme lieblich und wohlklingend!" Sein gegen den Strich gebürstetes Fell und die gefletschten Zähne hatten gereicht, dass ihm der Apotheker freiwillig drei Flaschen dieses Wunderelixiers übergeben hatte. Genützt hatte es gar nichts. Aber vielleicht war es auch ungeschickt von ihm gewesen, dass er sich als Tante Karla vorgestellt hatte. Dummerweise hatte er vergessen, dass Karla ja voriges Jahr bei einer Bergtour verunglückt und in eine Schlucht gefallen war.

Aber diesmal hatte er sich etwas ganz Spezielles ausgedacht, um diese dummen Dinger zu überlisten und vor allem, um seine Reputation zu retten: In der nahen Stadt – wo man ihn noch nicht kannte – gab es einen Kosmetiksalon. Zunächst war er sprachlos, ja geradezu fassungslos, als er einen Blick in den Laden warf: einige Frauen saßen bewegungslos mit weißen Gesichtern und geschlossenen Augen auf ihren Stühlen, manche waren zusätzlich mit Gurkenscheiben verziert, und ihre Haare waren in Rollen aufgewickelt. Auf die Rollen konnte er ganz gut verzichten. Dieser weiße Gesichtskleister hingegen war geradezu ideal für seinen Plan, der diesmal unbedingt funktionieren musste, damit sein guter Ruf wieder hergestellt war. Auch in diesem Salon machte er kurzen Prozess. Den bewegungslosen Damen blieb sogar der Schrei im Hals stecken, als er in den Raum stürmte und brüllte: „Das ist ein Überfall!!!" In Minutenschnelle war sein Kopf mit der schönsten weißen Gesichtsmaske überzogen, die Pfoten wurden mit einem seidig weichen, rosafarbenen Puder bestäubt, eine Dame spendete freiwillig ihren Umhang, eine andere überließ ihm ihren Hut mit einer Pfauenfeder. Ein rosa Lippenstift machte die Sache perfekt. Selbst seine Mutter hätte ihn nicht mehr erkannt, wenn sie noch gelebt hätte. Er raffte noch eine Schachtel mit Puder, Farben, Lippenpomaden und ein paar Cremetiegeln zusammen und machte sich auf den Weg zu den sieben Geißlein.

„Ach wie schade", flötete er an der Tür, „dass eure Mutter nicht da ist. Ich komme gerade aus dem Kosmetiksalon und habe ihr die neuesten Stifte, Farben, Puder und Cremes mitgebracht. Das würde euch natürlich auch interessieren, aber fremde Damen solltet ihr nicht in die Wohnung lassen. Schade um den schönen Nagellack, der hätte euch sicher gefallen." Damit hatte der Wolf wirklich den Nagel auf den Kopf getroffen. Es dauerte keine zwei Minuten, da waren sich die sieben Geißlein einig, einer so hübschen, gut riechenden und interessanten Dame die Türe zu öffnen und sie ins Haus zu lassen. Ihre Mutter hatte sie ja nur vor dem hinterlistigen Wolf gewarnt und nicht vor einer Verschönerungskünstlerin mit einem so bezaubernden Hut. Zuerst hatte sich der Wolf nur mit drei oder vier Geißlein begnügen wollen. Da er schon seit einigen Tagen nichts gefressen hatte, schluckte er sie als Ganzes hinunter. Vermutlich hätte er sich mehr Zeit nehmen und sie besser kauen sollen, aber diese dummen Mädchen waren in Panik geraten, als ihm der Hut verrutscht und der Umhang auf den Boden gefallen war. Er war in Entscheidungsnotstand gewesen: „Ich bin zwar schon mehr als satt", sagte er sich, „aber wäre es nicht besser, gleich alle sechs aufzufressen, um etwaige Zeugen zu beseitigen?" Sein Verstand siegte.

Sechs waren jedoch eindeutig zuviel gewesen. Nur mühsam konnte er sich zum Brunnen schleppen, wo er nach einem kräftigen Schluck Wasser im Schatten einer großen Linde einschlief. Er war froh, dass die alte Geiß *ihr Jüngstes mitgenommen hatte, denn das hätte er nicht mehr geschafft. Lilli saß aber noch immer ganz verschreckt im Uhrkasten und traute sich nicht heraus. Als nämlich diese fremde Dame die wunderbaren Dinge auf dem Tisch ausgebreitet hatte, hatte es sich heimlich einen Nagellack geschnappt und sich im Uhrkasten versteckt, um in aller Ruhe herauszufinden, ob ihm rote Nägel stehen. Die Dame war so beschäftigt gewesen, mit den aufgeregten Mädchen über den neuesten Modetrend zu reden, dass ihr die kleine Lilli nicht einmal aufgefallen war.*

Zuerst hatten die Geißlein noch gelacht und durcheinander geredet, aber plötzlich hatten alle geschrieen und dann war es ganz still geworden. Als endlich die Mutter heimkam, zeigte das jüngste Geißlein schluchzend seine wunderschönen roten Nägel her und erzählte die ganze Geschichte. Sie brauchten nicht lange den Spuren zu folgen, um den Wolf zu finden, der laut schnarchend unter der alten Linde lag. Er wachte nicht einmal auf, als sie ihm den Bauch aufschnitten und die Geißlein herausließen. Die armen Dinger waren so verschreckt und schuldbewusst, dass sie zunächst gar nichts sagten. Als sie dann aber den Magen des Wolfes mit Steinen gefüllt und den Bauch wieder zugenäht hatten, mussten sie doch lachen, denn der Wolf hatte immer noch seine weiße Farbe im Gesicht, die Lippenpomade war verschmiert und der Hut saß ihm schief auf dem Kopf. Am Abend erwachte Igor endlich: es tat ihm alles weh und er hatte entsetzlichen Durst. Benommen schleppte er sich zum Brunnen, angelte sich den Wassereimer, rutschte jedoch auf dem Brunnenrand aus und stürzte kopfüber in den Schacht. Sein plötzlicher Tod wurde von den meisten Dorfbewohnern mit Erleichterung zur Kenntnis genommen.

Frau Geiß hatte eine Sorge weniger; außerdem fand sie, dass diese Lektion ihren Kindern sehr gut getan hatte. Im Dorf war für Gesprächsstoff gesorgt: die einen sprachen von der Gerechtigkeit des Schicksals, die anderen konnten ihre Schadenfreude nicht verbergen. Der Apotheker und die Kosmetiksalonbesitzerin betrachteten sich als Helden: sie konnten nicht genug betonen, wie knapp sie dem Tod entronnen waren. Frau Wolf hingegen überlegte sich, wie lange sie die trauernde Witwe spielen musste und wann sie sich wieder nach einem neuen Mann umschauen konnte.

Herr und Frau Wolf verkörpern in diesem Märchen das Yangprinzip und damit den Verstand, die Geißenfamilie hingegen vertritt das Yin-Prinzip und damit das Gefühl. Sehen wir uns die Dynamik an, wie sie kein anderes Märchen hätte besser ausdrücken können.

Der Verstand als gieriges und sehr gefräßiges Wesen wird nie genug bekommen. Ganz gleich, was man ihm gibt, er verlangt immer nach mehr. Damit noch nicht genug: er hat kein Problem damit, es sich auf die vielfältigsten Weisen zu beschaffen. Ihm ist jedes Mittel recht, um sein Ziel zu erreichen: durch Schmeicheleien, durch Drohungen oder Lügen, durch faule Tricks oder durch Gewalt. Er lässt nichts unversucht, um das zu bekommen, was er glaubt, dass es ihn satt macht. Er ist damit verantwortungslos sich und den anderen gegenüber und ziemlich kompromisslos. Er begründet sogar seine Handlungen und will damit zeigen, dass er immer Recht hat. Diesen Igor Wolf in uns kennen wir sehr gut.

In seiner blockierten Form ist er der ewig Unzufriedene: Ewig kritisierend, zynisch und ausgestattet mit viel Wissen zeigt er seine Überlegenheit. Es beklagt sein Schicksal und hofft ständig, es sich zu verbessern, indem er versucht, die Lebensumstände zu verändern. Auch Anastasia Wolf ist uns keine Unbekannte. Die Geißenmutter, als versorgendes Yin-Prinzip ist umsichtig, ist klar in ihren Gefühlen, kann auch Intuition entwickeln, weiß sich immer zu helfen. Lilli verkörpert hier den unschuldigen, naiven Teil in uns, der beobachtet und dabei klar bleibt, also nicht in den Verstand geht. Diese Unschuld bewahrt uns (versteckt im Uhrkasten) vielfach vor größeren Schwierigkeiten und rettet uns manchmal sogar das Leben. Der Wolf in uns, also der Verstand, zeigt, wie wir handeln. Er frisst sich voll, übernimmt sich dabei, er bekommt nie genug. Wenn er es allerdings mit den Gefühlen zu tun bekommt (Geißlein), merkt er viel zu spät, dass er das Falsche gefressen hat, das ihm dann im Magen liegen bleibt. Der Verstand kann mit den Gefühlen nichts anfangen. Sie zeigen ihm die Grenzen auf, sie führen uns „an die Grenzen des Verstandes“. Der Verstand stellt den polaren Gegenpol zum Gefühl dar, womit er in der Polarität immer im Widerstand dazu ist (er versucht daher als Wolf immer wieder, an diese Geißlein heranzukommen). Es liegt in seiner „Reputation“, sein Ziel zu erreichen, immer Recht zu haben und vor allem zu zeigen, wer der Stärkere ist.

Die erfahrene und umsichtige Geißenmutter hingegen arbeitet mit Intuition und hat gelernt, mit dem Verstand umzugehen (sie trifft sich sogar mit Anastasia im Kaffeehaus)! Sie kann den Verstand vom Gefühl klar trennen: sie schneidet ihm den Bauch auf und lässt die Gefühle heraus. Weder verstümmelt sie den Wolf, noch tötet sie ihn, sondern sie ersetzt nur die Geißlein durch Wackersteine und verschließt ihn wieder. Ein interessantes Symbol: Der Verstand ist mit den Gefühlen in Berührung gekommen, kann zwar damit nichts anfangen, aber sie haben in ihm sehr wohl etwas ausgelöst, was durch die nachfolgenden Ereignisse (Wackersteine) verankert wird. Es findet eine Verwandlung statt: er erwacht! Er hat das Bedürfnis, Wasser zu trinken, also mit dem Gefühl auf andere Weise wieder in Kontakt zu kommen. Er hat auch Durst nach „mehr". Er will seine eigene Tiefe ausloten, von der Oberfläche in sein Inneres steigen und fällt in den Brunnen seiner eigenen Seele. Das ist Transformation pur, denn mehr kann der Verstand nicht erreichen. Auch die Geißlein bleiben von diesem Ereignis nicht unberührt: in diesem Fall haben sich die Gefühle vom Verstand täuschen und unterkriegen lassen. Sie kommen aus dieser Erfahrung reifer heraus, sie haben Kreativität entwickelt und gelernt, mit ihren Talenten umzugehen. In diesem Märchen muss man sich mit beiden Seiten auseinandersetzen, denn sowohl Herr und Frau Wolf als der Verstand, als auch die Geißenfamilie als Repräsentant der Gefühle haben als polare Gegensätze sehr wohl ihre Berechtigung.

Milz-Pankreasmeridian, der Gerechte, die Selbstliebe

Erde / Yin
Organzeit: 9 - 11 Uhr   Jahreszeit: Spätsommer

Qualitäten:	Kontrolle, Gerechtigkeit, Suchtverhalten
Befreite psychische Qualität:	Mitgefühl (auch für mich selbst)
Befreite seelische Qualität:	Ich liebe den anderen wie mich selbst. „Selbstliebe“

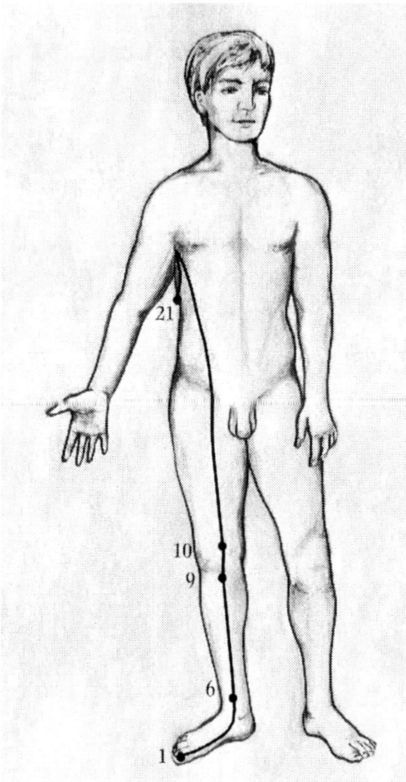

Milz / Pankreas 1 (Inn Bai)
- bei Blähungen, Durchfall, Psychose und Albträumen. Er verstärkt die Gefäße.

Milz / Pankreas 6 (Sanyinjiao)
- Schmerzen im Fußgelenk, Schlaflosigkeit, Übergewicht, Verdauungsprobleme, Menstruationsprobleme

Milz / Pankreas 9 (Yin Ryo Sen)
- Knieschmerzen

Milz / Pankreas 10 (Ketsu Kai)
- stärkt das Blut, reguliert die Menstruation, bei Juckreiz, Neurodermitis und Nesselfieber und Dysmenorrhe

Milz / Pankreas 21 (Endpunkt)
- bei allgemeinen körperlichen Schwächezuständen

In Kombination mit anderen Meridianen ergeben sich folgende Muster:

MP+ Lu	Dauerredner, sucht sich zu repräsentieren, Schauspieler,
MP+ Di	Tyrann, Despot
MP+ Ma	Kritiksucht
MP+ Dü	Marienverehrung, „Minnedienst“
MP+ He	Playboy, Erleuchtungskonzepte
MP+ Bl	ein „ewig Suchender“, Rezeptesammler, Nymphomanin, Don Juan
MP+ Ni	Krimiautor oder -leser
MP+ Kl	Vergnügungssucht, Playboy
MP+ 3E	Gourmand, Fresssucht
MP+ Gb	Inquisition, Spitzeldienste
MP+ Le	Streitsucht

Element Erde / Funktionskreis Magen, Milz / Pankreas

Das Element Erde kontrolliert alles, was mit Kontinuität, Stoffwechsel, Transport und Transformation in Verbindung steht. Es reguliert den Stoffwechsel, die Viskosität der flüssigen Stoffe, kontrolliert das Gefäßsystem, nährt die Struktur und die Dichte des Körpergewebes. Wenn Energieüberschuss in Magen- und Milz-Pankreasmeridian besteht, kommt es zu einem Ungleichgewicht der Elemente Feuer und Metall; das bedeutet, dass Herz / Dünndarm und Lunge / Dickdarm zuviel Energie bekommen und Niere sowie Leber zu wenig. Die Folgen sind: Flüssigkeitsstau in Bindegewebe, Muskeln, Gelenken, Lymphknoten, Lunge und Genitalien sowie Übergewicht. Weiterhin kann es zu Gebärmuttermyomen, Geschwüren und Gefäßproblemen (Krampfadern, Hämorrhoiden, Hämatome), einer geschwollener Prostata und zu Darmentzündungen kommen. Beschwerden wie „Kribbeln" in Armen und Beinen, Atemnot, depressive Stimmungen, Herzklopfen, Kopfschmerzen, Müdigkeit, Neigung zu schnellem Schwitzen, Leistungsabfall, Schlafstörungen usw. entstehen oft durch ein Zuviel an Zucker.

Krankheitsbilder entlang des Meridianverlaufs:

Periphere Durchblutungsstörungen, Coxarthrosis, Gonarthrosis, Distorsion, Fußgelenkarthrosen, Beinödem, venöse Stauungen, Gicht, Phlebitis, Varicosis, Ulcus cruris

Die körperliche Ebene

In der Milz findet zunächst der Abbau der roten Blutkörperchen statt, wobei das frei werdende Eisen gespeichert und das Hämoglobin der Leber zugeführt wird. Sie ergänzt den Bedarf an Lymphozyten und recycelt abgestorbene und dient für kurze Zeit als Blutbank für besondere dringende Anlässe. Sie ist ein wichtiger Regulator des Kreislaufs und der Körpertemperatur. Sie dirigiert, entscheidet, teilt ein und aus sowohl auf der körperlichen, als auch auf der mentalen Ebene! Die Milz ist u. a. auch für die Immunabwehr zuständig, indem sie Lymphozyten und sogenannte Fresszellen (Markophagen) ausbildet. Der Pankreas produziert täglich ca. 2 l Pankreassaft, dessen Enzyme zur Spaltung von Proteinen, Fetten und Kohlenhydraten benötigt werden.

Psychisch neigt der Milz-Pankreasmeridian zu zwanghafter Selbstgerechtigkeit, zur Sucht und Überbetonung seiner Krankheiten. Er fühlt sich gestresst und ist oft nervös. Die Milz ist nach der chinesischen Medizin der Mittelpunkt des Menschen, der das *chi* reguliert.

<u>Blütenessenzen:</u>

Angelica: schützt in Krisensituationen
Beech: bei fehlendem Mitgefühl und überkritischer Haltung
Bleeding Heart: bei übertriebender Verlustangst
Cayenne: hilft, alte Verhaltensmuster zu durchbrechen
Morning Glory: hilft, Sucht und Anhänglichkeiten zu entkommen
Rock Water: hilft bei zu starren Prinzipien, wenn man zu streng mit sich und anderen ist
Self Heal: fördert Selbstheilungskräfte
Star of Bethlehem: hilft bei bei Schock und Trauma
Vervain: dämpft übergroßen Enthusiasmus

Der Milzmeridian, der Gerechte

Auf der psychischen Ebene hat sich der Milz-Pankreasmeridian die Gerechtigkeit auf seine Fahnen geschrieben. Hier sind die Leserbriefschreiber zu finden, die sich über Tagesthemen alterieren können und sich über Ungerechtigkeiten aufregen. Damit sind auch Krieg und Gewalt ein Milzthema, bei dem es immer darum geht, dass eine Partei ins Unrecht versetzt wurde. Hier sind die Kriegstreiber angesiedelt, aber auch die Sicherheitspolizei, UNO-Organisationen, das Militär, Friedensstifter, Vermittler, Anwälte oder Gerichtsmediziner. Sie sind entweder auf der Suche nach etwas, oder sie versuchen, etwas zu verändern und auszugleichen.

Ist dieser Meridian ausbalanciert, dann verfügt man über einen gesunden Ehrgeiz, weiß, wo seine Grenzen sind und man braucht nicht zu übertreiben. Man arbeitet mit dem Verstand und wählt die Mitte: man muss weder klein beigeben noch übermäßig angeben.

Weist der Milz-Pankreasmeridian zuviel Energie auf, so reicht nur ein kleiner Anlass, damit diese Menschen auf die Barrikaden steigen, für Friede und Gerechtigkeit oder für den nächsten Krieg plädieren. Hier finden wir fanatische Linke und Ultrarechte, Grüne und Hooligans (ohne sie in einen Topf werfen zu wollen)! Sie fühlen sich immer im Recht, sind selten Argumenten zugänglich, da sie selbst zwanghaft selbstgerecht sind. Meistens.

Milz-Pankreasmeridian – die Sucht

Auf der seelischen Ebene zeichnet der Milz-Pankreasmeridian für die Suche. Da der Milz-Pankreasmeridian die Gerechtigkeit vertritt, sucht er, ein vorhandenes Energiedefizit auszugleichen. Wenn wir nicht genügend Mitgefühl für uns selbst aufbringen, werden wir immer auf der Suche sein, Ersatz für das zu bekommen, was wir uns selbst versagen. Wir sind auf der Suche nach Geborgenheit, nach Liebe, nach dem Zustand, aus dem wir gekommen sind, auf der Suche nach dem Paradies. Damit sind wir bei den Suchtmustern, die in unserer Gesellschaft so integriert sind, dass wir sie als selbstverständlich ansehen. Sie sind direkt und indirekt die Grundlage aller Krankheiten. Wir haben hier die Esssucht, Nikotin-, Alkohol- oder Drogensucht auf der körperlichen Ebene. Auf der emotionalen Ebene kennen wir Sexsucht, Fernsehsucht, Shoppingsucht oder die Arbeitswut, aber auch Gewohnheiten, die durchaus alltäglich oder sogar als positiv gewertet werden, wie die Sucht, für alles Verantwortung übernehmen zu müssen. Hier fallen alle Tätigkeiten oder Hobbys hinein, die wir uns leisten, um dem Alltag oder dem Augenblick „zu entkommen", um etwas zu erreichen oder weil wir auf etwas reagieren: Die Sucht nach Jugendlichkeit, Perfektion, Aktion, Veränderung gehört dazu. So gesehen befinden wir uns in einer globalen Suchtgesellschaft, und niemand ist davon ausgenommen.

Wir versuchen, ein Energiedefizit auszugleichen und einen Mangel zu kompensieren. Das Problem dabei ist, dass wir uns dieses Defizits zunächst gar nicht bewusst sind und damit glauben, wir können unsere „kleinen Sünden", wie wir sie nennen, steuern oder meinen, sie im Griff zu haben. Solange wir aber an diesem Mangel leiden und dieses Defizit nicht bewusst aufgelöst haben, haben uns diese Ersatzbefriedigungen im Griff. Häufig greifen Leute zur Zigarette, die zu kurz oder gar nicht gestillt wurden und damit zu wenig Mutterkontakt bekommen haben. Viele versuchen, ihre Eheprobleme in Alkohol aufzulösen oder sich mit Schokolade die Liebe und Süße einzuverleiben, die sie von außen nicht erhalten. Der Mangel an Liebe und Zärtlichkeit wird auch durch Zurschaustellung der Potenz wettgemacht. Wie oft, wie lange, mit wie vielen Partnern ist das Thema. Alle Abarten von Sex, wie Pädophilie, Sadismus, Masochismus, fallen darunter – es ist ein Schrei nach Liebe, nach Erfüllung, die man anders nicht erreichen kann. Auch die Sucht nach Nervenkitzel, einem Kick wie Bungee-Jumping, Rafting, Autorennen oder Stunts, zeigt die Suche nach Anerkennung und nach Angenommenwerden.

Ein ganz besonderes Thema, das auch in den Bereich des Milz-Pankreasmeridians fällt, ist der Narzissmus, eine Illusion der besonderen Art. Es sind die Selbstgefälligkeit, die Selbstsucht und das Überbewerten der eigenen Person. Ein Narziss ist in sich selbst verliebt, womit er die Liebe pervertiert. Wenn man verliebt ist, dann verliert man die Objektivität, man setzt das geliebte Objekt an die erste Stelle und wertet alles andere ab. Es gibt nichts mehr, das einem Vergleich standhält. Ist man in sich selbst verliebt, so will man, dass auch die anderen diese Einmaligkeit erkennen; man betrachtet sich als der Größte und Beste und wertet alles ab, was sich diesem Ich in den Weg stellt. Man kann den Fokus nicht mehr auf seine Umgebung richten, weil man in sich gefangen ist. Es wird alles über das Ich reflektiert.

Auch die Habsucht liegt im Bereich des Milz-Pankreas-Meridians: Ich lebe in der Illusion, etwas haben zu müssen, um glücklich zu sein, als Ersatz dafür, dass ich mir selbst die Liebe versage. Hier schlägt die Konsumindustrie zu. Sie gaukelt uns vor, dass wir unter bestimmten äußeren Voraussetzungen glücklich werden können und schickt uns dazu ihre Versandkataloge, ihre TV-Spots, zeigt uns glückliche Großeltern mit einem neuen Gebiss, glückliche Kinder mit einer Kindermilchschnitte, glückliche Kühe, Hunde und Katzen. Dahinter liegt die Angst, zu wenig zu haben und am Glück vorbei zu gehen.

An der Eifersucht sind sowohl der Milz- als auch der Nieren- und der Dickdarmmeridian beteiligt. Man will den anderen für sich haben, man braucht ihn, man missgönnt ihm etwas, man will ihn kontrollieren – und das meistens unter dem Deckmantel „Liebe“. Ich löse mich von der Eifersucht, wenn mir bewusst wird, welche Bedürfnisse wirklich dahinter stehen: Will ich versorgt werden? Habe ich Angst, verlassen oder nicht geliebt zu werden?

Wir können erst dann aus einem Suchtmuster aussteigen, wenn uns bewusst wird, worunter wir leiden und was wir in Wirklichkeit suchen, meistens sind es Liebe und Geborgenheit.

Milz-Pankreasmeridian für Schutz

Wenn der Milz-Pankreasmeridian eine Schutzfunktion übernimmt, so arbeitet er mit dem Dickdarmmeridian zusammen, der die Grenzen ziehen kann. Er übernimmt dabei die Aufgabe eines top-secret security officers, um die verletzte Seele zu schützen. Wenn es bei Traumata oder Schocks um das Thema Gerechtigkeit gegangen ist, so wird der Milz-Pankreasmeridian versuchen, hier einen Ausgleich zu schaffen. Zunächst wird er, um die Seele zu schützen, einen Mantel der Vergessenheit über die Sache ausbreiten, und dann versuchen, von einer ganz anderen Seite das Thema wieder aufzurollen, nämlich über die Allergien. Wir sind dann genau auf jene Pollen allergisch, die die Information dieses Machtthemas beinhalten; wir können jene Lebensmittel nicht vertragen, die mit der ursprünglichen Verletzung in Zusammenhang stehen. Milchallergien, Neurodermitis oder Psoriasis weisen meist auf Verletzungen durch die Mutter hin.

Eine andere Maßnahme der Milz ist die Regulierung des Stoffwechsels, wobei sie sich der „chinesischen Mauer“ bedient: sie erzeugt Schutzwälle und Schwimmgürtel und baut Fettzellen ins Bindegewebe ein. Um nervliche Belastungen auszuhalten oder ein seelisches Ungleichgewicht ausgleichen zu können, schaffen wir uns damit eine Pufferschicht zur Außenwelt. Erst wenn wir sie als solche erkannt und gewürdigt haben, haben wir Chancen, unser Übergewicht erfolgreich loszuwerden. Bei allen anderen Maßnahmen, die ohne tieferes Verständnis für das eigentliche Problem getroffen werden, weicht der Körper auf Ersatzhilfen aus. Wir nehmen dann zwar ab, sind aber anfällig für Ekzeme oder Pilzerkrankungen. Damit schießt jede Fastenkur haarscharf am Ziel vorbei – und knapp daneben ist auch vorbei!

Pankreasmeridian, die Selbstliebe

Wir sprachen vom Narzissmus – der mit Selbstliebe überhaupt nichts gemein hat. Denn wenn ich in mich verliebt bin, klammere ich alles andere aus, wenn ich mich aber liebe, so bin ich für alles andere nach wie vor offen und beziehe alles mit ein. Sich selbst zu lieben und zu sich freundlich zu sein, ist eine klare Aufforderung, wieder zu unserem inneren Kind zurückzufinden. Es gibt keinen Menschen auf der Welt, der treuer und ergebener zu uns steht als wir selbst. Wir stehen uns Tag und Nacht zur Verfügung, tun unser Bestes, um uns zufrieden zu stellen, arbeiten wie ein Pferd, beklagen uns selten und wünschen uns nichts sehnlicher, als einmal dafür gelobt zu werden. Nämlich von uns selbst. Wie viele begrüßen sich am Morgen ganz liebevoll, wenn sie sich unrasiert oder unfrisiert leicht verschlafen in den Spiegel schauen? Wie viele haben sich schon für die vielen Liebesdienste bedankt, die uns unser Körper im Laufe unseres Lebens erwiesen hat? Beschimpfen wir uns, wenn wir glauben, etwas falsch gemacht zu haben, oder sagen wir liebevoll: „Mach dir nichts draus!“ Kein Sklave würde unter den Anforderungen arbeiten, die wir an uns stellen! Diese Missachtung bleibt aber nicht ungestraft: Alles, was wir uns selbst versagen, holt sich unser Körper von außen, so geheim, dass wir es nicht gleich mitbekommen.

Wir betteln um Liebe

Da wir uns selten die Liebe zugestehen, die wir an andere weitergeben, sind wir gezwungen, uns nach jemandem umzusehen, der sie uns an unserer Stelle gibt. Das ist so umständlich wie es klingt und ist dennoch die landesübliche Vorgangsweise. Wir betteln um Liebe und brauchen daher immer jemanden um uns, an den wir uns wenden können: Kinder, Partner, Eltern oder Freunde. Damit fallen wir auf falsche Freunde, Schmeicheleien und Betrüger herein, die ihrerseits nur unsere Liebe anzapfen wollen. Wenn zwei mit Liebe unterversorgte Menschen dann eine Partnerschaft eingehen, kann die Rechnung einer befruchtenden und einander fördernden Gemeinschaft nie aufgehen. Es ist die berühmte Zweierbeziehung mit einer wechselweisen Opfer-Täter-Rolle, die irgendwann auseinander geht. Die beiden sind dann erstaunt, frustriert oder am Boden zerstört, da sie dieses Spiel nie durchschaut haben: „Ich liebe dich so, ich brauche dich, du bist mein Glücksstern! Warum hast du mich verlassen?“ (Wer trennt sich schon gern von einer Energie-Tankstelle?)

Um solche Dauertankstellen einzurichten, war dem Patriarchat nichts zu aufwendig, und es richtete die Frauen ab. Nicht alle waren dazu geeignet, aber die meisten waren dazu bereit, alles auf sich zu nehmen, um vom Manne geliebt zu werden. Sie prostituierten sich Jahrhunderte lang, um von den Herren der Schöpfung geliebt und geachtet zu werden. Sie wurden geprüft und mit einem Unversehrtheitsattest versehen gekauft, verkauft und als Ware behandelt. Wie lange litten sie, bis sie endlich bereit waren, etwas für sich zu tun? Das Milz-Pankreasmeridian-Thema ist ein Frauenthema.

Transformation von Gerechtigkeit und Selbstgerechtigkeit zu Mitgefühl

Mitgefühl mit sich selbst kann man nicht lernen, weil Fühlen eine Herzenssache ist und weil der Verstand dies zu verhindern sucht! Wir sehen die Ursachen, die Hintergründe und stellen fest, dass wir selbst an unserer Situation schuld sind, dass es dem anderen Recht geschieht. Wir gehen mit uns und den anderen wie mit einer Maschine um: „Beruhige dich, wenn wir das wieder richten, dann geht es dir besser." Oder: „Ich habe dir ja gesagt, dass du dich wärmer anziehen sollst, damit du dich nicht verkühlst." Wenn schließlich unsere Befürchtungen eingetroffen sind, reagiert der Verstand wieder mit einem sachlichen Urteil, denn nur damit hat er auch die Gefühle im Griff. Manchmal ist es jedoch viel wichtiger, liebevoll und freundlich zu sein, anstatt Recht zu haben. Gehen wir meistens nicht viel zu hart mit uns selbst oder mit jemandem anderen um? Der Verstand mag wohl Recht haben mit seiner Kritik und seinem Urteil, aber unser Herz sagt uns sehr genau, was wir in diesem Moment wirklich brauchen: liebevolle Zuwendung, hinhören, hineinspüren und manchmal wortloses Verständnis. Wenn das Kind dir weinend seine Verletzung zeigt, will es zunächst in der Situation angenommen werden. Es weiß sowieso, dass es „schlimm" war, darüber kann man später reden, aber zunächst braucht es Mitgefühl. Nicht Mitleid! Mitleid bringt gar nichts und ist nur der Versuch des Verstandes, mit dieser Situation zurechtzukommen, indem er mit falschen Versprechungen „tröstet": „Mach dir nichts draus, morgen ist es wieder gut." Ein guter Chirurg wird einfühlsam und aufmerksam operieren und nicht vor Mitleid weinen, denn das nützt dem Patienten am wenigsten. Im Mit-leiden sind wir hilflos in der Emotion gefangen, im Mitfühlen kann unser Herz sprechen. Und genau das brauchen auch wir: Mitgefühl für uns selbst. Mitgefühl, wenn wir nicht gleich mit einer Situation zurechtkommen, wenn wir Fehler gemacht, wenn wir „gegen unsere Vernunft" gehandelt haben. So, als würden wir uns gegenüber gleichzeitig als Vater und Mutter auftreten. Zuerst als Mutter in die Arme nehmen und später erst als Vater belehren, das ist Mitgefühl! Und das brauchen wir dringend. Wenn ich Mitgefühl für mich selbst aufbringe, Selbstvertrauen und Selbstliebe entwickle, kann ich auf „Gerechtigkeit" verzichten, dann muss ich mich nicht mehr ins Recht setzen – dann kann ich es sein lassen.

Dazu folgende Geschichte, die als königliche Entscheidung oder das „salomonische Urteil“ bekannt geworden ist:

Salomon, der Sohn Davids, war gerade erst 16 Jahre alt geworden. Man hatte ihn zum König gekrönt, obwohl es viele Stimmen gab, die lieber einen anderen auf dem Throne gesehen hätten. In der ersten Nacht nach seiner Thronbesteigung erschien ihm Gott in einer Vision und fragte ihn, ob er einen Wunsch habe, den er ihm erfüllen könne. „Mehr als alles andere wünsche ich mir ein mitfühlendes und urteilsfähiges Herz, damit ich Dein Volk in Gerechtigkeit und Rechtschaffenheit regieren kann“, gab ihm Salomon zur Antwort. „Dein Wunsch sei dir erfüllt“, sagte Gott und verschwand. Am nächsten Tag, die Feiern waren noch voll im Gang, entstand plötzlich Tumult in einem der Vorhöfe des Palastes. Zwischen den fremden Herrschern und Abgesandten, die gekommen waren, um Salomon ihre Aufwartung zu machen, schrieen die Wachen durcheinander und Diener rannten hin und her. Salomon schickte seine Leibwache, um zu erfahren, was die Ursache dieser Aufregung sei: Zwei Prostituierte waren sich in die Haare geraten und beschimpften einander wüst. Nur mühsam konnten sie von Männern zurückgehalten werden, aufeinander einzuschlagen. Die Menge johlte wie immer bei solchen unterhaltsamen Auseinandersetzungen; die meisten unter ihnen waren aber bemüht, engeren Kontakt mit diesem Abschaum der Gesellschaft zu vermeiden. Die beiden Frauen waren noch sehr jung, hatten lange schwarze Haare, zusammengehalten von bunten Bändern, die sich allmählich zu lösen begannen, und auch ihre Kleider hatten schon bessere Zeiten gesehen. Sie schienen übernächtigt und boten wahrhaftig keinen sehr erfreulichen Anblick. Eine Frau stand mit einem Baby in den Armen hinter ihnen, gefolgt von zwei Beamten, die den Auftrag hatten, die beiden Mädchen zu Salomon zu bringen. Man sah die hämischen Gesichter und die heimliche Schadenfreude derer, die Salomon zu schaden trachteten, man sah auch befremdetes Erstaunen: Nach dem alten jüdischen Recht hätten beide Prostituierte auf der Stelle zu Tode gesteinigt werden müssen, eine derartige Streitangelegenheit hätte niemals vor den König gebracht werden dürfen. Und dennoch schienen sich jene durchgesetzt zu haben, die dem König übel wollten und einen Grund suchten, ihm eine Falle zu stellen.

Als die jungen Frauen vor Salomon standen, die Gesichter vor Wut gerötet, begannen sie, zunächst stockend, dann leidenschaftlich gestikulierend die Ursache ihres Streits zu erzählen. Tränen der Scham liefen ihnen dabei über die Wangen. Beide hatten am gleichen Tag einen gesunden Buben entbunden, hatten einander beglückwünscht und waren erschöpft, aber glücklich mit ihrem Baby im Arm eingeschlafen. Eine von ihnen hatte sich jedoch im Schlaf auf das Kind gelegt und es dabei erstickt. Als sie voll Entsetzen bemerkte, dass ihr Kind kein Lebenszeichen mehr von sich gab, nahm sie es und tauschte es gegen das Kind der anderen Frau aus, das friedlich in deren Armen schlummerte. Als die Mutter am nächsten Morgen aufwachte und ein totes Kind in den Armen hielt, beschwor sie die andere, ihr ihr Kind zurückzugeben. Sie hätte es unter Tausenden wiedererkannt. Es kam zum Streit, sie kamen vor den Richter, doch auch dieser sah sich außerstande, ein Urteil zu fällen. Einen solchen Fall hatte es noch nie gegeben. Es wurde entschieden, den jungen König Salomon entscheiden zu lassen, und viele hofften, dass dies auch dessen eigenes Urteil wäre. Sehr viel hing von diesem Richtspruch ab – sowohl für ihn als auch für die Frauen. Denn beide blieben bei der Behauptung, dass es ihr Kind ist, beide beschuldigten einander des Kindsmordes. Es war still um Salomon geworden. Welches Urteil könnte ein so junger König fällen? Hielt er sich an die mosaischen Gesetze? Für welche Frau würde er sich entscheiden? Nahm er beiden das Kind? Salomon überlegte lange, er sah in sein Herz und sprach mit Gott. Dann verlangte er nach einem Schwert und verkündete: „Da beide Frauen Anspruch auf das Kind erheben und keine verzichten will, teilt das Kind in zwei Hälften und übergebt jeder Frau einen Teil." Die Menge war entsetzt, die Frauen kreischten auf, nur seine Feinde lachten hämisch. Schon legte man das Kind auf einen Block, als sich eine der beiden Frauen losriss, vor Salomons Füße warf und ihn anflehte: „Herr, verschont dieses Kind. Ich will gern darauf verzichten, nur lasst es am Leben und gebt es der anderen." Da lächelte Salomon, hob das Kind auf und legte es der Frau in die Arme: „Nimm dein Kind. Nimm es, denn du bist die Mutter. Nur eine Mutter bringt so viel Liebe und Mitgefühl für ihr Kind auf." Die Menge brach in Jubel aus, und selbst die Kritiker konnten ihre Bewunderung nicht verbergen. Dieses Urteil war eines Königs würdig. Es ging in die Geschichte ein und Salomons Ruf verbreitete sich über alle Länder.

Keine Erzählung kann uns besser vor Augen führen, was täglich in uns selbst abläuft: der Kampf des Verstandes mit der Weisheit unseres Gefühls. Wir bemühen uns ständig, durch „richtiges" Denken und Handeln unseren Tagesablauf und unser gesellschaftliches Zusammenleben zu regeln, unsere Entscheidungen sachlich zu treffen und zu begründen, zu urteilen und verurteilen. Wir werden damit zwanghaft selbstgerecht, denn in Ermangelung genügender Selbstachtung beginnen wir, unsere Entscheidungen zu verteidigen oder Erklärungen abgeben. Wir erzählen wildfremden Personen, warum wir etwas getan haben oder suchen sie zu überzeugen, dass sie es auch tun sollen, um uns selbst zu bestätigen. Das ist zu abgehoben und unrealistisch? Genau das geschieht tausendfach in der Werbung: sie wollen uns von etwas überzeugen, was wir weder wollen noch brauchen. Das gleiche machen wir dann selbst und überreden die Nachbarin zum Kauf, damit wir in unserer Kaufentscheidung bestätigt werden.

Salomon musste eine Entscheidung treffen und sollte dabei in eine Falle gelockt werden. Jede Entscheidung des Verstandes wäre falsch gewesen, was seine Gegner wussten. Was sie nicht wussten und womit sie nicht gerechnet hatten war, dass er sein Herz fragen konnte. Dieses Gottesgeschenk, die Ebene des Verstandes zu verlassen und „ein mitfühlendes Herz" sprechen zu lassen, ließ ihn weder urteilen und damit verurteilen, sondern „handeln im Nichthandeln" (wu wei). Er urteilte nicht (nichthandeln), sondern schuf eine gänzlich neue Situation (handeln), aus der sich die Wahrheit von selbst ergab. Erst die Klarheit des Herzens verbunden mit der Klarheit des Wissens ergibt Weisheit. Der Verstand glaubt, alle Antworten wissen zu müssen, schöpft aber damit nur aus der Vergangenheit. Damit verhindert er, dass sich die Wahrheit aus der Gegenwart entwickelt, dass sich die Wahrheit, die ja bereits vorhanden ist, offenbaren kann. Wie oft suchen wir krampfhaft nach einer Antwort und fühlen uns schuldig, sie nicht geben zu können und durchforsten mit unserem Verstand die letzte Ecke des Gehirn. Wir machen unser Selbstwertgefühl davon abhängig, möglichst viel zu wissen. Warum müssen wir alle Fragen beantworten? Sind wir überhaupt noch imstande, still zu bleiben und in unser Herz zu hören? Mit all unseren Erklärungen und nehmen wir manchmal dem anderen die Möglichkeit, dass er eine eigene Antwort findet!

Durch Achtung und Würdigung entsteht Dankbarkeit

Wir neigen dazu, uns zu werten und uns wie in der Schule Noten zu geben. Kommentarlos haben wir das Wertesystem von anderen übernommen und behandeln es wie ein Dogma. Wir verurteilen uns, weil wir nicht in der ersten Reihe stehen und versuchen, eine bessere Startposition zu erreichen. Für wen? Wofür? Musterschüler glauben sogar, dass sich diese lächerliche Wertung nach ihrem Tod fortsetzt und sie vor einen Richter kommen. Welchen Wertmaßstab sollte dieser anwenden, nach welchem Gesetzesbuch verurteilen? In Wahrheit sollten wir uns einmal bei uns bedanken und schätzen für das, was wir sind, für unsere Qualitäten und Talente. Du freust dich, Lob von anderen zu erhalten, aber wann hast du dich das letzte Mal gelobt für deinen unermüdlichen Einsatz, für deine Freundlichkeit und Liebe, die du täglich weitergibst? Bist du dankbar für oder ärgerst dich nur über deine schiefe Nase? Gib dir selbst die Achtung und Würdigung, die du verdienst. Aus dieser Achtung wird Mitgefühl entstehen. Dein liebevoller Umgang mit dir selbst, das Eingehen auf deine inneren Bedürfnisse, die Anerkennung für deine Bereitschaft, dein Leben zu leben, werden dich frei und unabhängig machen.

Dazu das Märchen, frei nach Deborah Tyler.

Die Eidechsenprinzessin

Es war einmal ein sehr eigenwilliger Prinz. Er war hübsch, unternehmenslustig und schien auch sonst ganz normal, aber er wollte nicht heiraten. Nicht, dass er etwas gegen Frauen gehabt hätte – aber sie waren ihm einfach zu langweilig. Seine Eltern gaben sich viele Mühe, arrangierten Feste und Partys, Konzerte und Bälle, aber Prinz Rightlee langweilte sich zu Tode. Er konnte mit sich und der Welt nichts Richtiges anfangen. „Was soll ich mit diesen faden Geschöpfen?“, fragte er sich immer wieder. Rightlee war auf der Suche nach etwas ganz Besonderem. Er konnte auf wilden Pferden reiten und konnte sogar schwimmen, was in seinem Land ganz selten war. Aber nach Saufgelagen bekam er regelmäßig Kopfweh, und an den Tournieren und Buhurten nahm er nur teil, weil ihm langweilig war. Schließlich schlugen ihm seine Eltern vor, wenigsten ein paar Jungfrauen zu retten, die von den zahlreich vorhandenen Ungeheuern immer wieder in deren Höhlen verschleppt wurden. Dieser Vorschlag gefiel Rightlee, denn er versprach Abwechslung. Zuerst rettete Rightlee die kleine Maribel Mercy vor einer Riesenschildkröte. Dann befreite er das Edelfräulein Lilli Goldy von einem zehn Meter langen, blauen Drachen und die kleine Marty von einer grünen Riesenschlange. Er wurde berühmt, war von allen Müttern und Vätern begehrt und von allen edlen Fräulein umworben. Aus fernen Landen kamen Bewerbungsschreiben und Heiratsangebote; er bekam Drachenvernichtungsaufträge, die mit hohen Belohnungen lockten. Aber nichts begeisterte ihn wirklich: er war mit sich und der Welt unzufrieden und beneidete insgeheim die einfachen Dorfbewohner, die sich bei Musik und Tanz einen schönen Abend machen konnten und dabei recht glücklich wirkten. Wenn man es genauer betrachtete, war das Leben mehr als ungerecht. Warum musste gerade er als gelangweilter Prinz durchs Leben stapfen, wenn er es als Fischer oder Jäger so lustig haben könnte?

Als Rightlee wieder einmal recht missmutig über die Klippen den Abhang hinunter rutschte, kam er an einer eigenartigen Höhle vorbei, die ihm noch nie so recht aufgefallen war: Sie war mit einem Tor verschlossen, an dem ein Zettel hing: „Bitte anklopfen. Hausierer unerwünscht, Prinzen willkommen." Neugierig geworden, klopfte er an. „Wer ist da?", fragte eine sanfte Mädchenstimme. „Ich bin es, Prinz Rightlee. Darf ich hereinkommen? Es wird nämlich gleich regnen." „Ich habe von dir gehört. Du bist der Ungeheuertöter, der schon etliche Jungfrauen gerettet hat." „Ganz richtig", sagte der Prinz, „willst du vielleicht auch gerettet werden? Gibt es da irgendein Monster, von dem ich dich befreien soll?" „Nicht wirklich", sagte die Stimme. „Ich bin nämlich die Jungfrau und das Monster gleichzeitig. Aber du kannst hereinkommen. Mir ist nämlich ganz schön langweilig in dieser Höhle."

Rightlee trat ein und sah zunächst gar nichts, weil es so finster war. Durch einige Felsspalten zwängten sich zwar ein paar winzige Sonnenstrahlen herein, auch das Feuer in der Mitte der Höhle ließ ein paar Schatten an den Wänden tanzen, aber sonst schien der Raum leer und verlassen. Als sich der Prinz jedoch etwas an die Finsternis gewöhnt hatte, bemerkte er eine riesige Eidechse, die an der Wand lehnte und ihn aufmerksam betrachtete: „Ich bin in Wirklichkeit die Prinzessin Confidence“, sagte sie, „und ich wurde aus Versehen verzaubert. Aber wenn ich ganz ehrlich bin, war ich selber schuld daran, dir kann ich es ja erzählen: Ich war eine sehr verwöhnte und eigensinnige Prinzessin, der nichts gut genug war. Obwohl ich nicht genau wusste, was ich wirklich wollte, war ich zunächst einmal dagegen. Ich war stets auf der Suche nach Abwechslung und nach neuen Dingen, Kleidern oder Schmuck. Aber nicht einmal daran hatte ich wirklich Freude. Als ich dann älter wurde, und immer öfter nette Prinzen an unseren Hof kamen, lachte ich sie meistens aus, machte sie lächerlich und warf sogar mit Obst oder Torten nach ihnen.

An meinem sechzehnten Geburtstag machte ich allerdings einen entscheidenden Fehler: Ich verfehlte den Prinzen Alberlich mit meiner Erdbeertorte und warf sie stattdessen dem Hofzauberer mitten ins Gesicht. Statt mich zu entschuldigen, lachte ich noch und meinte, dass er jetzt wenigstens interessant aussehe. „Das wirst du auch gleich“, sagte er und verwandelte mich auf der Stelle in diese hässliche Eidechse. Du bist zwar ein edler Held und hast Mitleid mit den armen Prinzessinnen. Aber du hast dabei vermutlich nur an dich gedacht. Denn Mitleid für die armen Drachen würde dir weder Ruhm noch Ehre bringen, von Mitgefühl für sie ganz zu schweigen! Weißt du überhaupt, wie entsetzlich einsam und langweilig so ein Monsterdasein sein kann? Wenn sie sich nicht hie und da eine Jungfrau raubten, würden diese Drachen und Schlangen vor Langweile vergehen. Damit bin ich jetzt doppelt bestraft, denn ich brauche ja einen Prinzen, der mich nicht vor einem Drachen, sondern nur vor mir selbst rettet.“

Rightlee war überrascht und begutachtete die Echsenprinzessin genauer: Sie war wirklich ungewöhnlich groß, hatte smaragdgrüne Schuppen und lustige Augen. Auf dem Kopf trug sie noch ihr Krönchen, und das Geburtstagskleid, das ihr jetzt eindeutig zu klein war, war bereits ziemlich zerlumpt. „Wozu brauchst du einen Prinzen?“, fragte er neugierig, denn das hatte er nicht ganz verstanden. „Ein Prinz ist meine einzige Chance“, antwortete Confidence. „Wenn er mich so liebt, wie ich bin und mich heiratet, dann kann ich wieder meine alte Gestalt annehmen. Aber wer verliebt sich schon in eine Riesenechse?“ Rightlee war begeistert, denn Abenteuer hatte er immer gesucht. Er nahm die Eidechsenprinzessin mit auf das Schloss und stellte sie den Eltern als seine Braut vor. Nachdem seine Mutter aus ihrer Ohnmacht erwacht war und auch seinem Vater *kein Argument mehr einfiel, das gegen eine Hochzeit mit einer Eidechse sprach, wurde der Termin festgelegt.*

Confidence hatte sich inzwischen in ihren schönen Prinzen verliebt und war ihm ehrlich zugetan. In ihrem Prinzessinnendasein hatte sie niemals Mitleid empfunden, aber jetzt bedauerte sie Rightlee aus ganzem Herzen. Sie konnte nicht mit ansehen, dass er sich mit einem Monster verloben sollte. Was wäre, wenn sie sich nach der Hochzeit doch nicht in eine Prinzessin zurückverwandelte? Wenn er sein ganzes Leben eine Eidechse zur Frau haben müsste? Das wollte sie ihm nie und nimmer antun, und sie beschloss, heimlich das Schloss zu verlassen. Zum ersten Mal in ihrem Leben regten sich Mitgefühl und Liebe, und sie vergoss bittere Tränen, die auf ihre schuppige Haut herunterkullerten. Da hörte sie plötzlich ein Rascheln, ein Knistern und ein Krachen, ihr Schuppenpanzer bekam Risse, begann sich zu lösen und Confidence stand in ihrer alten Gestalt auf der zerborstenen Eidechsenhaut. Ihr war, als hätte sich damit auch ein Ring gelöst, der ihr Herz umschlossen hatte, und sie fühlte sich plötzlich so leicht und frei wie noch nie zuvor in ihrem Leben. Zum ersten Mal nahm sie sich wirklich wahr, und sie spürte, wie ihr ganz warm ums Herz wurde. Der Prinz hatte Confidences Weggang bemerkt und war ihr heimlich gefolgt. Niemals hätte er sie gehen lassen, denn auch als Eidechse war sie ihm ans Herz gewachsen: Mit ihrem Charme und ihrem Witz, aber auch mit ihrem selbstbewussten Auftreten unterschied sie sich von all den langweiligen Prinzessinnen, die er bisher kennen gelernt hatte. Dass sie sich sogar für ihn opfern wollte, obwohl er ja der große Held war, war für ihn der größte Liebesbeweis! Als sie nun in ihrer ganzen Schönheit dastand, weinten beide vor Glück. Nur eine grüne Haarsträhne und ein smaragdgrünes Mieder erinnerten daran, dass Confidence jemals eine Eidechse gewesen war. Der König und die Königin konnten ihre Erleichterung nicht ganz verbergen, denn sie hatten sich schon ernstlich Sorgen um den Nachwuchs gemacht. „Ende gut, alles gut", dachten sie und veranstalteten sie ein riesiges Hochzeitsfest, das eine ganze Woche dauerte und zu dem alle eingeladen waren.

Hier geht es um die Fülle, um die Schönheit und das Leben, für die wir weder Dankbarkeit noch Anerkennung zeigen. Der Verstand herrscht über unser Herz, wir werten und urteilen und ziehen Gefühle ins Lächerliche. Damit werden wir allmählich zu Kaltblütern, die in einer finsteren Höhle leben und ihr trauriges Los beklagen. Nur das Vertrauen (confidence), dass

Transformation überhaupt möglich ist, hält uns am Leben. Wir hoffen auf ein glückliches Ende, auf Hilfe von außen. Um von unserer eigenen Leere und unserer Unfähigkeit, das Leben so zu genießen, wie es ist, abzulenken, entwickeln wir ein Helfersyndrom und erretten andere vor drohendem Unheil. Wir bekämpften alle möglichen Ungeheuer, die uns von außen bedrohten, um uns nicht mit dem Monster in uns herumschlagen zu müssen. Unsere Rettung ist immer die Liebe. Liebe und Mitgefühl für den anderen, Liebe und Mitgefühl für uns selbst.

Herzmeridian, der Emotionale

Feuer / Yin
Organzeit: 11 - 13 Uhr

Qualitäten:	Leidenschaft, Traurigkeit, Melancholie, Besorgnis, Schock, Verwirrung, Labilität, Sorge, Verwundbarkeit, Verzweiflung, Entmutigung
Befreite psychische Qualität:	Freude, Dankbarkeit, emotionale Balance, Vergebung
Befreite seelische Qualität:	bedingungslose Liebe, Urvertrauen, das „innere Kind“

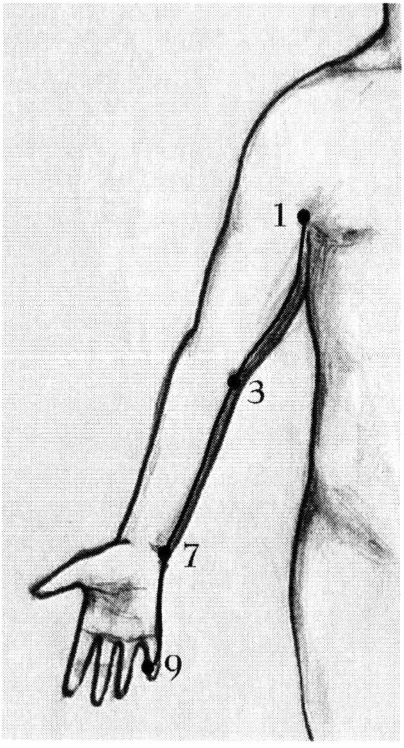

Herz 1 (Jiquan)
- bei Rastlosigkeit, Schlaflosigkeit, Herzschmerzen, nach Schlaganfällen

Herz 3 (Shyo Kai)
- Herzklopfen

Herz 7 (Shin Mon)
- Wiederbelebung bei Bewusstlosigkeit, Schlaflosigkeit, Verstopfung

Herz 9 (Shaochong)
- Wiederbelebung bei Bewusstlosigkeit, unterstützt Herz und Kreislauf

Persönlichkeiten, die die transformierte Form dieser Meridiane besonders gut verkörpern:

H + Lu	Jesus
H + Di	Albert Schweitzer
H + M	König Salomon
H + MP	Mutter Theresa
H + Dü	Franz von Assisi
H + B	„Der kleine Prinz" von St. Exupéry
H + N	Obelix
H + KS	Pippi Langstrumpf
H + 3E	Krishna
H + G	Paulus, Paolo Coelho
H + Le	Anthony de Mello, Osho

Element Feuer / Funktionskreise Herz, Dünndarm, Kreislauf, Dreifacherwärmer

Es ist das einzige Element, dem vier Funktionskreise zugeordnet sind. Der Funktionskreis Herz regiert das Blut, die Blutgefäße und wacht über die Blutversorgung. Ein vorübergehender Energiemangel im Element Feuer betrifft den Kreislauf und das Hormonsystem. Dies kann instabilen Blutdruck, kalte Gliedmaßen und Kreislaufbeschwerden, bei Frauen auch Menstruationsbeschwerden bewirken. Ein anhaltendes Defizit an Feuerenergie erschöpft Leber und Milz und blockiert die

Energie von Lunge und Niere. Außerdem führt ein anhaltender Mangel im Feuer-Element zu einem Nachlassen der Gedächtnisfähigkeit, zu Konzentrationsschwäche, Verlust an Lebensfreude, Desinteresse an sozialen Kontakten und starken Stimmungsschwankungen.

Wenn der Herzmeridian energetisch unterversorgt ist, ist man äußerst empfindlich gegenüber Temperaturschwankungen und Feuchtigkeit. Man erkältet sich leicht und ermüdet schnell. Zuviel Energie in diesem Meridian zeigt sich in Entzündungen der Lymphdrüsen und einer Verschleimung der Nase. Man ist dann übervorsichtig und sensibel. Bei einer Energieblockade oder ständiger Unterversorgung dieses Meridians kann es zu Angina Pectoris, Tachycardie, Herzrhythmusstörungen, Klappenfehlern, Endocarditis, Hypertonie oder Hypotonie kommen.

Physische Ebene

Die Hauptfunktion des Herzens ist es, mittels Blutkreislauf die Zellen mit Sauerstoff zu versorgen. Das Blutvolumen, das pro Minute vom Herzen durch den Körper gepumpt wird, beträgt ca. 5 l/min und kann bei Bedarf um ein Vielfaches erhöht werden. Es versorgt die im großen Kreislauf parallel geschalteten Organe nach deren Wichtigkeit (Gehirn, Herzmuskel, Magen-Darm-Trakt, Muskeln, Niere, Haut usw.) und nach dem momentanen Bedarf. Vorrangig ist die Durchblutung des Gehirns und des Herzmuskels.

Der Herzmeridian entspricht dem 4. Chakra

Das vierte Chakra verbindet die unteren drei Chakren mit den oberen drei. Als Brücke zwischen Körper und Geist zeigt es, ob wir es verstanden haben, den physischen Bereich zu leben, zu akzeptieren und gleichzeitig den sogenannten spirituellen Bereich zu integrieren. Ist das Herzchakra geschlossen, so leben wir entweder nur auf der physisch-materiellen Ebene oder wir lehnen das Körperliche ab und richten uns ganz auf Geist und Seele aus. Ist das Herzchakra offen, so kann es uns gelingen, in die Bedingungslosigkeit zu kommen. Bedingungslose Liebe ist das Tor zur wahren Spiritualität und zur Transformation. Das tiefste Gefühl, zu dem wir fähig sind, ist die Traurigkeit, es bringt uns ins Urvertrauen. Sehen wir uns eine Person an, die als typische Vertreterin des Herzmeridians gelten könnte:

Christa ist eine quirlige, rothaarige Person mit vielen Sommersprossen im Gesicht, kann sich nicht erinnern, jemals länger als einen halben Tag grantig gewesen zu sein. „Jeder Tag, an dem es nichts zu lachen gibt, ist ein verlorener Tag", pflegt sie zu sagen, wenn sie ihre mieselsüchtigen Bekannten trifft. Meistens meidet sie solch traurige Gestalten und umgibt sich lieber mit Ihresgleichen: unternehmenslustige, dynamische Draufgänger, die das Leben lieben, den Tag genießen und die Feste feiern, wie sie fallen. Dass sie gern im Mittelpunkt steht, will sie nicht leugnen, allerdings versteht es keine so gut wie sie, mit Charme und Esprit eine Gesellschaft den ganzen Abend lang zu unterhalten. Auch wenn es um ein Abenteuer geht, ist sie stets dabei. Sie treibt gern Sport, ohne damit zu übertreiben, denn – Hand aufs Herz - es gibt ja noch andere schöne Dinge, die das Herz bewegen.

Das Urvertrauen

Der Herzmeridian vertritt zunächst die Liebe, das Urvertrauen und damit das innere Kind. Eigenschaften wie Freude, Dankbarkeit, aber auch Besorgnis, Verwirrung, Verzweiflung, Melancholie oder Hysterie liegen in seinem Bereich. Das Herz wird auch als Zentrum der Vergebung bezeichnet. Hier spüren wir Freude, Harmonie und Frieden. Ein wichtiger Schritt dazu ist, uns selbst „von ganzem Herzen" zu lieben und uns selbst anzunehmen, so wie wir sind. Der Satz „Ich hasse mich dafür, dass ich …" ist der Grundstein für Lebensunlust und für Selbstzerstörung.

Das Herz steht für Harmonie, Geborgenheit, Zärtlichkeit und Mitgefühl für uns und für die anderen. Wir spüren dieses Gefühl im Herzbereich, es macht weit, warm und öffnet. Bei seelischen oder psychischen Verletzungen spricht man hingegen von: „Mir bricht das Herz, es zieht sich zusammen, mir wird es eng in der Brust, ich bekomme keine Luft."[23] Wir spüren auch Feindseligkeit, Angst und Trauer zunächst im Herzen. Das Herz

[23] Martin, Dr, med. Roy, Emotionale Balance, Burgrain, 1999, S. 117

wird als Sitz des „wahren Bewusstseins" bezeichnet. Je mehr sich das Herz öffnet und bereit für die Liebe zu sich selbst ist, desto eher kann es die All-Liebe, das Urvertrauen – die Urliebe empfinden. Diese Liebe ist völlig frei von Furcht, Verlangen oder Abhängigkeit. Man kann sie allen – auch seinen Feinden – gegenüber empfinden, denn sie ist bedingungslos.

Der Verstand hat viele Konzepte, viele Weltanschauungen und viele Religionen geschaffen, um uns Gott zu erklären und um ihn uns „näher" zu bringen. Das Herz weiß, dass überhaupt nichts getan werden muss, um Gott näher zu kommen oder ihn uns „geneigt" zu machen. In einer Welt, in der der Verstand der Herr und das Herz der Diener ist, geraten die wahren Kräfte des Herzens in tiefe Vergessenheit. In einer solchen Welt wird das Herz als weiblich, anpassungsfähig und sentimental betrachtet, als ein Bewusstseinszentrum, das lediglich zur Befriedigung der emotionalen und kreativen Bedürfnisse dient, als „Dienerin" des Verstandes. Der Verstand lebt in und von der Polarität, nach der er sich ausrichten kann, um funktionieren zu können. Das Herz ist jedoch imstande, sich auf die Unendlichkeit auszurichten. Wenn der Verstand dem Herzen dient, dann ist alles möglich, wenn das Herz dem Verstand dient, dann gibt es nur Begrenzung. Der Verstand lebt in der Dualität und in der Polarität, das Herz ist all-eins, es hat Gott nie verlassen. Das Herz hat es schwer, gegen den Verstand aufzutreten und sich zu behaupten. Denken wir an die Höhle des Plato: der Verstand will verhindern, dass wir sie verlassen und dass wir uns unserer inneren Stimme anvertrauen und ihr neugierig folgen.

Unsere westliche Philosophie steht im Gegensatz zu allen Kulturen der alten und neuen Welt. Besonders zwei Gedanken haben uns stark geprägt: „Wir sind in einem uns feindlichen Universum allein auf uns gestellt" und „Das Leben ist in letzter Instanz sinnlos". Damit sucht der Verstand ständig nach Verteidigungsstrategien und Begründungen, warum wir überhaupt auf der Welt sind. Im Gegensatz zur kartesischen Weltauffassung spricht das schamanistische Weltbild von einer dehnbaren Zeit, einem plastischen Raum und einer durchlässigen Materie. In dieser Realitätsauffassung ist das Universum erfüllt mit einer schöpferischen Essenz, die die normale Existenz transzendiert und ihr inneren Zusammenhalt gibt.[24] Diese Ursubstanz, die das Universum durchdringt, ist Prana, Chi oder die Liebe. Liebe hat keine Polarität, Liebe ist der Ursprung von allem. Ist unsere Welt von Liebe durchdrungen und lassen wir uns auf unser Herz ein, dann können wir wieder unsere Träume leben und aus einer unendlichen Kraftquelle schöpfen.

Gütig und freundlich zu sich selbst

Zu sich selbst gütig und freundlich zu sein, ist daher eine klare Aufforderung des Herzmeridians, wieder zum Ursprung zurückzukehren. Aus einem liebevollen, herzlichen Umgang mit sich selbst lernt man, auch mit anderen zuvorkommend umzugehen. Alles andere käme mehr aus dem Kopf (Magen- oder Blasenmeridian) und nicht aus dem Herzen. Die meisten Frauen sind emsig bemüht, sich um das Wohlergehen von Mann, Kindern und um Harmonie in der Familie zu kümmern. Wenn sie einmal sagen: „Nur das Beste ist gut genug für mich!", dann haben sie meistens ein schlechtes Gewissen dabei. Mitgefühl mit sich selbst ist jedoch die Grundlage für bedingungslose Liebe. Schlechtes Gewissen und Schuldgefühle entstehen nur, wenn man von dem abweicht, was die Gesellschaft als angemessen betrachtet. Nur wer aus dem Verstand lebt, wird sich schuldig fühlen, auch wenn er logisch versucht, das Richtige zu tun. Wer aus dem Herzen und authentisch lebt, hat keine Schuldgefühle.

Das Herz ist auf die Wahrnehmung der Einheit ausgerichtet und unterscheidet oft nicht zwischen den eigenen Erfahrungen und den Erfahrungen anderer. In seiner Kindlichkeit verwechselt es jedoch vielfach Mitgefühl mit Mitleid. Es sieht das Elend, die Probleme und das Leid anderer, ohne über den tieferen Sinn nachzufragen, ohne zu reflektieren, dass auch die anderen in einen für sie wichtigen Prozess eingebunden sind. Wir machen das Leid der anderen zu unserem und glauben, dadurch eine Veränderung herbeiführen zu können. Wir fühlen uns dann schuldig, dass es

[24] Holger Kalweit, Die Welt der Schamanen, Darmstadt 2004, S.15

uns besser geht als den anderen. Der Verstand versucht, Liebe zu verstehen und macht daraus ein Konzept. Aber um zu lieben, braucht man überhaupt nichts zu verstehen.[25]

Ich gebe meinen Gefühlen Ausdruck

Geben wir unserem inneren Kind keinen Raum oder keinen Ausdruck, so schneiden wir uns auch von unseren Talenten, den Herzqualitäten und von unserer Liebesfähigkeit ab. Wir leben nicht unsere Gefühle, sondern unsere Emotionen.[26] Erst wenn man auf sein Herz hört und sich von den Konzepten und Vorschriften des Verstandes frei gemacht hat, wenn man gesellschaftliche und moralische Werte hinter sich gelassen hat, kann man das Leben so nehmen, wie es ist und kann es genießen. Sein Herz zu öffnen und authentisch zu sein, bedeutet aber auch, offen für seine Gefühle zu sein. Wenn ich mich in meinen Gefühlen nicht annehme, lebe ich immer in der Angst, nicht zu genügen oder falsch zu liegen. Das sehen wir am besten daran, ob wir noch weinen können, wenn uns danach zumute ist oder ob wir uns „beherrschen". Der Satz „Ein Indianer kennt keinen Schmerz" stammt von einem Menschen, bei dem der Magen- und der Dickdarmmeridian besonders ausgeprägt oder überdominant sind: er will alles unter Kontrolle haben, kann daher mit Gefühlen nichts anfangen. Gefühle sind bedingungslos und verbinden uns mit einem Bereich, den der Verstand nicht mit Worten beschreiben kann. In dieser Meta-Ebene bewegen wir uns jenseits des Verstandes in einer sich ständig wandelnden Wirklichkeit, die uns trägt, in der wir geborgen sind, weil sie alles für uns bereithält. Hier sind wir all-eins und mit allem verbunden. Die Chinesen sagen, dass man sich die ersten 40 Jahre seines Lebens durch Emotionen ausdrückt und erst den Rest seines Lebens mit Gefühlen leben kann. Man muss in der Jugend Erfahrungen machen, bevor man Gefühle schätzen kann. Der Verstand versucht, uns in Abhängigkeit zu halten: Wir werden für etwas falsch beschuldigt, verteidigen uns, fühlen uns schlecht

[25] Glenda Green: Unendliche Liebe, Burgrain, 2002, S. 49
[26] siehe Magen- und Lebermeridian

und ärgern uns, weil unser guter Ruf dahin ist. Die Story wird weiter erzählt, wir werden angegriffen, geschmäht, gekränkt und getröstet. Wir starten einen Gegenangriff, argumentieren, weinen, geraten in Rage … Eine endlose Geschichte des Verstandes und der emotionellen Austragung zwischenmenschlicher Beziehungen! Auf der Metaebene des bedingungslosen Gefühls hätte niemals ein Angriff stattgefunden, wir hätten uns aber auch nicht verteidigen müssen, denn wir haben das Recht, so zu sein, wie wir sind. An dieser Stelle könnte sich jeder einmal fragen, wie oft er emotionell reagiert und wie weit er bereit ist, sich von seinen Gefühlen tragen zu lassen. Die meistens lassen sich gefühlsmäßig verhungern.

Das Herz als Wächter der Traurigkeit

In Wahrheit wissen wir nicht, was Traurigkeit ist, sondern wir kennen nur den Widerstand auf Traurigkeit. Wir sind traurig oder verzweifelt, fühlen uns von allen verlassen und haben das Gefühl, niemandem richtig vertrauen zu können. Wir leiden unter Schicksalsschlägen, ärgern uns über die Begleitumstände und suchen nach Auswegen oder Lösungen. Unser Verstand bietet uns Lösungskonzepte an und wir überlegen, was wir hätten tun können, damit wir diesen Zustand hätten vermeiden können. Wir fühlen uns in unserem Schmerz allein gelassen und wehren uns gegen das Gefühl der Ohmacht und Hilflosigkeit. Hinter der Traurigkeit steht die Wut und ist damit als Emotion das Ausdrucksmittel der Leber, um mit der Traurigkeit umgehen zu können. Kann der Herzmeridiane seine Gefühle nicht ausleben, so reagiert der Lebermeridian mit Gekränktsein, Beleidigtsein, Ärger und Wut. Es ist ein Ventil, wenn wir nicht gelernt haben, wahre Gefühle zuzulassen. Wenn wir dagegen die Traurigkeit annehmen, zulassen und uns fallen lassen, bekommen wir das tiefe Gefühl, dass wir aufgefangen werden. Damit entwickelt sich das Urvertrauen, dass mir in jeder Sekunde meines Lebens das Beste geschieht und ich vom Leben getragen werde. Erst wenn ich Trauer und Schmerz zulassen kann, wenn ich die Tiefe meiner Seele auslote, wie es so schön heißt, bin ich authentisch, lebe ich und werde nicht gelebt.

Vertritt das Herz den Seelencharakter, so erkennt es sich als „Ich bin“. Verwechselt es jedoch in seinem Mitgefühl das Leiden der anderen mit dem eigenen und trifft keine klare Unterscheidung, führt das zu Mit-leiden, Schuldgefühlen und Kummer. Wenn das Herz eine negative Einstellung zum Leben hat, so wird aus Selbstvertrauen Angst, aus Urvertrauen Misstrauen, aus Hingabe an das Leben Kontrollsucht. Mit Herz ist nicht das Körperorgan gemeint, obwohl auch das physische Herz eine zentrale Funktion im Körper hat. Es ist vielmehr der Ort, der gleichsam als Fokussierpunkt der Seele, als psychisch-seelische Kraftquelle, als Vermittler zwischen Körper, Geist und Seele dient. Wenn man mit dem Herzen lebt, erfüllt man das Drehbuch seines Lebens mit Freude und Hingabe, etwas, das dem Verstand nie möglich wäre. Das Herz in seiner Vollkommenheit ist die Verbindung zu unserem Schöpfer und ist bereit, Wunder zuzulassen. Deswegen erleben die Menschen oft angesichts des Todes eine wundersame Heilung. Sie lassen alle äußeren Anforderungen und Konzepte des Verstandes los und beginnen zum ersten Mal wirklich zu leben. Erst wenn wir alles sterben lassen können, dann leben wir wirklich. Die Intelligenz des Herzens schenkt unserem Leben Poesie, macht aus unseren Schritten einen Tanz, aus dem Leben ein Fest; sie gibt Sinn für Humor und macht uns fähig, zu lieben und zu teilen. Leben geschieht durch das Herz, unserem wahren Zentrum. Mit dem Verstand zu leben bedeutet, nur an der Peripherie zu leben, ohne sich jemals der Schönheit und der Schätze unseres Inneren bewusst zu werden.

Über die Liebe

Wie gelingt es uns, zu diesem Geist der Unschuld zurückzukehren, um unsere Liebe wiederherzustellen? In Wirklichkeit haben wir sie nie verloren, sondern sie wurde nur überdeckt von unseren Illusionen, von den Sorgen und Mühen des Alltags. Wie oft haben wir nicht diesen Frieden verspürt, wenn wir gedankenverloren an einem See saßen, den Vögeln lauschten, einen Sonnenuntergang in all seiner Farbenpracht erlebten, uns über einen Regenbogen freuten? Die liebevolle Umarmung eines Kindes oder eines Freundes, sie entfachen immer wieder diese Unschuld in ihrer bedingungslosen Liebe. Die Liebe ist das größte Mysterium des Universums, sie ist die ultimative Kraft der Hingabe. Die Macht der Liebe rührt daher, dass sie über den Nullpunkt gebietet, an dem Raum und Zeit eins sind und der den Schnittpunkt zur Unendlichkeit darstellt. An diesem Punkt sind wir im Jetzt, wo sich die Dualität im Wunder des Paradox auflöst: Im Geben empfangen wir, im Loslassen erreichen wir, im Nichtstun ist alles getan, in der Hingabe wird alles überwunden.[27] Liebe ist nicht polar, sondern sie beendet die Dualität: sie ist in jeder Hinsicht ein Mysterium. Der Verstand kann sie nicht definieren, weil sie nicht von außen begriffen werden kann. Sie kann weder erzwungen noch kontrolliert, noch berechnet, noch vernichtet werden, denn sie entzieht sich den Gesetzen dieser Welt. Wir können sie erhalten und pflegen durch unsere Dankbarkeit und Hingabe an das Leben. Wir können sie verschenken und andere Herzen damit berühren. In Liebe zu leben bedeutet, dieses Geschenk Gottes zu würdigen und unser Sein zu heiligen.

Die Liebe und die Partnerschaft

Zu wissen, dass ich nichts bin, ist Weisheit, zu wissen, dass ich alles bin, ist Liebe.

Eine gute Ehe erfordert Partnerschaft, Teamwork, gemeinsame Ziele und respektvollen Umgang miteinander, aber sie ist weit mehr als die Summe dieser Teile.[28] Die meisten Paare gehen mit Wunschträumen und unrealistischen Erwartungen in die Ehe. Wir glauben oder hoffen, dass uns diese Partnerschaft Liebe, Geborgenheit, Sicherheit, Anerkennung, Achtung und all das gibt, was wir uns selbst versagen. Damit stellen wir von Anfang an Forderungen an sie, und die Partnerschaft hängt von der Erfüllung dieser Wünsche ab. Harald Wessbecher sagt, dass man

[27] Glenda Green: Unendliche Liebe, Burgrain 2002, S. 347
[28] Lazarus, Arnold: Fallstricke der Liebe. Stuttgart 2988, S. 43

erst dann partnerschaftsfähig ist, wenn man den Partner nicht braucht. Erst dann kann man bedingungslos lieben, erst dann kann man einander fördern und energetisch helfen. Es ist ein Austausch von Interessen und Ideen. Damit kommen wir zur Frage, was das Eheglück fördert und was eher abträglich ist.

Ist Leidenschaft für die Ehe förderlich? Die Antwort ist schlicht und einfach: Nein. Leidenschaft schafft Leiden, indem sie Bedingungen stellt, den anderen bindet und von ihm etwas fordert. Außerdem erwarte ich mir davon die Befriedigung meiner eigenen Wünsche. Es ist daher der größte Irrtum aller Zeiten, dass Leidenschaft die Partnerschaft fördert. Die Leidenschaft oder – nennen wir das Ding gleich beim Namen – der Eros und der Sex sind von der Schöpfung für den Beginn gedacht gewesen, damit die beiden überhaupt miteinander wollen und können. In Asien, wo noch vielfach die Ehen arrangiert werden, beginnt die Ehe überhaupt mit Philia, Eros kommt dann dazu und rundet ab. Manchmal fehlt die Libido ganz – und trotzdem kommt es zu einer guten, für beide Teile befriedigenden Ehe. Wenn wir von Liebe sprechen oder lesen, werden wir darauf kommen, dass jeder etwas anderes darunter versteht. Wir haben aber nur ein Wort dafür, im Gegensatz zu den Griechen, die wenigstens mit drei Begriffen versuchten, einen Unterschied zu definieren.[29]

Da gibt es zunächst einmal den Eros, der mit dem heutigen Wort Sex konform geht. Hier geht es um Triebe, die uns aus dem Elternhaus in die Arme des Geliebten treibt. Das Verlieben geht oft blitzschnell – daher wird Eros mit einem Pfeil ausgestattet. Naturgewalten werden da losgetreten, Sehnsucht nach Ergänzung kommt auf, Liebe wird gemacht. Man konzentriert sich aufeinander und schließt vieles andere aus, man schwebt in rosaroten Wolken.

Philia ist die nächste Station und kann als ein Zusammenspiel von Wärme, Freundschaft und Sympathie gesehen werden. Sie dient zur Weiterentwicklung und Verfeinerung der körperlichen Liebe. Hier spielen Geschlecht und Sex nicht mehr die Hauptrolle, sie haben zwar noch gewisse Reize, sind aber nicht mehr Voraussetzung für eine Partnerschaft oder

[29] Onken, Julia: Geliehenes Glück, München 1991, S. 166 ff

eine gute Beziehung. Philia ist die Grundlage für ein Aufeinander-Zugehen, ein gutes Miteinander-Auskommen, ein Miteinander-Können, ob im privaten oder im beruflichen Bereich.

Agape ist die feinste Form der Liebe, in der es nicht mehr um Sex geht, bei dem man sich meistens zu zweit herumschlägt. In der Agape wird niemand ausgeschlossen, alles wird einbezogen. Diese Liebe erweitert sich zu einem göttlichen, allumfassenden Gefühl, das letztlich alles wieder vereint. Sie entspricht dem hermetischen Lehrsatz: „*Alles ist im All und gleichzeitig ist das All in allem.*" Wer die Wahrheit des All-Einsseins wahrhaftig versteht und danach leben kann, hat große Weisheit erlangt. Wenn wir die Existenz des Geistes in unserem Sein erkennen, ändert sich nicht nur unsere Einstellung zur Welt, sondern auch die Beziehung zu allen Geschöpfen, den Menschen mit einbezogen.

Himmlischer Vater, lass deine Liebe im Heiligtum
meiner Hingabe leuchten und gib mir die Fähigkeit,
deine Liebe in allen Herzen zu verbreiten.
P. Yogananda

Zerstören Affären eine Partnerschaft? Nicht unbedingt. Wenn ein Partner das Gefühl hat, einmal ausbrechen zu müssen, ohne aber die Partnerschaft in Frage zu stellen, wird die Beziehung keinen Schaden nehmen. Wenn ein Partner mehr gibt, als er selbst vom anderen erhält, wird das Bedürfnis vorhanden sein, sich die Fehlmenge von jemand anderem zu holen. Wenn damit das Energiegleichgewicht wieder hergestellt ist, kann das zunächst für die Partnerschaft sogar förderlich sein. Als Dauerlösung ist dieses Modell jedoch zum Scheitern verurteilt.

Die Feststellung: „Sollte nicht ein Paar alles gemeinsam tun?" ist ein großer Irrtum. Es ist zwar ein romantisches Ideal, mit dem anderen verschmolzen zu sein, würde aber einen emotionalen Erstickungstod bedeuten. Miteinander reden und etwas besprechen, bedeutet nicht, die gleiche Meinung zu haben oder seine Meinung von der des anderen abhängig zu machen. Eine gute Ehe lässt dem Partner Freiraum und die Möglichkeit, sich weiter zu entwickeln.

„Muss ich meinen Partner glücklich machen?" führt uns zum Thema Glück. Wenn ich jedoch mein Glück von etwas oder von jemandem abhängig mache, dann bin ich der Sklave dieses Menschen oder dieser Sache. Wenn ich für das Glück von jemandem verantwortlich bin, dann lasse ich mich missbrauchen. Glücklich zu sein, ist ein innerer Zustand, und der lässt sich nicht erpressen. In der Fortsetzung wäre dann zu denken, dass ein Kind Voraussetzung zum Glück eines Partners oder einer Ehe ist. Es ist reiner Egoismus, jemanden zu meinem Glücksbringer zu machen.

Die Reinheit des Herzens

Das Herz als unsere Verbindung zum All-Einssein vereint unsere persönliche Wahrnehmung mit dem, was jenseits unseres Begriffsvermögens liegt. Im Herzen zu sein, ist wie schwerelos im Raum zu schweben; wir finden hier Klarheit und Stille, Achtsamkeit und Güte. Das Herz ist die zeitlose und unzerstörbare Quelle alles höheren Wissens, es ist das Tor zur Unendlichkeit. Im Vergleich zum Verstand ist das Herz eine auf höchste Einfachheit und Synchronizität beruhende Intelligenz, die die des Verstandes bei weitem übertrifft, da sie dem Leben einen Sinn gibt. Es ist der persönliche Nullpunkt, der vor der Geburt und direkt nach dem Tod erfahren wird.[30] Wir wurden im Zustand der Unschuld, mit reinem Herzen und klarem Blick geboren. Ein Neugeborenes stellt sein Dasein nicht in Frage; es lebt in einem Zustand der vollkommenen Selbstannahme, des Vertrauens und der Liebe. Es hört noch nicht die nagende Stimme des Zweifels. Die Frage: „Wer bin ich?" ist für das Kind bedeutungslos. Ein Säugling gelangt in diese Welt aus der wahren Quelle allen Lebens, und er löst sich nach und nach von ihr. Eine Zeitlang schwimmt er im Strom der Zeitlosigkeit. Er hat keine Vorstellung von der Vergangenheit oder Zukunft und lebt in der Gegenwart, für ihn sind Unendlichkeit und Gegenwart noch eins, er ist in seiner unschuldigen Wahrnehmung

[30] Glenda Green: Unendliche Liebe, Burgrain 2002, S. 158

noch verbunden mit seinem Schöpfer. Jesus sagte: „Werdet wie die Kinder – gesegnet sind die, die reinen Herzens sind, denn ihrer ist das Himmelreich.“

Durch unser Herz erleben wir das Wunder der Transformation

Der Herzmeridian zeigt uns in der erlösten Form die Welt der Wunder. Der, der begreift, welche Macht im Fühlen liegt, ist ein Meister der Transformation. So wie der Alchemist aus Blei Gold macht, verwandelt das Herz Selbstgerechtigkeit in Mitgefühl, die Angst, etwas loszulassen in Freiheit, Emotionen und Ablehnung in bedingungslose Liebe. Mit unserem Herzen begeben wir uns auf die Suche nach Vollkommenheit, einem Zustand, aus dem wir gekommen und mit dem wir durch unsere Seele noch immer verbunden sind. Der Verstand sucht in der Vergangenheit und sehnt sich nach dem Goldenen Zeitalter; das Herz weiß, dass dieser Zustand im Hier und Jetzt zu finden ist.

Unser nächstes Märchen spricht über diese Unschuld des Herzens, die über alle Wirrnisse des Lebens hinweghilft, die alle Probleme überwinden lässt.

Schneewittchen und die 7 Zwerge

Es war einmal eine Prinzessin, die von ihrer Mutter Schneewittchen genannt wurde: ihre Haut war weiß wie Schnee und ihre Haare glänzten schwarz wie Ebenholz. Schneewittchens Mutter starb sehr früh, und um dem Kind eine neue Mutter zu geben, heiratet der König ein zweites Mal. Schneewittchen aber trauerte um ihre Mutter, vermisste ihre liebevolle Wärme und litt sehr darunter, dass ihr Vater jetzt nur noch wenig Zeit für sie hatte. Zunächst nahm sich die neue Stiefmutter besonders liebevoll Schneewittchens an und versuchte, sie durch Geschenke und später weniger liebevoll durch Drohungen gefügig zu machen. Allmählich sah Schneewittchen, dass es ihrer Stiefmutter nur darum ging, sich selbst ins Rampenlicht zu stellen und alle zu vernichten, die sich ihr in den

Weg stellten. Schneewittchen konnte nicht verstehen, warum jemand so berechnend und egoistisch sein konnte, obwohl ihr doch alles zur Verfügung stand, was sie sich wünschte. „Sie ist falsch", dachte Schneewittchen. „Sieht mein Vater denn nicht, wie er um den Finger gewickelt wird? Sie tut so, als ob sie ihm jeden Wunsch von den Augen abliest, aber in Wirklichkeit ist sie lieblos und herrschsüchtig. Alle müssen nach ihrer Pfeife tanzen und tun, was sie will. Aber mich kann sie nicht täuschen. Am liebsten würde sie mich umbringen."

Damit hatte sie nicht ganz Unrecht – aber noch stellte Schneewittchen keine Gefahr für die Königin da. Sie war bei allen beliebt und eroberte mit ihrem Liebreiz, ihrer Freundlichkeit und Wärme alle Herzen im Sturm, was Agathe gar nicht recht war. Die Stiefmutter kritisierte sie, wann sie nur konnte, und nahm ihr vor allem jede Freiheit. Schneewittchen durfte nicht mehr nach Herzenslust im Garten oder Wald herumstreifen, singen oder tanzen, sondern musste lernen, sich nach der Etikette zu bewegen und nach der Sitte des Hofes zu benehmen. Sie sollte sich den Spielregeln der anderen, besonders aber denen der Stiefmutter unterwerfen. Je älter das Mädchen wurde, desto schlechter wurde sein Verhältnis zur Königin, und obwohl es nicht so schnell aus der Fassung zu bringen war, weinte es oft bitterlich und sehnte sich nach der Liebe und Wärme seiner Mutter. Meistens flüchtete Schneewittchen dann in den Garten oder in den Wald und klagte dem Gärtner und dem Jäger ihr Leid. Eines Tages schien aber auch der Jäger sehr betrübt, und er weinte sogar, als er der Prinzessin vom Befehl der Königin erzählte, dass er sie töten sollte. Dass er auch ihr Herz als Beweis dafür bringen sollte, verschwieg er ihr. Es war so schon schlimm genug. Er wies ihr vielmehr einen Weg durch den Wald, der sie sehr schnell vom Schloss wegbrachte und wünschte ihr viel Glück. Voller Verzweiflung irrte Schneewittchen durch den dunklen, ihm unbekannten Wald. Sie fürchtete sich und fühlte sich allein und verlassen. Noch nie in ihrem Leben hatte sie Hunger und Durst gelitten, noch nie hatte sie solche Angst gehabt! Endlich, nach vielen Tagen kam sie zu einem seltsamen, kleinen Häuschen, wo sie etwas zu essen vorfand und bald erschöpft einschlief. Als sie erwachte, sah sie sich von sieben Zwergen umringt, die sich neugierig nach dem Schicksal des Mädchens erkundigten. Sie hatten Mitleid mit Schneewittchen und fragten sie, ob sie nicht bei ihnen bleiben und für sie kochen wollte. Von Kochen verstand sie zwar wenig, aber sie gab sich viel Mühe, und die Zwerge waren mit dem Ergebnis sehr zufrieden. Schon bald hatte sie mit ihrer Natürlichkeit und ihrem Liebreiz das Herz der Zwerge gewonnen, die sonst Menschen gegenüber sehr misstrauisch waren. Sie warnten Schneewittchen daher und rieten ihr, keinem Fremden zu vertrauen und niemandem die Tür zu öffnen.

Ihre Sorge war nicht unbegründet, denn schon bald kam eine alte Frau, die auf dem Weg zu ihrer armseligen Behausung Rast machte und ein wenig plaudern wollte. Sie sprach von ihren Kräutern, Tieren und von dem beschwerlichen Abstieg ins Tal und zeigte die Sachen her, die sie in dem kleinen Dorfladen erstanden hatte: Kerzen, Nähnadeln, Zwirn, Seife und einen zierlichen Kamm. Als Schneewittchen interessiert danach griff, schenkte die Alte ihn ihr und steckte ihr das Schmuckstück gleich ins Haar. Der vergiftete Kamm zeigte sofort seine Wirkung und Schneewittchen brach ohnmächtig zusammen. Als die Zwerge sie am Abend leblos auf dem Boden vorfanden und nach der Ursache forschten, fanden sie sehr bald den Kamm und lösten ihn aus den Haaren. Schneewittchen erwachte aus ihrer Ohnmacht und erzählte weinend von dem Besuch der seltsamen, alten Frau. Wiederum wurde sie von den Zwergen ermahnt, nicht so gutgläubig und naiv zu sein und niemanden ins Haus zu lassen. Als aber eine nette Bäuerin mit herrlich duftenden Äpfeln erschien, dem Mädchen von ihrem Garten und dem vielen Obst erzählte, vergaß es alle Vorsicht und schlug alle Mahnungen der Zwerge in den Wind. Als Schneewittchen sah, wie die Bäuerin den Apfel teilte und selbst eine Hälfte aß, nahm sie die andere Apfelhälfte erfreut an. Die Freude dauerte nicht lange, denn als sie in den Apfel biss, blieb ihr ein Stück im Hals stecken und sie fiel tot um. Als die Zwerge nach Hause kamen, waren sie zutiefst bestürzt. Sie forschten vergeblich nach der Todesursache und mussten schließlich zur Kenntnis nehmen, dass jede Hilfe zu spät kam. Sie beschlossen, Schneewittchen in einem gläsernen Sarg in den Wald zu bringen und dort Totenwache zu halten. Sie weinten und trauerten um das Mädchen, denn es war ihnen ans Herz gewachsen.

Es war schon gegen Abend, als plötzlich Hunde zu bellen begannen und sich Jäger aus dem Wald näherten. Ein Prinz hatte sich mit seiner Jagdgesellschaft verirrt und fragte die Zwerge nach dem Weg. Als er das schöne Mädchen in dem Sarg sah, war er zutiefst betroffen und gerührt von ihrem Liebreiz und bat die Zwerge, den Deckel zu öffnen. Dabei stolperten sie und der Sarg drohte, vom Podest zu fallen. Durch den Ruck löste sich das Apfelstück, das im Hals stecken geblieben war und Schneewittchen begann wieder zu atmen. Erstaunt blickte sie sich um, und als sie den Prinzen sah, schlug auch das Herz des Mädchens *heftiger. Der Prinz zögerte nicht lange und fragte Schneewittchen, ob sie seine Frau werden wolle. Sie sah dem Prinzen lange in die Augen, dann lächelte sie und sagte: „Von Herzen gern." Mit Trompeten und Fanfaren zogen sie auf das Schloss und begannen, alles für die Hochzeit vorzubereiten. Es wurden alle eingeladen und Schneewittchen beschloss, auch die Stiefmutter nicht auszuschließen, denn wer konnte ihr in ihrem Glück noch etwas anhaben? Sie feierten drei Tage und Nächte lang, es wurde gegessen, getrunken, getanzt und musiziert. Das Feuerwerk, das Agathe für das Brautpaar vorbereitet hatte, war einzigartig. Niemand wusste, warum der letzte Feuerwerkskörper in der Hand der Königin explodierte; es schien, als hätte sie sich selbst gerichtet.*

Dünndarmmeridian, der innere Richter

Feuer / Yang
Organzeit: 13 - 15 Uhr

Qualitäten:	urteilen, verurteilen
Befreite psychische Qualität:	Ich habe aufgehört, mich zu verurteilen und zu richten.
Befreite seelische Qualität:	Spiritualität, Hingabe an mein Tun, an das Leben

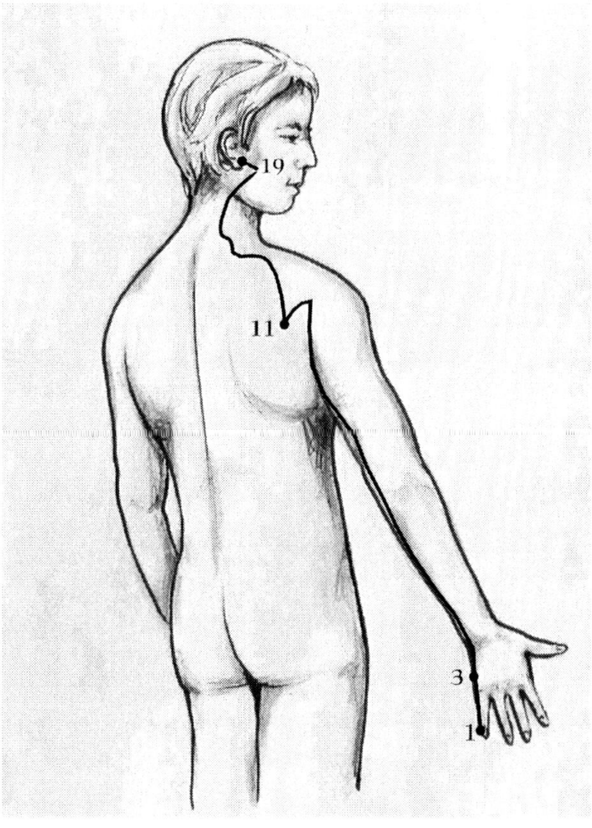

Dünndarm 1 (Shaoze)

- hilft bei Nackenschmerzen, Kopschmerz, Mandelentzündung

Dünndarm 3 (Go Kei)

- hilft bei Krämpfen und Rückenschmerzen

Dünndarm 11 (Ten So)

- hilft bei Schulterschmerzen, Neuralgie

Dünndarm 19 (Tshyo Ku)

- hilft bei Tinnitus, Taubheit, Schwerhörigkeit

Im Zusammenhang mit anderen Meridianen ergeben sich folgende Charaktere oder Bilder:

Dü + Lu	hingebungsvoller Ausdruck, Poet, Oskar Werner
Dü + Di	Sex
Dü+ Ma	freiwillige Hingabe an das Schicksal, Jesus, Petrus
Dü+ MP	Salomon, der Evangelist, Mutter Theresa, das eigene Leben ist zweitrangig
Dü+ He	bedingungslose Liebe
Dü+ Bl	authentische Hingabe, 1. Liebesnacht
Dü+ Kl	Freude an der Leichtigkeit, Möwe Jonathan
Dü+ 3E	Hingabe zur Fülle, Kommunion, Paradies
Dü+ Gb	„Sati", eine Witwe, die sich ins Opferfeuer stürzt und damit sich, ihren Mann und das ganze Dorf segnet.
Dü+ Ni	Mut, hemmungsloser Humor, Geisterbahnfahren, Mut zur Blamage, Feuerlauf
Dü+ Le	Mut, sich auf das Leben einzulassen; Lebensfreude, Tiefschneefahren, Surfen, Tauchen …

Element Feuer / Funktionskreis Herz, Dünndarm, Kreislauf und Dreifacherwärmer

Bei vorübergehendem Energieüberschuss im Herz-Dünndarmmeridian sowie im Dreifacherwärmer- und Kreislaufmeridian entsteht ein Ungleichgewicht gegenüber den Elementen Holz und Erde. Dies äußert sich durch Überaktivität auf allen Ebenen (körperlich, emotional und geistig). Ist der Dünndarmmeridian blockiert oder energetisch unterversorgt, so ist das Immunsystem gestört und es kommt vermehrt zu Bakterien- oder Pilzbelastungen. Druck und Stress können schlecht verkraftet werden, und man reagiert mit nervösem Durchfall.

Physische Ebene

Der Dünndarm ist ca. 6,5 m lang, beginnt mit dem Zwölffingerdarm und mündet als Ileum in den Dickdarm. Allerdings vergrößern seine Darmfalten, die wieder in Zotten aufgefältelt sind, die Oberfläche auf lockere 500 Quadratmeter, die dazu da sind, die Nahrung zu Ende zu verdauen und die Spaltprodukte zusammen mit dem Wasser und den Elektrolyten zu resorbieren.[31] Bauchspeicheldrüse, Gallenblase, Leber sowie andere endokrine Zellen geben Sekrete in den Dünndarm ab, die den Nahrungsbrei aufspalten und die Nährstoffe „verfügbar" machen.

Ein schwacher Dünndarmmeridian hat Nahrungsmittelunverträglichkeit, Parasiten- und Pilzbefall, Dysbakteriose, Erkrankungen von Duodenum, Magen, Darmflora, Schleimhaut, Candidaprobleme zur Folge. Kopfschmerzen, Epilepsie, Hirntumore, nervöse Erschöpfung, psychische Labilität, Tinnitus, Taubheit, Angina tonsillaris, Mastitis, LaktationsbeschwerdenZahnschmerzen oder Trigeminusneuralgie hängen ebenfalls mit dem Zustand des Dünndarmmeridians zusammen.

Bachblüten, kalifornische Essenzen:

Buttercup: hilft bei Minderwertigkeitsgefühlen
Echinacea: wenn man den Kontakt zu sich verloren hat, bei tiefer Verletzung der Würde
Hibiscus: wenn man Schwierigkeiten hat, sich hinzugeben; mangelnde Wärme
Holly: man nimmt sich selbst und die anderen liebevoll an
Manzanita: man verabscheut seinen eigenen Körper
Pomegranate: man nimmt seine Weiblichkeit, seine Kraft und Kreativität an

[31] aufsaugen

Der Dünndarmmeridian, der innere Richter

Wir alle haben einen sogenannten „inneren Richter“ in uns, den wir normalerweise als Stimme in unserem Kopf hören. Das hat nichts mit dem inneren Kind zu tun, das wir nur als ein weiches, angenehmes, befreiendes Gefühl in uns spüren können. Der innere Richter ist eher mit einem anerzogenen Gewissen vergleichbar, das durch die Eltern, Erziehungspersonen und alle äußeren sozialen Einflüsse konditioniert und trainiert wird. Er ist die Kontrolle, ob wir auch angepasst sind und allen Anforderungen entsprechen. Diese Wertung hat noch nichts mit einem von Schuld geprägten schlechten oder einem guten Gewissen zu tun, das dem Gallenblasenmeridian zugeordnet ist. Er ist die Instanz in uns, die wertet - es ist die Justitia, symbolisch mit einer Waage in der Hand. Der Herzmeridian entspricht dem inneren, authentischen Kind; der Blasenmeridian vertritt die Sollwerte des Egos, des geprägten Ichs; der Dünndarmmeridian vergleicht diese beiden und bewertet sie. Der Richtspruch hat weitreichende Konsequenzen, denn er hat unmittelbare Auswirkungen auf unser Selbstwertgefühl. Entsprechen wir den Normen, fühlen wir uns gut, brav, angepasst und liebenswert; entsprechen wir ihnen nicht, so fühlen wir uns „nicht in Ordnung“, schlecht, schuldig und unwert. Der Blasenmeridian verarbeitet die Konzepte und Sollwerte, erzeugt neue oder verwirft sie. Der Dünndarmmeridian übernimmt das Ergebnis dann als wahr und vergleicht sie mit dem von uns Erreichten. Jede Kritik oder jeder von außen kommende Hinweis stellt diesen Vergleich entweder in Frage oder bestätigt das Ergebnis: Je öfter wir als Kind zu hören bekommen, wie blöd und unfähig wir sind, desto mehr glauben wir daran. Jede Bewertung oder Beurteilung seitens der Eltern, Lehrer oder Vorgesetzen verstärkt dieses „Wissen“. Wir haben Werteskalen installiert, IQ-Richtlinien erfunden, Pisastudien und Schulreifetests eingeführt, die vergleichen, bewerten und uns wie bei einer Qualitätsprüfung für Zuchtrinder abstempeln. Jetzt kann man noch den Magenmeridian mit einbeziehen, der das Ergebnis letztlich kritisiert. Schlimm genug. Aber wirklich dramatisch ist erst die Selbstverurteilung des Dünndarmmeridians! Wir geben uns gleichsam Noten dafür, wie weit es uns gelungen ist, uns dem Wertesystem anderer anzupassen. Dabei liegt die Macht des Dünndarmmeridians in der Verweigerung. Die wahre Stärke des Dünndarmmeridians besteht in der Entscheidung, bei diesem Spiel nicht mitzuspielen, die eigene Ohnmacht auszukosten und sich aus dem Konzeptprogramm des Verstandes herauszuhalten.

Wir bauen unser Image auf

Die Ironie an der Geschichte ist, dass wir zwar als rein spirituelles Wesen, als Ebenbild Gottes geboren werden, aber mit Hilfe der Umwelt sofort beginnen, unser Image zu verändern, zu verbessern und es an das der anderen anzugleichen. Wenn diese Anpassung nicht gleich gelingt, werden wir gerügt, bestraft und es wird uns die Liebe entzogen. Mit der Begründung, aus uns einen besseren Menschen zu machen, beginnen wir, uns selbst zu strafen, zu kritisieren oder abzulehnen. Wir stellen Forderungen an uns und die anderen, die sich ja ebenso nach einer Norm zu richten haben. Und mit unseren Erwartungen programmieren wir gleich unser Unglücklichsein mit ein. Wir erwarten Liebe, Freundschaft, Zärtlichkeit, Rücksichtnahme oder Aufmerksamkeit als Belohnung dafür, dass wir uns angepasst haben. Die Eltern erwarten Dankbarkeit, Gehorsamkeit, Lernwilligkeit, also alles, was sie unter brav sein verstehen, als Gegenleistung für ihre Erziehungsmaßnahmen und ihre Fürsorge. Wir setzen Erwartungen in unsere Freunde und Partner, an das Schicksal überhaupt und machen unser Glück davon abhängig. Funktioniert etwas nicht, sind wir von anderen enttäuscht. Werden wir unseren Ansprüchen nicht gerecht, dann sind wir von uns enttäuscht und bringen uns vor lauter Enttäuschung selber um. Das klingt doch ganz schön verrückt? Ist es auch. Und trotzdem leben wir danach und sind auch noch stolz auf unseren Lebensstandard und die hohen Ansprüche, die wir an uns und an das Leben stellen. Wir leben ja schließlich nicht mehr in der Steinzeit!

Das Ärgste ist, dass wir uns so in dieses Spiel verrannt haben, dass wir glauben, es sei die Realität oder sogar von Gott gewollt. Die Kirche spricht von Sünde, von Erbsünde, von Tod und Verdammnis – aufgrund eines rein willkürlich angenommenen und von den Ahnen übernommenen Bewertungssystems. In Wahrheit gibt es keine Instanz, die uns verurteilt. Das sind nur Drohungen, um uns bei der Stange zu halten. Nach welchem Wertesystem sollte uns Gott verurteilen? Nach dem römischen Recht oder nach dem Kirchenrecht? Die Indianer oder die Chinesen hätten sicher etwas dagegen. Es ist der Wahn aller absolutistischen Regime, die festlegen, was gut und böse ist, und alles danach be- und verurteilen. Im Grunde genommen sind auch die Kirchen und die Religionsgemeinschaften hierarchisch geführte, politische Gesellschaften, die mit Spiritualität nichts zu tun haben. Sie unterstützen den Menschen nicht bei der Suche nach Gott, sondern legen Spielregeln fest, innerhalb derer sich der Mensch zu bewegen hat. Um dem Nachdruck zu verleihen, wird jede Abweichung zur Sünde erklärt. Sie verurteilen Menschen im Namen Gottes und schicken sie zur Strafe in die Hölle.

Spiritualität

Religion hat nichts mit Spiritualität zu tun, obwohl sie sie nicht ausschließt. Aber im Gegensatz zu den Religionen kommt Spiritualität ohne Strafen und ohne Drohungen aus. Sie entfaltet sich, wenn wir alle Konzepte und Vorstellungen von Gott fallengelassen haben, wenn wir es aufgegeben haben, ihm vorzuschreiben, wie er sich „zu Sündern“ zu verhalten hat und uns zu erklären, wie wir ihn erreichen können. Anthony de Mello sagt: „Spiritualität bedeutet, wach zu werden. Die meisten schlafen, ohne es zu wissen. Und meistens wollen sie auch gar nicht wach werden. Sie wollen ihr bisheriges Leben weiterleben.“[32] Sie versuchen, Gott durch Frömmigkeit, Gebet, Religiosität oder

[32] Anthony de Mello: Der springende Punkt, Freiburg, Basel, Wien, 1992, S.9

Gottesdienste zu beeindrucken oder zu erobern. Welchen Gott? Den rächenden und strafenden Gott Abrahams, den Gott der Liebe, von dem Jesus sprach oder dem Großen Geist? All diese Gottesbegriffe wurden vom Verstand geschaffen; es sind seine Gotteskonzepte, die er beliebig mit Erleuchtungs-, Jenseits-, Heiligen- oder Verdammniskonzepten erweitern kann. Damit kann sich der Blasenmeridian identifizieren und der Magenmeridian kritisch auseinandersetzen. Der Dickdarmmeridian wird dann alles daran setzen, dass er dieses Ziel auch erreichen kann. Es sind Yang-Meridiane, die im Tun verankert sind. Sie können Spiritualität nicht erfassen, weil diese nicht definierbar ist.

Der Dünndarmmeridian als *yang* im Tun und als *yin* in der Hingabe hat als einziger die Möglichkeit, diese Göttlichkeit erlebbar zu machen. Zusammen mit den Yin-Meridianen Lunge und Herz ist er imstande, sich durch das Gefühl auszudrücken. Es sind die Hingabe des Geistes, die Empfängnisfähigkeit, das Vertrauen an unser inneres Kind, die der Spiritualität Ausdruck verleihen. Sie ist in jedem von uns vorhanden und kann sich in vielen Bereichen zeigen. Alle Künstler, wie Tänzer, Maler, Sänger oder Bildhauer, schöpfen aus dieser Quelle. Unsere innere Verbundenheit mit der Natur, unsere Freude über eine Blumenwiese oder einen Sonnenaufgang, unser inneres Staunen über die Endlosigkeit des Meeres oder einer Wüstenlandschaft sind Ausdruck dafür. Jede Tätigkeit, die wir begeistert, hingebungsvoll oder „andächtig" praktizieren, ist von diesem Spirit durchdrungen -- ganz gleich, ob wir singen, malen, zeichnen, töpfern, tanzen, trommeln oder kochen. Der Dickdarmmeridian braucht Sicherheit und Ergebnisse, um mit sich und der Welt zufrieden zu sein, der Dünndarmmeridian braucht diese Sicherheit nicht, er ist im Göttlichen „verankert" und kann sich der Unsicherheit des Augenblicks überlassen. Er besitzt die Fähigkeit zu empfangen (*yang*) und die Hingabe, das Empfangene auch anzunehmen (*yin*).

Spiritualität können wir nur in ihrer Auswirkung erkennen: Sie ist angstfrei, hingebungsvoll und braucht nichts zu erreichen, weil immer alles vorhanden ist. Sie ist das intuitive Erfassen des Seins, ist das Vertrauen, ohne Beschränkungen im Universum geborgen zu sein. Spiritualität ist das *tao*. Spiritualität ist authentisch, ist das Wissen des Herzens, mit allem verbunden zu sein. Es ist das Wissen der Welle, ein Teil des Meeres zu sein. Spiritualität ist der Ursprung der Freude und der Gelassenheit, nichts beurteilen zu müssen, da alles so gut ist, wie es ist. Spiritualität ist das Wissen der Zelle, ein Teil des Verbandes zu sein, mit allem in Kommunikation, eigenständig, selbstbestimmend und doch von allen anderen abhängig, sich dem höherem Ziel ergebend, einordnend, von allen liebevoll versorgt, allen alles gebend.

Hingabe

Paradoxerweise erfahren wir durch einen Yang-Meridian das Yin-Prinzip der Hingabe, mit der die wenigsten etwas anfangen können. Sie denken dabei an saft- und kraftlose Lebensverweigerer, die zu keiner Aktion fähig sind, oder an willenlose Sklavinnen. Hingabe hat damit überhaupt nichts zu tun – denn sie ist zunächst immer aktiv, also *yang*. Willentlich gebe ich mich einer Tätigkeit hin, lasse ich mich von einem Gefühl tragen, genieße ich Lust und Freude. Alles andere wäre Vergewaltigung, bei der ich willenlos etwas über mich ergehen lasse. Alle, die noch nicht ganz aufgewacht sind, verwechseln Hingabe mit einer unbewussten Handlung, bei der sie nachher sagen: „Ich konnte wirklich nichts dafür“. Bei Hingabe kann ich immer etwas dafür – denn ich habe mich bewusst für etwas entschieden. Wenn ich mich an etwas hingebe (was ja freiwillig geschieht), bin ich daher niemals Opfer! Mit den weiteren Schlussfolgerungen schneiden wir allerdings ein sehr brisantes Thema an: Ich kann damit in jeder Situation entscheiden, Opfer oder Täter, das heißt passiv oder aktiv zu sein. Das bedeutet, dass ich selbst entscheiden kann, ob ich eine Handlung, die ich aus einem bestimmten Grund tun muss oder zumindest sollte (Geschirr abwaschen, Baby wickeln oder Straße kehren), gern tue oder mich darüber ärgere und mich als Opfer fühle. Ich kann jederzeit das Beste daraus machen. Das gilt für jeden Erwachsenen in jeder Situation, in der er bereit ist, Selbstverantwortung zu übernehmen. Traumata und Schocks entstehen dann, wenn ich außerstande war, mit einer Situation fertig zu werden und gleichsam in die

Opferrolle gedrängt wurde. Sie wird erst aufgelöst, wenn ich sie mir nachträglich mit einem anderen Bewusstsein ansehe, sie annehme und damit aktiv werde. Ob ich dann sage: „Es war so, Schwamm drüber", oder „Herr, dein Wille geschehe", oder „Wer weiß, wofür es gut war", ist letztlich egal, wichtig ist nur meine Annahme, das *yang*.

Mit Hingabe ist niemals das Aufgeben der eigenen Identität gemeint, die ich für etwas opfere, sondern ein liebevolles Hinwenden an eine Tätigkeit oder einen anderen Menschen. Ohne diese Liebe ist Hingabe tatsächlich etwas Schmerz- oder Leidvolles, das ein Energie- oder Machtgefälle bedeutet, das dem Hingebenden Energie nimmt, dem anderen Kraft gibt und ihn damit zum Täter werden lässt. Diesen Gedanken muss man zunächst einmal wirken lassen. Dämliche Hingabe bedeutet nämlich, mich selbst zum Opfer zu machen! Das ist aber nur für Masochisten oder für diejenigen interessant, für die Selbstkasteiung einen Lustgewinn bedeutet. Es ist eine traurige Ausgeburt des Verstandes. Liebevolle Hingabe hingegen braucht keinen Ausgleich, denn weder nimmt sie, noch gibt sie. Liebevolle Hingabe an eine Tätigkeit macht diese perfekt, zentriert den Handelnden und macht ihn authentisch. Liebevolle Hingabe an einen Menschen überschreitet die Grenzen, ohne die eigenen zu verlieren. Es ist ein mystischer Prozess. Ohne liebevolle Hingabe gibt es kein Verständnis, sondern nur mehr ein „Verstehen", denn dann übernimmt der Verstand die Rolle des Herzens.

Hingabe kann nur in Metaphern beschrieben werden, denn sie ist jenseits des Verstandes. Wir kennen das Bild einer Mutter, die ihr Kind liebevoll in den Armen hält. Sie gibt sich ganz dem Gefühl für ihr Kind hin, sie ist offen und weit. Hingabe ist wie das Gefühl, im Meer zu schweben, getragen von der Strömung, umgeben von Fischen, die dich neugierig als eine der ihren betrachten. Du bist eins mit dem Meer. Du gibst dich ihm ganz hin und hast dich selbst vergessen. Hingabe ist, in einem Konzertsaal zu sitzen, der Symphonie zu lauschen, eins mit dem Orchester zu sein, von den Klängen getragen zu werden. Du vergisst Zeit und Raum. In der Hingabe kannst du alles in dir aufnehmen, bist du der Empfangende und segnest gleichsam das, was du dankbar annimmst. Zur Hingabe gehören damit die

Bereitschaft, offen zu sein, und die Dankbarkeit, es auch nehmen zu dürfen. Durch diese Dankbarkeit wird das Empfangene gesegnet. Es ist die gleiche Geste, wenn wir vor dem Essen beten: „Herr segne, was wir von dir empfangen haben." In der Hingabe sind wir der Segnende zugleich. Ich nehme es an und bekomme damit selbst die Anerkennung. Erst durch liebevolle Hingabe gelangt man zu Mitgefühl.

Annehmen der eigenen Weiblichkeit

Der Dünndarmmeridian arbeitet damit sehr eng mit dem Lungenmeridian zusammen: Es steht uns frei, die Verantwortung für unser Leben zu übernehmen oder sie abzulehnen – was jedoch in jedem Fall Konsequenzen hat. Der Dünndarmmeridian fordert uns auf, diese einzukalkulieren und sie auch zu tragen. Für eine Frau symbolisiert der Dünndarm die eigene Weiblichkeit. Das bedeutet, dass ich mich als Frau offen und eindeutig für mein Frausein, für meine Weiblichkeit entscheide. Das ist in unserer Gesellschaft nicht immer ganz einfach oder besser gesagt, nicht immer erwünscht. Oftmals sind in der Familie die Rollen vertauscht oder die Mutter muss durch die Abwesenheit des Mannes zusätzlich die Vaterrolle übernehmen. In der Emanzipation erstreben wir männliche Dominanz, Macht und Einfluss, Kampf und Sieg und vergessen dabei unser wahres Frausein. Die Mode beschert uns überhaupt eine Identifikationskrise nach der anderen: voller Busen oder überhaupt keiner, lange Beine, schmale Hüften, damit sie in enge Jeans passen, lange Haare oder Glatze. Wer blond ist, gilt als dumm und dämlich, wer Karriere macht, als fortschrittlich. Trotz allem wird nach dem Resonanzgesetz ein Mangel an weiblicher Energie von der Umwelt immer nur als Mangel gespiegelt werden. Eine noch so erfolgreiche Frau fühlt sich in dieser Rolle immer unterbewertet. Die blonde Tussi wird sich hingegen in ihrer Frauenrolle bestätigt fühlen und die Männer um die Finger wickeln! Sie sendet die richtigen Signale aus, auf die die Männer seit Urgedenken anspringen.

Eine Frau sollte lernen, sich selbst treu zu sein, zu sich, zu ihren Bedürfnissen und ihren Wünschen zu stehen. Meistens stehen sie in der letzten Reihe und schauen wütend auf das blonde Weibchen, das ihnen den Mann nimmt. Wer vierzig oder fünfzig Jahre vergessen hat, Frau zu sein (nicht nur Putz- oder Karrierefrau), sollte wieder an die vergessenen Fähigkeiten wie Malen, Tanzen, Singen oder Töpfern denken, sollte den Mut haben, einmal den Urlaub dort zu verbringen, wo sie es immer hingezogen hat. Der Seitensprung des Mannes zeigt nur auf, wo es bei ihr fehlt.

Dünndarm als Wächter des Schmerzes

Der Glückspsychologe Prof. Ed Diener (Universität Illinois, USA) hat den Einfluss des Leids und des Schmerzes auf das Glückserleben durchforscht. Seine Kernaussage lautet: *„Der Weg zum Glück führt nicht um Leid und Schmerz herum, sondern mitten durch sie hindurch."* Wer sich weigert, den eigenen Schmerz zu durchleben, bleibt im Leid gefangen. Wer leidvolle Erfahrungen annimmt, wird sie los. Diener meint: *„Die Glücklichen haben aufgehört, unveränderbares Leid abzuwehren. Sie sind bereit, es einmal vollkommen zu fühlen.* Wer Schmerz, Leid, Schwäche, Verlust, Entbehrung und Hindernisse aushält und durchlebt, ist reif geworden für das Glück!"[33] Auch diese Sätze muss man zunächst einmal auf sich wirken lassen, denn wir im Westen sind ausgesprochene Schmerzgegner geworden. Wir betrachten den Raum der Schmerzen als Folterkammer und haben uns einen Wächter davor aufgestellt, der den Eintritt nur mit Drogen gestattet. Wir versuchen, den physischen Schmerz mit Pharmazeutika und Narkotika und den psychischen Schmerz mit Ablenkungen oder Antidepressiva abzutreiben. Wir sehen den Schmerz nur als Hindernis, unser Leben unbeschwert und freudig genießen zu können. Das Paradies hat daher immer schmerzfrei zu sein! Denn Schmerz bedeutet für die meisten Menschen Askese, Zwang, Folter und Qual.

[33] Stürmer, Ernst: Die Glücksuche der Menschheit, in alle Welt, Nov./Dez. 2005, S.40

Wir im „Westen“ sind im Gegensatz zu den Asiaten wesentlich schmerzempfindlicher geworden. Besonders die Pharmaindustrie versucht, uns davon zu überzeugen, dass jedweder Schmerz unnötig und entbehrlich ist und hat für das kleinste Wehwehchen bereits ein Mittel, es zu vertreiben. Kopfweh, Bauchweh, Zahnschmerzen, Gliederreißen, aber auch Ängste, Nervosität oder Stress werden durch Pillen und Tropfen unter den Tisch gekehrt. Wir sind jetzt nicht unter die Sadisten gegangen und versuchen, all diese Probleme zu negieren. Wir vertreten auch nicht den Spruch: *„Ein Indianer kennt keinen Schmerz“*. Uns geht es nur darum, dass man sich zunächst mit der Ursache des Schmerzes auseinandersetzt. Ihn einfach wegzuzaubern würde bedeuten, dass wir die Aufforderung unseres Körpers und unserer Psyche, etwas zu ändern, nicht ernst nehmen. Schmerz ist entweder das Zeichen, dass wir die ersten Anzeichen eines Ungleichgewichts nicht wahrgenommen haben oder dass etwas Ernsteres im Anzug ist.

Der Schmerz braucht zunächst Präsenz. Denn nur, wenn er angenommen wird, kann er erlöst werden. Das Annehmen eines Schmerzes bedeutet einen Quantensprung in der geistigen Entwicklung. Wir haben oftmals etwas verabsäumt zu tun oder auszusprechen (z. B. dem Partner oder einem Elternteil zu sagen: „Ich liebe dich, ich schätze dich …“). Das kann vielfach nie mehr nachgeholt werden. Erst durch den tief empfundenen Schmerz befreien wir uns von dieser Schuld und den Selbstvorwürfen. Es ist daher auch wichtig, nach dem Tod eines Menschen trauern zu dürfen, sich mit diesem Schmerz auseinander zu setzen. Damit löst man sich aus der Opfer- und Täterrolle. Es ist wie bei einem Trauma. Wenn die ursächliche Situation erkannt und aus dem Unterbewusstsein heraufgeholt wird, muss sich der Betreffenden auch die Möglichkeit geben, den Schmerz zuzulassen und ihn wieder zu erleben. Denn erst zum Zeitpunkt der Erkenntnis ist man wirklich davon betroffen, und man kann erst in diesem Zustand das Problem lösen, was einem zu einem früheren Zeitpunkt, z. B. als Kind, nicht möglich war. Schmerz ist damit ein ganz wichtiger Faktor im Leben. Wir brauchen die Würde der Krankheit, des Schmerzes, des Todes und des Lebens. Wer jedoch seine Aufmerksamkeit stets auf den Schmerz richtet und ständig dieses Unwohlsein integriert, konditioniert immer größere Hirnregionen auf die Schmerzwahrnehmung und es kommt zu einer Veränderung der Großhirnrinde. Einmal ins Rollen gekommen, werden die negativen Emotionen zu einer Lawine. Der Schmerz kann uns eine große Hilfe sein, wenn wir ihm Aufmerksamkeit schenken, und als Hinweis sehen, ihn aber dabei nicht überbewerten und uns darin „baden".

Der Dünndarmmeridian steht für Würde

Wir fühlen uns oftmals in Rollen gedrängt, die nicht zu unserem Weltbild passen oder denen wir uns nicht gewachsen fühlen. Für die „glückliche Mutter" beginnt das Problem bereits unmittelbar nach der Geburt ihres Kindes: Sie hat dem Baby größtmögliche Versorgung zu geben – und ist selbst dabei total unterversorgt. Das Kind, das sie aus ganzem Herzen lieben will, belastet sie und bringt sie manchmal an den Rand der Verzweiflung. Damit fühlt sie sich dem Kind und meistens auch dem Partner gegenüber schuldig. Ohne der Gesellschaft jetzt den schwarzen Peter zuschieben zu wollen, ist sie sehr wohl daran beteiligt, dass Frauen ihr Frau- und Muttersein als Belastung empfinden. Die Frau muss den Balanceakt schaffen, ihre Identität zu bewahren, ihr Wohlbefinden im Auge zu behalten und gleichzeitig für das Kind voll da sein. Dazu kommt, dass die Mutter oftmals selbst mit der eigenen Unselbständigkeit oder einem Minderwertigkeitsgefühl zu kämpfen hat und das Kind dazu benützt, dies auszugleichen. Sie bindet damit das Kind an sich: „Ich brauche dich, wenn du gehst, bedeutet das meinen Tod". Hinter all diesen Bindungsvarianten steht die Angst der Mutter, allein gelassen zu werden.

Der Dünndarmmeridian zeigt Möglichkeiten auf, sich als Persönlichkeit anzunehmen und zeigt, wie man sich dem Leben und seinen Anforderungen stellen kann. Das bedeutet zunächst, sich selbst zu würdigen, sich anzuerkennen, für voll zu nehmen und sich so zu akzeptieren, wie man ist. Hat man es als Kind mit übermächtigen Eltern zu tun gehabt, die einem diese Würde und die eigene Selbstachtung genommen, vorenthalten oder ganz ausgetrieben haben, so spürt man das zunächst als Wunde, Schmerz, Wut und Ohnmacht. Wenn man sich jedoch dieser Herausforderung stellt, kann man über sich hinauswachsen: gerade diese Demütigung kann einem letztlich Flügel verleihen.

Die Transformation

Die Transformation des Dünndarmmeridians bedeutet, Hingabefähigkeit zu entwickeln, Hingabe an das Leben, an mich, an mein wahres Wesen. Erst, wenn ich genügend Hingabe an mich, Achtung vor meinem inneren Kind und vor meinem „unperfekten" So-Sein habe, kann ich akzeptieren, dass alles seine Berechtigung und das Recht hat, so zu sein, und dass damit alles perfekt für den Augenblick ist. *„Hingabe, die die Grenzen sprengt, ist die Hingabe an das eigene Leben. Selbst wenn das Ja zu mir selbst ein Nein zum anderen bedeutet, wenn dieser mich binden oder unterwerfen möchte."*[34] Wenn wir Hingabe an uns selbst entwickeln und nicht mehr Zuwendung von anderen brauchen, beginnt unsere Energie wieder zu strömen. In der Partnerschaft können wir dann einander Impulse und Liebesbezeigungen geben, wir können durch Gespräche und gemeinsame Erlebnisse wachsen - aber wir sind nicht mehr darauf angewiesen. Wir fallen nicht mehr in tiefe Verzweiflung oder fühlen uns wie ausgebrannt, wenn die Partnerschaft zerbricht.

Wir haben gelernt, unsere eigenen Talente zu nutzen und sie für unser eigenes Wohl einzusetzen. Wir sind imstande, unsere Spiritualität zu leben.

Dazu unser Märchen frei nach Grimm:

König Drosselbart

In einem kleinen Schloss im Elsass lebte ein König mit seiner einzigen Tochter. Seine Frau war früh verstorben und so wuchs die kleine Francoise

[34] Schellenbaum,…Ja aus Liebe, S 80

unter der Obhut von zahlreichen Gouvernanten und Erziehern auf, die sich viel Mühe gaben, aus dem Mädchen eine wohlerzogene Prinzessin zu machen. Francoise wollte aber nicht wohlerzogen sein, sie fühlte sich ungeliebt, unverstanden, unterdrückt und kam sich sehr arm vor: „Alle haben eine Mutter, die einen liebt hat, nur ich bin diesen eingebildeten Gouvernanten und den Erziehern ausgeliefert, die mich dressieren wie einen Hund!“ Sie schmollte und weinte, aber da alles nichts nützte, drehte sie allmählich den Spieß um und wurde unleidlich und widerborstig. Sie weigerte sich, länger bei diesem Erwachsenenspiel mitzutun und auf Befehl wie ein Bär zu tanzen. Damit konnte sie es allen, die sie Zucht und Ordnung lehren wollten, zeigen, wie man sinnlose Vorschriften und Etiketten ignorieren und nach eigenen Gesetzen leben konnte. Sie war ziemlich stur. Eigensinnig beharrte sie auf ihren Wünschen und passte sich nur an, wenn dies zu ihrem Vorteil war. Je älter und je hübscher sie wurde, desto mehr fürchtete man ihre Launen. Es gab nichts, was sie nicht ständig kritisierte, und sie ließ kein gutes Haar an den anderen. Was sie sich jedoch am wenigsten eingestand, war, dass sie sich selbst nicht leiden konnte. Sie war mit sich und der Welt unzufrieden und ihre Lieblingsbeschäftigung war, alles zu verändern, zu korrigieren und zu verbessern. Sie wechselte ständig ihre Garderobe, ihre Haarfarbe, ihre Katzen und Hunde und änderte zum Leidwesen ihrer Hofdamen und Diener jährlich ihre Zimmereinrichtung und monatlich ihre Hobbys.

Ihrem Vater war sehr daran gelegen, sie bald unter die Haube zu bringen. „Da soll sich doch ein anderer Mann mit diesem Weibsstück herumschlagen“, sagte er sich, „ich will meine alten Tage genießen!“ In der Hoffnung, dass jemand die Courage hatte, sich Francoise zu stellen, veranstaltete er ein Fest nach dem anderen, um möglichst bald einen Freier zu finden, der seiner Tochter gefiel oder der sich von ihr so verändern ließ, dass er ihren Wünschen entsprach. Er träumte von Ländern, in denen man ungefragt und widerspruchslos seine Töchter gegen Kamele eintauschen konnte! Von nah und fern kamen die Bewerber, aber Francoise hatte an jedem etwas auszusetzen: Prinz Hadubrand war ihr zu dünn, Prince de Rudoix zu dick, Graf Roman hatte zu schüttere Haare, Herzog Verdain war zu alt. Als sie schließlich den König von Meroland wegen seines etwas vorstehenden Kinns mit den Worten „Der König Drosselbart sollte sich einmal im Spiegel anschauen, bevor er es wagt, um meine Hand anzuhalten!“ hinausschmiss, reichte es ihrem Vater: „Wenn du glaubst, dir als Prinzessin alles erlauben zu können, hast *du dich getäuscht. Morgen gebe ich dich dem erstbesten Bettler, der im Schloss erscheint, zur Frau. Dann kannst du selber herausfinden, wer sich wem unterordnen muss!" Er hatte lange über eine Lösung nachgedacht, und da war ihm diese grandiose Idee gekommen. „Wenn gute Worte nichts nützen, dann wird es die List schaffen", murmelte er vor sich hin, bevor er schlafen ging.*

Er stand daher zu seinem Wort. Als am nächsten Morgen ein Spielmann am Tor erschien und um ein Almosen bat, ließ der König einen Priester kommen, vermählte die beiden und entließ seine Tochter mit den Worten: „Viel Glück – ihr werdet es brauchen!" Für Francoise brach eine Welt zusammen: Sie, die früher kaum länger als eine Viertelstunde im Garten auf und ab gegangen war, musste ihrem Mann jetzt viele Meilen folgen, bis ihre Füße ganz wund gelaufen waren. Und jedes Mal, wenn sie an großen Wäldern, blühenden Feldern und sauberen Dörfern vorbei kamen, meinte der Spielmann so nebenbei: „Dies alles gehört dem König von Meroland, den du Drosselbart genannt." Francoise raufte sich die Haare: was hätte sie dafür gegeben, die Zeit ein wenig zurückdrehen zu können! An ihren Vater, der im Grunde genommen Schuld an ihrer Situation war, wollte sie überhaupt nicht denken. Er war für sie gestorben. Schließlich standen sie vor einem kleinen, mit Schindeln gedeckten Häuschen, das ihr der Spielmann ganz stolz als sein eigen vorstellte: „Das wird von nun an dein Zuhause sein. Ich hoffe, es gefällt dir." Mit diesem windschiefen Eigenheim schwanden ihre letzten Illusionen dahin und somit auch die Hoffnung, dass alles nur ein Scherz wäre. Ihr Mann brachte ihr die Grundbegriffe einer Haushaltsführung bei und Francoise lernte zunächst einmal kochen und putzen. Sie, der nichts vornehm genug gewesen war, hatte nun ihren Mann zu bedienen und musste sich von ihm auch noch Vorschriften machen lassen. Zunächst protestierte sie lautstark, dann bedauerte sie sich, und schließlich weinte sie nur mehr im Stillen: „Ich arme Jungfrau zart, wär' ich wenigstens bei König Drosselbart!" Dabei wusste sie nicht einmal genau, was sie sich überhaupt von einem Mann erwartet hätte. Nur eines war ihr klar: so hatte sie sich ihr Eheleben nicht vorgestellt! Nicht, dass ihr Mann sie schlecht behandelt hätte, manchmal war er sogar liebevoll und zärtlich; auf ihre Launen und sonstigen Anfälle reagierte er jedoch ziemlich sauer. Was Francoise jedoch am meisten störte, war, dass sie nicht einmal wusste, was ihr Mann den ganzen Tag über machte und wo er sich aufhielt, während sie sich in dieser Hütte langweilte.

Eines Tages, als sie wieder einmal besonders lieblos und schnippisch das Essen auf den Tisch gebracht hatte, befand ihr Mann, dass sie nun genug gefaulenzt hätte und es an der Zeit wäre, dass sie etwas Geld verdiene. „Am besten, wir schicken dich mit ein paar Töpfen, Kannen und irdenem Geschirr auf den Markt, wo du die Ware feilbieten kannst." Anfänglich verkaufte Francoise höchstens einen Topf pro Tag, so schämte sie sich und glaubte, in den Boden versinken zu müssen, wenn sie jemand ansprach. Ihre Schüchternheit und offensichtliche Scheu rührten jedoch die Hausfrauen, denen das arme Mädchen Leid tat. Allmählich kamen auch die Knechte - rein zufällig - an ihrem Stand vorbei, um sich das hübsche Mädchen anzusehen; und auch so mancher Hausherr ließ oft mehr Geld da, als die Ware kostete. Francoise sah, dass es auf dem Markt sehr lustig zuging, sie kam mit der Kundschaft gut aus und nach einiger Zeit fand sie sogar, dass ihr diese Arbeit Spaß machte. Wenn Francoise abends heimkam, war sie zwar gehörig müde, aber immerhin mit sich und ihren Erfolgen ganz zufrieden. Es war ein völlig neues Gefühl! Auch das Verhalten ihres Mannes schien sich zu ändern. Oftmals, wenn er sich unbeobachtet fühlte, sah er sie ganz liebevoll an, um ihr dann im gleichen Atemzug die Aufgaben für den nächsten Tag anzuordnen. Sie hatte manchmal sogar den Eindruck, dass sich sein mürrisches Verhalten nach ihren eigenen Launen richtete: denn wenn sie einen guten Tag hatte, lachte und sang, dann griff er zur Fiedel und spielte die schönsten Melodien. In diesen Momenten vergaß sie ihren Stolz und ihren Trotz: Hingebungsvoll saß sie da und hätte ihm stundenlang zuhören können. Arm in Arm einen wunderschönen Abend zu genießen, war für sie eine völlig neue Erfahrung, die sie sehr zu schätzen wusste, auch wenn sie es nicht offen zeigte!

Eines Tages aber, als ihr Mann sie wieder mit besonders schönen Töpfen und Schalen auf den Markt geschickt hatte, geschah das Unglück: ein völlig betrunkener Reiter raste durch den Markt, fegte Obst und Gemüse von den Tischen, warf Stühle und Bänke um und ritt schließlich geradezu in ihre Töpfe hinein, so dass alle in tausend Scherben zersprangen. Francoise konnte sich gar nicht beruhigen, als sie ihrem Mann von diesem Unglück berichtete und ihm versicherte, dass sie diesem Ritter den Hals umdrehen werde, wenn sie ihn in die Hände bekomme. Amüsiert meinte ihr Mann, dass es vor nicht allzu langer Zeit eine Prinzessin gegeben hat, die sich mit ihren Bediensteten Ähnliches geleistet hatte. Jetzt als arme Spielmannsfrau war sie der Willkür der Herrschaften ausgesetzt, die ja immer Recht hatten und gegen die man sich nicht wehren konnte. „Das ist eine glatte Verleumdung", rief sie, „wie kannst du ein so unerfahrenes Mädchen, wie ich es war, mit diesem rücksichtslosen Reiter vergleichen? Er hätte mich ja fast umgebracht!" In dieser Nacht weinte sie bitterlich, sie fühlte sich ohnmächtig und gedemütigt und fragte sich, ob sie überhaupt noch tiefer sinken konnte? Auf dem Markt konnte sie sich nicht mehr zeigen und zu Hause erntete sie nur Spott. Sie beklagte sich und ihr Schicksal und ließ ihren Tränen freien Lauf. Wirklichen Trost fand sie nur in ihrem Garten: hingebungsvoll pflegte sie ihre Blumen, war über jede Blüte dankbar, die sich zeigte und jeden Vogel, der sein Lied zwitscherte, ganz gleich, ob es regnete oder ob die Sonne schien.

„Du meinst, ich sollte dich und deine Arbeit mehr würdigen?", meinte der Spielmann. „Vielleicht habe ich dich wirklich unterschätzt. Hör auf zu weinen, du bekommst die Chance deines Lebens: Es heißt, dass unser König für seine neue Frau ein Fest vorbereitet. Dazu brauchen sie in der Küche noch ein Küchenmädchen, das leidlich adrett aussieht, damit es eventuell auch Speisen auftragen kann. Wenn der Koch mit deinen Künsten zufrieden ist, kannst du vielleicht sogar dem König servieren." „Was soll mir der Drosselbart? Wenn er mich erkennt, würde ich vor Scham versinken. Er hat die Frau bekommen, die er verdient, so wie ich mit dem Mann lebe, dem ich angetraut bin", meinte Francoise versöhnlich. „Nur angetraut? Das heißt, du würdest mich eintauschen, wenn du könntest?"

„Das habe ich nicht gesagt. Ich habe dich sehr wohl schätzen gelernt. Obwohl du vermutlich andere Vorstellungen von einer untertänigen Gattin hast, behandelst du mich freundlich, manchmal geradezu liebenswürdig. Und wenn wir zusammen musizieren, vergesse ich sogar die Feste auf unserem Schloss. Ich glaube nicht, dass ich jetzt noch tauschen würde." Fast sah es aus, als wolle sie der Spielmann vor Rührung in die Arme nehmen, aber er nahm sie nur an der Hand und meinte: „Dann komm, ich bringe dich aufs Schloss." Francoise hatte sehr bald auch an dieser neuen Arbeit Gefallen gefunden, und da sie eine geschickte Hand hatte, ließ man sie Kuchen, Torten und süße Köstlichkeiten herrichten und verzieren. Der Koch lobte sie für ihr Talent, sie bekam wöchentlich ihren Lohn, und als Draufgabe konnte sie jeden Abend auch noch Essen mit nach Hause nehmen. Was war aus dieser eigensinnigen Prinzessin geworden? Ihr Vater hätte sie sicher nicht mehr erkannt: Sie war dankbar für die Geschenke des Lebens geworden, sie stellte sich den Anforderungen und hatte bald erkannt, dass es einfacher, aber vor allem lustiger war,

sich dem Schicksal hinzugeben, als sich dagegen zu wehren. „Auch als Frau habe ich meine Qualitäten", meinte sie, „ich muss sie nur erkennen und richtig einsetzen. Außerdem ist der Spielmann gar nicht so schlecht. Wenn ich es genau nehme, mag ich ihn sogar".

Je näher der Tag des Festes kam, desto vergnügter wurde der Spielmann. Francoise hatte keine Ahnung, warum ihrem Mann an dem König oder dem Fest so sehr lag, aber sie freute sich mit ihm. Am Tag des Festes schien zunächst alles nach Plan zu laufen. Die Spielleute erschienen mit ihren Instrumenten und es wurden so viele Speisen aufgetragen, dass sich die Tische bogen. Die Gäste wurden immer aufgeregter, denn noch immer ließ der König auf sich warten. Die neue Königin hatte überhaupt noch niemand zu Gesicht bekommen und es wurden bereits Gerüchte laut, dass sie zwar reich, aber hässlich wie ein alter Uhu wäre. In der Küche hatte man alle Hände voll zu tun, um die Gäste zufrieden zu stellen. Francoise war froh, dass man sie vergessen hatte und andere Bedienstete mit den Speisen geschäftig hin und her liefen. Als sie jedoch gerade dabei war, in der Küche die Suppe in Terrinen zu verteilen, erschien ein livrierter Diener und fragte nach ihr. Ohne ein Wort der Erklärung wurde sie in ein oberes Stockwerk gebracht, wo man sie wortlos in einen Zuber steckte, ihr zunächst den Küchenduft aus den Haaren wusch und sie dann mit duftenden Ölen einrieb. Niemand beantwortete ihr Fragen, alle lächelten nur stumm. Francoise wusste überhaupt nicht, wie ihr geschah, als sie schließlich in einem traumhaften Kleid, das einer Königin würdig war, vor dem Spiegel stand. Als sich dann aber die Tür öffnete und ihr Mann herein trat, verschlug es ihr endgültig die Sprache: Das lange graue Haar und der struppige Bart des Spielmanns waren verschwunden und vor ihr stand der verschmähte König Drosselbart in seiner ganzen Pracht. Jetzt erst fielen ihr gewisse Ähnlichkeiten auf, aber an jenem verhängnisvollen Abend hatte sie sich ja kaum Zeit genommen, ihn näher anzusehen. Der König nahm sie in seine Arme und sagte: „Deine Zeit als Frau des Spielmanns ist zu Ende. Ich habe dir doch prophezeit, dass du heute noch den König sehen wirst! Das Servieren überlassen wir den anderen. Komm mit mir in den Festsaal, wo ich dich allen als meine Königin vorstellen möchte."

Francoise wusste nicht, ob sie weinen oder lachen sollte: Ihr eigener Vater hatte sie verkauft und verraten. Ein ganzes Jahr lang hatte sie in einer Hütte putzen, kochen und waschen, auf dem Markt Töpfe verkaufen und in der Küche als Magd arbeiten müssen. Hätte sie sich das nicht ersparen können? Und dennoch, gerade in diesem Jahr hatte sie gemerkt, *dass es viele kleine Dinge gab, die das Leben lebenswert machen und dass es sogar in einer windschiefen Hütte ganz lustig sein kann. Aber wie war ihr Mann dazu gekommen, ein Jahr lang einen Spielmann zu spielen und sie auf das gröbste zu hintergehen? „Ich wollte dich nicht hinters Licht führen", meinte er, „aber die Idee deines Vaters war wirklich nicht so schlecht. Anfangs hatte ich schon meine Zweifel gehabt, ob und wie du dieses Schicksal annehmen kannst. Du hast zwar viele traurige Tage und etliche finstere Nächte hinter dir, aber du hast gelernt, zu dir zu stehen, und du hast endlich gelernt, dich und das Leben zu lieben, dich dem hinzugeben, was sich dir gerade bietet. Nun brauchst du nicht mehr zwischen dem Spielmann und deinem geschmähten König Drosselbart zu wählen. Ich liebe dich mehr, als du dir vorstellen kannst, und ich bin froh, dass die Zeit meines etwas mühsamen Doppellebens vorbei ist. Komm, lass uns feiern." Und sie feierten eine Woche lang auf ihrem Schloss und dann noch eine Woche lang auf dem Schloss ihres Vaters, und alle waren dazu eingeladen.*

Blasenmeridian, der Rebell

Wasser / Yang
Organzeit: 15 - 17 Uhr   Jahreszeit: Winter

Qualitäten:	Verstand / Ego, Überlebenskämpfer, Rebell
Befreite psychische Qualität:	Aus „ich will“ wird „ich kann“, aus „soll“ und „muss“ wird: „ich tue“.
Befreite seelische Qualität:	Ich bin authentisch, indem ich Fühlen und Denken verbinde. Ich bin.

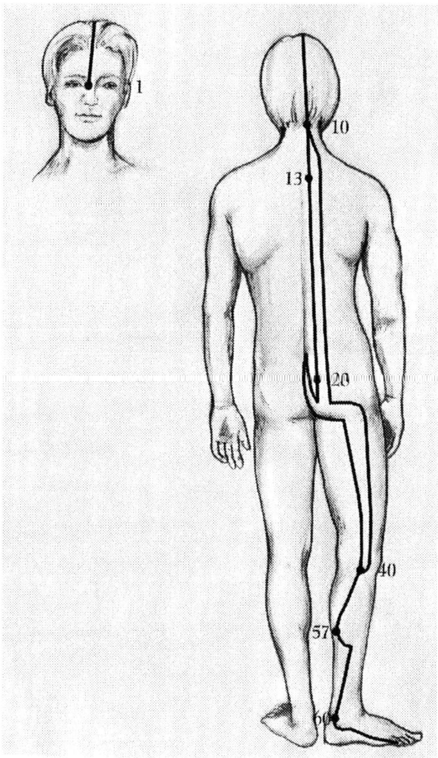

Blase 1 (Sei Mei)
- alle Augenerkrankungen

Blase 10 (Ten Tshu)
- Kopfweh, Nasenverstopfung

Blase 13 (Hai Yu)
- Husten, Asthma, Atmungsprobleme

Blase 28 (Panggoangshu)
- Blasenentzündung

Blase 40 (Weihong)
- Rückenschmerzen, Ischias, Wadenkrämpfe

Blase 57 (Shyo Zan)
- Ischias, Muskelkrämpfe, müde Beine

Blase 60 (Kon Ron)
- Ischias, Schwindel, Epilepsie

Typische Vertreter des Blasenmeridians sind z. B.:

Bl+Lu	J. W. v. Goethe, F. Hundertwasser, O. Werner, M. Köhlmeier
Bl+Di	Ben Franklin, W. Churchill
Bl+MP	Henrie Dunand, Martin Luther King
Bl+Ma	Kennedy, Bernhard Shaw, Faust
Bl+He	Hemingway, Harry Potter
Bl+Dü	Lady Diana, Maria Magdalena
Bl+Ni	Heinz Erhard, E. Kishon,
Bl+Kl	Bubendorfer, Danny Key
Bl+3E	Bill Gates, König Midas,
Bl+Gb	Kain, Odysseus, Ödipus
Bl+Le	Herkules, Shiva,

Element Wasser / Funktionskreis Niere und Blase

Das Element Wasser beherrscht die Fortpflanzung, Geburt, Wachstum, Entwicklung und Tod. Es kontrolliert den Wasserhaushalt des Körpers, hat Einfluss auf die Intelligenz und das Gedächtnis.

Wassermenschen sind sehr kreative Denker. Durch ihre oftmals genialen Fähigkeiten zeichnen sie sich künstlerisch, sprachlich und auch wissenschaftlich aus. Damit sind sie vielfach Einzelgänger, da ihnen ihre Mitwelt manchmal nur schwer folgen kann. Sie sind meist genügsam und sparsam bis hin zu geizig, habsüchtig oder neidisch. Gleichermaßen sind sie verletzlich und empfindsam, womit sie manchmal schwer eine intime Beziehung oder eine Partnerschaft eingehen können. Sie sind scharfsinnig, kritisch und gute Beobachter.

Der Blasenmeridian

Er repräsentiert die Sexualorgane und ist für Augen, Ohren, Wirbelsäule, Stirnhöhlen, Hüften, Beine, Blase, Nieren und Geschlechtsorgane zuständig. Auf der psychischen Ebene zeigt er an, welche Haltung man im Leben einnimmt. Es beginnt mit den Augen: „Was will ich sehen? Was kann ich nicht sehen? “ Wenn man Probleme mit den Ohren hat, steht die Frage dahinter: „Was will ich nicht hören?“ Die Wirbelsäule zeigt an, wie ich zum Leben stehe. „Welche Haltung haben meine Eltern eingenommen? Welche Gefühle lasse ich nicht zu?“ Die Einstellung zum Leben zeigt sich in Haltungsschäden, Kreuzproblemen, Bandscheibenproblemen bis zum Bandscheibenvorfall. Hier trifft die falsche Einstellung bereits den Lebensnerv.

Die psychischen Zwangsmuster finden sich als Prägungen oder in Konzepten wieder und in der Haltung, das Leben aus dem Verstand heraus gestalten zu müssen. Es ist die Feststellung des Verstandes: „Wo käme man da hin, wenn es sich jeder so leicht macht?“

Auf der seelischen Ebene hat der Blasenmeridian die Rolle des Überlebenskämpfers übernommen. Durch ihn sind wir imstande, uns in dieser polaren Welt zurecht zu finden, uns auf sie einzustellen und uns wacker durchs Leben zu schlagen. Wir gehen damit aber auf die Spielregeln der anderen ein und haben Schwierigkeiten, etwas daran zu ändern. Wenn es uns schlecht geht und wir vom Schicksal ordentlich gebeutelt worden sind, fragen wir uns manchmal, wofür wir überhaupt leben und ob sich das Leben lohnt. Damit sind wir bereits auf dem besten

Weg, auszusteigen, unser Leben selbst in die Hand zu nehmen und authentisch zu werden.

Bachblüten, kalifornische Essenzen:

Agrimony: wenn man Haltung bewahren und seine inneren Sorgen verbergen will

Beech: hilft bei Intoleranz, Kritiksucht

Dandelion: hilft bei unterdrückten Gefühlen, wenn man zuviel plant und kontrolliert

Larch: hilft bei mangelnden Selbstvertrauen,

Mountain Pennyroyal: hilft, eigenen negativen Konzepten zu entkommen

Rock Water: hilft bei starren Prinzipien, bringt Zugang zum inneren Kind

Sagebrush: hilft, alte Konzepte loszulassen, man kann sich von alten Mustern trennen

Saguaro: wenn man sich auflehnt, rebelliert und um jeden Preis kämpft

Sunflower: bei Neigung zu Suizid

Der Blasenmeridian als Überlebenskämpfer

Der Blasenmeridian symbolisiert zunächst unseren Verstand, der versucht, unser Lebenskonzept umzusetzen. Die Kinderseele wird über diesen Meridian als erstes mit der Realität der Erwachsenen und den Konzepten seiner Umgebung konfrontiert. Da das Baby zunächst völlig im Gefühl lebt und seine Umgebung nur durch seine Sinne wahrnimmt, erfährt es schon sehr bald, dass seine eigenen Wahrnehmungen nicht mit der Sprache, Mimik und den Aussagen der Erwachsenen übereinstimmen. Es erlebt daher den Widerspruch seiner Gefühle und seiner Urinstinkte (Herzmeridian) zu der Realität seiner Umgebung. Damit wird unser Leben zersplittert und zerrissen. Wir beginnen, in Teilaspekten zu leben: wir leben brav und angepasst, als Stammhalter oder als Findelkind, als Indianer oder Österreicher, als

Revolutionär oder ordentlicher Staatsbürger. Wir sind brutal und boshaft und gleichzeitig spirituell und hilfsbereit, und unser Verstand versucht, all diese Eigenschaften unter einen Hut zu bringen. Wir sind Sklaven unseres Verstandes, und je klüger und intelligenter wir sind, desto größeren Wert legen wir auf diese Sklaverei. Wir sind derzeit von der Gesellschaft so konditioniert, dass wir das Gefühl dem Verstand unterordnen. Dabei übersehen wir, dass es gerade der Verstand ist, der uns spaltet. Er steht zwar als kritischer Beobachter dem Leben gegenüber, verhindert jedoch gleichzeitig, dass wir das Leben täglich neu und unvoreingenommen spüren können, denn er schöpft aus der Vergangenheit. Wir verhindern das *wu wei*, das Handeln im Nicht-Handeln, das mühelos alle Gegensätze vereinen kann, das den Beobachter und den Handelnden verschmelzen lässt. Wir ziehen es vor, im *yu wei* zu leben; das ist die Begabung, sich das Leben erfolgreich schwer zu machen. Als Fritjof Capra 1968 mit Jiddu Krishnamurti zusammentraf, fragte er ihn, wie er Wissenschaftler bleiben könne, wenn er das Denken aufgeben und Freiheit vom Wissen erlangen soll. Die Antwort kam sehr prompt:

„In erster Linie sind Sie ein Mensch, erst in zweiter Linie Wissenschaftler. Zuerst müssen Sie frei werden, und Freiheit erlangt man nicht durch Denken. Man erlangt sie durch Meditation – durch das Begreifen der Totalität des Lebens, in dem jede Form der Zersplitterung aufgehört hat.“[35]

Der Verstand braucht Struktur und Symmetrie, um sich ausdrücken zu können, er neigt auch dazu, das Wahrgenommene in seinem Sinn und nach seinen Parametern zu deuten, das heißt, seine Wirklichkeit als absolute Realität hinzustellen. Alle Wirklichkeiten sind jedoch relativ, jede Wirklichkeit ist nur eine Version neben anderen, die einander ergänzen. Der Verstand gibt vor, die Wirklichkeit erfassen zu können. Das Abendland hat seit jeher menschliches Wissen als Abbildung einer unabhängigen Welt außerhalb des erkennenden Menschen aufgefasst. Noch Popper glaubte, die Wissenschaft könne sich einer absoluten „Wahrheit“ immer mehr annähern. Das ist nicht möglich. Ein Vergleich zwischen Illusion und Wirklichkeit ist deshalb ausgeschlossen, weil Vorstellungen nur mit Vorstellungen verglichen werden können.

[35] Capra, Fritjof: Das neue Denken, Bern, München Wien, 1987, S. 28

Der Verstand braucht diese Vorstellungen, denn sie sind seine Existenzberechtigung: cogito, ergo sum.[36] Damit scheint wissenschaftlich logisch nachgewiesen zu sein, dass wir unser physischer Körper sind!

Eine unverrückbare Eigenschaft des Verstandes ist es auch, dass er mindestens zwei polare Punkte braucht, um funktionieren zu können. Deswegen kann er mit der Unendlichkeit nichts anfangen. Das All ist lebendiger Geist, der aus unsterblicher Lebenskraft und göttlicher Weisheit besteht. Das All durchdringt jeden Ort des Universums; es gibt keinen Ort, an dem kein Geist ist.[37] Da dieser Geist auch uns durchdringt, sind wir durch ihn mit allem verbunden, sind wir all-eins. All die repressiven Strukturen in dieser Welt stammen daher aus den Konzepten des Verstandes, in denen er versucht, eine Vollkommenheit zu erschaffen, die gar nicht erschaffen werden muss, weil sie schon da ist.[38]

Prägung und Konzepte

Sehen wir uns diese Konzepte und Prägungen nochmals näher an: Das Kind lernt mit Hilfe des Blasenmeridians sehr rasch, sich der „Realität" seiner Bezugspersonen anzupassen, erfährt seine erste Prägung und bildet sein Ego. Es verliert damit seine natürlichen Instinkte und seine natürliche Intelligenz, die es ihm ermöglicht hätten, im Jetzt zu leben und sich auf sein eigenes Spüren verlassen zu können. Die Eltern sollten Seelenbegleiter sein, übernehmen aber eher die Funktion von Trainern und Dompteuren, die das Kind prägen und nach dem eigenen Weltbild formen. Noch zu Zeiten unserer Großeltern gab es viele erzieherische Geschichten wie z. B. den Struwwelpeter, in dem alle Versuche, sich gegen die Eltern zur Wehr zu setzen, grausam mit Verletzung oder Tod bestraft wurden! Sogar Anna Freud, eine anerkannte Pädagogin und eine Tochter Sigmund Freuds richtete 1938 noch folgende Worte an Pädagogen und Horterzieher: „*Die*

[36] Ich denke, also bin ich
[37] Doreen Virtue: Wie oben so untern; Burgrain, 2007, S.31
[38] Glenda, Green: Unendliche Liebe, Burgrain, 2002, S. 48

Eltern, denen man das Verdienst der frühesten Erziehung im Allgemeinen zuschreiben muss, haben alles Recht, sich darauf etwas einzubilden, wenn es ihnen gelungen ist, aus dem schreienden, störenden, schmutzigen Säugling ein gesittet in seiner Bank sitzendes Schulkind zu machen. Es gibt nicht viele Gebiete auf der Welt, auf denen ähnliche Umwandlungen zustande gebracht werden."[39]

Das Kind lernt „fürs Leben", es lernt das Überleben in einer Gesellschaft, für die der Verstand und die künstliche Intelligenz oberste Priorität haben. Wir leben mit einem kranken Patriarchenbild, in einer Männergesellschaft, die das Gros der Politiker und Wissenschafter stellt, in der die Autoritätspersonen, kirchliche Würdenträger, Gesetzesgeber usw. größtenteils männlich sind, in der aber die Frauen indirekt die Aufgaben oder Rollen der Männer übernehmen müssen. Damit entsteht die größte aller Gesellschaftslügen: die Rolle der Frau als nehmender, passiver, kreativer Yin-Teil wird abgewertet und sie übernimmt für den meist fehlenden Vater dessen Part: *yang*, gebend, aktiv, dynamisch. Das Kind erlebt damit eine Yin-Mutter, die sich *yang* gibt und einen Yang-Vater, der durch seine Passivität oder Abwesenheit *yin* wirkt. Damit bekommt das Kind allmählich das Gefühl, dass seine Wirklichkeit nicht mit der der Erwachsenen übereinstimmt und glaubt letztendlich, dass es selbst falsch liegt. Das Kind lebt die Konzepte anderer und lebt das, was sein soll – und nicht mehr das Ist.

In einem der berühmten Dialoge der heiligen Katharina
von Siena mit Gott soll Gott zu ihr gesagt haben:
„Ich bin der, der ist. Du bist die, die nicht ist."

Manches Nicht-Sein ist ganz offensichtlich. Wenn jemand kommt und sich als Napoleon Bonaparte vorstellt, durchschaut man das ziemlich leicht und weiß, dass er spinnt. Wenn wir lügen und uns anders geben, als wir sind, durchschauen wir das nicht gleich auf den ersten Blick, weil dieses Verhalten ja ein anerkanntes Gesellschaftsspiel ist. Der Blasenmeridian kommt mit diesen Ungereimtheiten zurecht und schafft diesen gesellschaftlichen Balanceakt spielend. Er versteht es, sich anzupassen und

[39] Freud, Anna: Psychoanalyse für Pädagogen, Bern, Stuttgart, Wien, 1971, S. 43

ermöglicht es zunächst dem Kind und dann dem Erwachsenen, mit der Umgebung und mit seinem Kulturkreis zurecht zu kommen. Der Blasenmeridian bietet ein perfektes Überlebenskonzept und festigt damit auch seine Stellung mit einer Vielzahl von Konzepten, die er im Laufe des Lebens immer weiter ausbaut, sie wieder verwirft und durch neue ersetzt. Es sind unsere Gesellschaftsordnungen, Normen, Regeln, Gesellschafts- oder Sozialsysteme, unsere Kultur-, Wirtschafts- oder Politikprogramme, die als fortschrittlich, erstrebenswert oder auch als unumstößlich gelten. Dieses „Unumstößliche“ und „von Gott Gewollte“ bringt das Kind allmählich an seine psychischen und seelischen Grenzen. Es versucht, sich zu orientieren, sich anzupassen, den Normen zu entsprechen, den anderen zu gefallen und alles zu machen, um ja geliebt zu werden. Meistens erfährt es Liebe und Zuwendung jedoch nur dann, wenn es den Sollwerten entspricht und nicht aus der Reihe tanzt.

Unser Ego

Das Ego ist mit einem Tyrannen zu vergleichen, der um Alleinherrschaft bemüht und dem jedes Mittel recht ist. Wissenschaftlich ausgedrückt ist das Ego ein selbstreferierendes System, das heißt, alles, was es sieht, hört, erfährt oder erlebt, bestätigt nur seine eigene Realität. Jedes Konzept oder jedes Programm dient dazu, diese von ihm kreierte Realität aufrecht zu erhalten. Das Ego bewegt sich im Kreis der eigenen Bilder, wälzt Fragen über den Sinn des Lebens und fühlt sich ständig genötigt, alles erklären und begründen zu müssen, denn der Verstand sieht nur das ein, was er selbst nach seinem eigenen Entwurf hervorbringt, sagt Immanuel Kant. Er erschuf sich die äußere Ordnung der Welt, die physikalischen Grundgesetze, die mathematischen und wissenschaftlichen Paradigmen als Instrumente der Interpretation, mit denen er die Welt und seine Realität deutet. Unser „westlicher“ Verstand bemüht sich redlich, für alles stets eine Lösung parat zu halten und verschleiert damit seine Grenzen. Östliche Meister versuchen dagegen sehr geschickt, ihre Schüler mit paradoxen Fragen an die Grenzen von Logik und Verstand heranzuführen. Sie geben scheinbar unsinnige, paradoxe Aufgaben, *koan* genannt, die sich nicht mit Hilfe des Denkens lösen lassen und den Zen-Schüler zwingen, Lösungen auf einer anderen Bewusstseinsebene zu suchen. Erst wenn der Verstand kollabiert, sind wir bereit, unsere Intuition einzusetzen oder uns auf unser Gefühl zu verlassen. Es gehört zum Wachwerden, sein Leben so zu leben, wie man es für richtig hält – authentisch zu sein. Wachwerden heißt, in die Freiheit zu gehen. In die Freiheit zu gehen heißt wiederum, zu erkennen, was ich bin und was nur ein Konzept der anderen ist. Dazu brauchen wir Geduld und Nachsicht mit uns, wenn dieser Schritt nicht gleich gelingt. Wenn wir aufhören, uns zu zwingen, zu befehlen und uns in ein neues Konzept zu pressen, diesmal in ein „Freiheitskonzept“, dann kommt das Erwachen von selbst. *„Erst wenn wir aufhören, die zu sein, die wir waren, haben wir uns selbst gefunden“*, sagt Paolo Coelho.

Das Ego im eigentlichen Sinn existiert nur im Zusammenhang mit dem Verstand. Es bildet sich mit oder beim Denkvorgang und ist das „Markenzeichen“ des Verstandes. Im Schlaf, im Traum oder in einem „gedankenleeren“ Zustand verschwindet es automatisch, womit es sich erübrigt, sein Ego verlieren oder zerstören zu wollen. Es ist der Ausdruck unseres Wesens in unserer Realität – wir sollten es nur nicht als selbständige Entität betrachten und glorifizieren.

Was ist authentisch?

Wenn wir das Ego oder den Verstand mit dem Satz: „Ich will“, charakterisieren, so stünde für den Authentischen das „Ich bin.“ „Die einzige Evidenz, die wir haben und zu der es keiner weiteren Erläuterungen bedarf, ist das „Ich bin“. Sobald wir aber auch nur ein kleines Jota mehr anfügen, sind wir schon wieder im Denken, in der begrifflichen Vorstellung, in der Trennung und Illusion. Ich bin dies oder das, ist bereits dieser Schritt aus der Leere in eine selbst geschaffene Welt.“[40]

[40] Reinhard Gutmann: Kennen Sie die Wirklichkeit?, Rottenburg 2007, S. 96

Für einen authentischen Menschen gibt es keine gesicherte Erkenntnis, für ihn liegt die Freiheit vor allem im Nichtwissen. Damit muss er sich weder mit der Vergangenheit noch mit der Zukunft herumschlagen. Ein Mensch, der authentisch lebt, ist immer bei sich und steht zu dem, was er macht. Er braucht deswegen nicht in Sack und Asche zu gehen oder sich nicht mehr zu waschen und zu rasieren, aber er wird sich kein Toupet zulegen und behaupten, dass es seine eigenen Haare sind. Das Ego braucht Konzepte und Vorstellungen, gleichsam Bilder von der Wirklichkeit, die er abrufbar in seinem Computer gespeichert hat. Es gibt daher Bilder von Bergen und Bäumen, die alle katalogisiert und mit Erkennungsdaten versehen sind – aber sie bleiben immer nur Katalogbilder. Sie werden erst real, wenn wir diese Berge und Bäume gesehen, gespürt, berührt haben. In diesen Momenten sind wir völlig authentisch. Wenn wir an einer Rose vorbeikommen, uns bücken und voll Freude daran riechen, sind wir authentisch. Wenn wir sie sehen und überlegen, wie sie heißt oder ob sie gut riecht und sie mit einer anderen vergleichen, sind wir in der Verstandesbibliothek zu Gast. Der Verstand kann das Meer in all seinen Erscheinungsformen beschreiben, aber richtig erleben wird es man es nur, wenn man sein Rauschen hört, wenn man die sanften Wellen und den Sand unter seinen Füßen spürt oder die wild schäumende Gischt sieht, die sich an dem Felsen bricht. Dann ist man „live" dabei, dann ist man authentisch. Alles andere ist ein Leben „aus der Dose", das der Verstand reproduziert, indem er die Gegenwart mit der Vergangenheit vergleicht und für die Zukunft plant.

Zwei Zen-Mönche schwärmen von ihrem Meister: „Meiner kann die herrlichsten Blumen materialisieren", sagt der eine. „Meiner kann gehen und essen", meint der andere. „Und das soll etwas Besonderes sein?", fragt der erste leicht verächtlich. „Ja, denn wenn er geht, dann geht er, und wenn er isst, dann isst er".

Nur wenige von uns sehen das Nichtwissen, das Unbekannte als ein Abenteuer, das viel spannender und farbenreicher ist, als es unsere Zukunftsvisionen je sein könnten. Da wir das anziehen, was wir denken und wünschen, beschneiden wir mit unserem kleinkarierten Denken die Möglichkeiten auf ein Minimum und sitzen in unserem Schrebergarten, wo uns doch die große, weite Welt zur Verfügung steht. Die Wirklichkeit lässt alle Verführungskünste spielen, um uns mit einem Schleiertanz aus unserem selbst errichteten Gefängnis herauszulocken und ruft: „Nimm, was sich dir bietet!“, während wir bereits im Planen verhungern. Man sieht das an den vielen vertrockneten Gesichtern von Menschen, die sich ständig über das Leben beschweren. Jemand, der authentisch lebt, ist zu zutiefst bereit, über die Grenzen des gesicherten Wissens hinauszugehen. Wenn wir imstande sind, die Vergangenheit ruhen zu lassen und nichts zu erwarten, werden wir feststellen, dass wir die Schallgrenze durchbrechen, die uns von der Wahrnehmung einer höheren Dimension von der Wirklichkeit trennt. Diese höhere Dimension der Wirklichkeit ist ein Teil dessen, was wir Realität nennen. Hier gibt es in Wahrheit keine Trennlinie, und doch scheint es manchmal, als wären sie Lichtjahre voneinander entfernt. Halten uns Angst, Gewohnheit oder Trägheit davon ab, diese Wirklichkeit unverändert zu bewahren, indem wir uns an bekannte Muster klammern? Solange wir meinen, bestimmte Dinge sicher zu kennen, leben wir in einer Welt voller Grenzen. Erst das Nicht-Wissen und die Ungewissheit machen das Leben zu einem prickelnden, spannenden Abenteuer!

Der Blasenmeridian als Selbstzerstörer

Das Problem ist, dass wir gar nicht wissen, wer wir in Wahrheit sind, sondern dass wir uns mit unseren Konzepten identifizieren und uns für das halten, was die anderen aus uns gemacht haben. Wir kümmern uns darum, was die anderen von uns denken oder wollen, wir kränken uns, wenn wir den Normen nicht entsprechen, und wir verschütten unser inneres Kind. Wenn Kartenhäuser, mit denen wir uns identifiziert haben, einstürzen, bedeutet das vielfach eine Zerstörung des Ichs, Hoffnungslosigkeit und Verlust eines Lebensinhaltes. Bleiben wir in diesen Konzepten gefangen, dann sind wir unbewusst mit allem in Widerstand, was nicht mit unseren Werten und Weltbildern übereinstimmt. Damit schneiden wir uns vom Augenblick ab und blockieren den ungestörten Fluss der Begabungen, Fähigkeiten und Gefühle.

Hermann Hesse sagt in seinem Buch „Steppenwolf“: „*Mit der fortschreitenden Zerstörung meiner Persönlichkeit begann ich zu merken, dass die Todesfurcht nur ein Stück meiner alten, bürgerlichen, verlogenen Existenz war.*“ Die Schattenthemen werden verdrängt, und der Blasenmeridian reagiert auf diesen Spannungszustand, indem er sich selbst aufgibt und zerstört. Das Thema, das über weite Strecken des Lebens vor sich her geschoben wird, wird letztendlich zur Todesursache. Es begann vielleicht mit Augenproblemen, dann meldete sich eine gewisse Schwerhörigkeit an, Kreuz- und Knieprobleme kamen dazu, und letztendlich kommt es zu Blasenproblemen, Prostataleiden, Krebs oder Nierenversagen. Der Blasenmeridian hatte sich redlich bemüht, das Problem schon früher aufzuzeigen.

Der Blasenmeridian als Heiler

Wenn die Selbstzerstörung erkannt wird, wenn es uns gelingt, aus diesem Kreis auszubrechen und dem Gefühl einen gleichwertigen Stellenwert zuzugestehen, wird dieser Meridian zum Heiler. Heilung bedeutet, wieder seine Kinderseele aufzusuchen, bedeutet, bereit zu sein, Bewusstsein, Verstand, Gefühl und Emotionen zu vereinen und sein eigenes Bild zu finden. Man wird authentisch. Um in meine Freiheit zu kommen, muss ich erkennen, dass ich weder das eine noch das andere (Konzept) bin. Ich muss es aushalten, nichts zu sein. Damit bin ich das erste Mal im Leben wirklich im Sein, im Jetzt, im Augenblick. Der Verstand kann aus der Identifikation mit seinen Wertesysteme und Konzepten aussteigen und sein Weltbild verlassen. Er muss das erste Mal keine Stellvertreterkriege mehr führen. Er braucht nicht mehr für alles eine Antwort zu haben, er muss nicht verzweifelt nach Problemen suchen, für die er dann eine Lösung zu finden hat.

Wenn der Blasenmeridian aufgibt, sein Spiel zu spielen, wenn er es sein lässt, dann kommt er mit sich in Frieden, transformiert und wird zum Lebenskünstler, der die Dinge so nimmt, wie sie sind. Er weiß, dass er im großen Plan der Natur eingebettet ist, die immer für ihre Kinder sorgt. In diesem Plan sind auch Verluste, Trauer, Schmerz vergänglich und weichen neuer Lebensfreude. Verlust und Gewinn sind die beiden Seiten einer Medaille, die notwendig sind, um das Gleichgewicht zu halten. Dahinter verbirgt sich das Licht der Ewigkeit, das alles durchdringt und die Splitter des Chaos' zu einem harmonischen Ganzen zusammenfügt. Es liegt an uns, dieses kostbare Geschenk anzunehmen.

Das nächste Märchen – wieder frei nach Grimm – erzählt die Geschichte von Schneewittchen, diesmal aus der Sicht der Stiefmutter. Sie ist ein gutes Beispiel dafür, wie der Verstand versucht, alles und jeden aus dem Weg zu räumen, nur um der Beste und der Schönste zu sein. Er vergleicht und wertet und kann jemanden, der sich seinen Konzepten nicht unterordnet, nicht in seiner Nähe dulden. Herz und Gefühl sind für ihn nicht fassbar und stellen insofern eine Gefahr dar, weil sie ihn in Frage stellen. Ein authentisches Herz erkennt spontan, was richtig und falsch ist und lebt danach. Das Ego hingegen muss bis zuletzt seinen Herrschaftsanspruch verteidigen: es kann auch von keinem anderen getötet werden – es muss sich selbst aufgeben.

Schneewittchen und die 7 Zwerge

Es war einmal eine Hexe, die mit ihrer Tochter Agathe in einem kleinen Häuschen im Walde lebte. Sie wusste alles über Kräuter und Säfte, mit denen sie heilen, aber noch viel mehr über Wurzeln und Pflanzen, mit denen sie Verderben bringen konnte. Sie wurde aufgesucht, wenn man ein Mittel gegen Bauchweh brauchte, aber auch, wenn es galt, unliebsame Personen zu beseitigen. Kurz und gut, sie war geächtet und gefürchtet, aber man suchte sie auf, wenn man Rat brauchte. Die Probleme mit ihrem Buckel bekam sie zwar nicht ganz in den Griff, aber sie hoffte, dass sich wenigstens die Haltungsschäden ihrer Tochter nicht verschlimmern würden. Agathe war eine gelehrige Schülerin und übertraf bald ihre Mutter. Da sie gescheit und noch dazu ausgesprochen hübsch war, fand sie, dass sie etwas Besseres verdient hätte, als in dieser armseligen Hütte zu leben, und sie beschloss, Königin zu werden. Inwieweit sie am Tod der alten Königin beteiligt war, weiß man nicht so genau. Sie ging bald am Hofe ein und aus, und es dauerte nicht lange, bis der König ihrem Charme verfallen war und sie fragte, ob sie seine Frau werden wolle. Nun konnte sie als neue Schlossherrin so leben, wie es ihr passte. Anfänglich gab sie sich liebevoll und zurückhaltend. Insgeheim hoffte sie, dem König bald einen Erben schenken zu können, um ihre Stellung zu festigen. Doch so sehr sie sich auch bemühte und nach geeigneten Kräutermischungen suchte – bei ihr schien nichts zu wirken. Ihre Kinderlosigkeit hätte sie ja nicht so sehr gestört, wenn der König nicht schon eine Tochter gehabt hätte. Er liebte Schneewittchen über alles, und das gefiel Agathe überhaupt nicht, denn sie wollte überall die erste sein. Dieses Mädchen widersetzte sich ihr, wo es konnte und wollte sich ihr auf keinen Fall unterordnen. Agathe verstand nicht, warum alle dieses Kind so liebten und verwöhnten. Schneewittchen hielt sich an keine Vorschriften und Regeln, war sorglos, spielte mit den Kindern der Bediensteten, war fürsorglich und kümmerte sich um die Probleme der anderen. Manchmal hatte Agathe sogar den Eindruck, dass Schneewittchen wusste, wer Agathe in Wirklichkeit war. Dann befragte sie ihren Zauberspiegel, der ihr über alles Auskunft gab, was sie wissen wollte. Ihre wichtigsten Fragen war jedoch immer, wer die Klügste und Schönste im Lande ist und ob es jemanden gab, der ihr den Rang streitig machen konnte. Viele Jahre bekam sie immer wieder zur Antwort: „Frau Königin, ihr seid die Klügste und Schönste im Land“, so dass sie es schließlich auch glaubte. Eines Tages jedoch, als sie wieder ihren Spiegel befragte, bekam sie zur Antwort: „Frau Königin, ihr seid die Schönste hier – aber Schneewittchen ist tausendmal schöner als ihr!“ Agathe glaubte, zerspringen zu müssen, und sie überlegte hin und her, wie sie das Mädchen loswerden könnte. Es hätte aber nicht einmal etwas genützt, Schneewittchen auf eine nette Burg zu schicken oder es zu verheiraten, denn damit wäre ihr Problem ja noch lange nicht aus der Welt geschafft! So beauftragte sie ihren treu ergebenen Jäger, Schneewittchen zu töten und als Beweis dafür ihr Herz zu bringen. Aber auch der Jäger hatte Schneewittchen gern und brachte es nicht über sich, sie umzubringen. Er ließ sie laufen, erschoss stattdessen einen Frischling, *der ihm gerade über den Weg lief, und überbrachte der Königin dessen Herz.*

Die Königin war hochzufrieden. Sie zog sich schwarze Kleider an, vergoss einige Tränen, ließ das Mädchen überall suchen und tröstete den verzweifelten Vater. Sie war sich sicher, jetzt alle Sorgen und vor allem jede Konkurrenz losgeworden zu sein. Als sie jedoch wieder einmal ihren Spiegel befragte, um zu sehen, was es Neues gab, gab er ihr zur Antwort, dass Schneewittchen noch am Leben sei und bei Zwergen Unterschlupf gefunden hatte. Wütend vor Zorn, so hintergangen worden zu sein, bestrafte sie ihren Jäger wegen seines Verrates und beschloss, einen Weg zu finden, Schneewittchen mit eigener Hand zu töten. Mit Hilfe eines Zaubertranks verwandelte sie sich in ein altes, verhutzeltes Weiblein und machte sich auf den Weg zu den 7 Zwergen. Schneewittchen war hocherfreut, mit jemandem reden zu können. Sie ließ sie zwar nicht in das Haus hinein, nahm aber dann doch einen vergifteten Kamm als Geschenk an, den sie sich gleich ins Haar stecken ließ. Das Gift begann sofort zu wirken und Schneewittchen fiel tot zu Boden. Hochzufrieden, endlich dieses Problem aus der Welt geschafft zu haben, kehrte die Königin auf ihr Schloss zurück. Als sie jedoch ihren Spiegel befragte, bekam sie abermals die gleiche Antwort: „Schneewittchen über den 7 Bergen bei den 7 Zwergen ist tausendmal schöner als ihr.“ Sie war wütend über sich und wütend darüber, dass all ihre Künste nicht ausreichten, um das Mädchen zu töten. Sie suchte sich die besten Rezepte heraus, die sie hatte, und braute ein noch wirksameres Gift, mit dem sie eine Apfelhälfte präparierte. Diesmal verwandelte sie sich in eine Bäuerin, und es gelang ihr auch diesmal, das arglose Kind zu überreden, wenigstens einen halben Apfel anzunehmen.

Als Schneewittchen sah, dass die Bäuerin mit viel Genuss die andere Hälfte aß, vergaß sie alle Vorsicht, schlug alle Mahnungen der Zwerge in den Wind und biss in den vergifteten Apfel. Das Gift wirkte augenblicklich: das Apfelstückchen blieb dem Mädchen im Hals stecken und es fiel tot um. Als die Königin diesmal ihren Spiegel fragte, gab er ihr endlich die gewünschte Antwort, dass es niemanden mehr gab, der klüger und schöner war. Sie hatte alles erreicht und schien am Ziel ihrer Wünsche angelangt.

Der König trauerte zwar immer noch um seine Tochter, aber damit konnte sich Agathe abfinden. Sie überlegte, ob sie sich nicht selbst ein wenig um die Regierungsgeschäfte kümmern sollte, denn man konnte ja nie wissen, wie lange der König noch lebte. Sie erließ neue Gesetze und Vorschriften, erhöhte die Abgaben, womit für die Bediensteten des Schlosses, aber auch für die Untertanen härtere Zeiten anbrachen. Endlich schien alles zur vollsten Zufriedenheit der Königin zu laufen. Aber dieser Zustand dauerte nicht allzu lange an. Als Agathe wieder einmal ihren Spiegel befragte, erhielt sie diesmal eine Auskunft, die sie zunächst gar nicht glauben konnte: Schneewittchen, die vor ihren Augen tot umgefallen war, war am Leben und wollte heiraten! Wütend forschte sie nach und erfuhr, dass ihre Stieftochter von einem Prinzen gerettet und auf sein Schloss gebracht worden war, wo sie die Hochzeit vorbereiteten. Die Königin tobte vor Wut: Wieder waren all ihre Pläne durchkreuzt und ihre Herrschaftsansprüche zunichte gemacht worden! Sie ging all ihre Möglichkeiten durch, durchforschte alle Zauberbücher und erwog ihre Chancen, um diesem dummen Kind doch noch zu zeigen, wer in dieser Welt das Sagen hat! Schließlich kam ihr eine großartige Idee und sie entwarf ein Geschenk, das niemand abweisen konnte! Am Tag der Hochzeit verkündete sie dem Brautpaar und allen anwesenden Gästen, dass es am Abend ein Feuerwerk geben würde, wie es noch niemand gesehen hätte. Und sie hatte nicht zuviel versprochen. Selbst in China wären sie vor Neid erblasst, wenn sie diese Kaskaden von Licht und Farben gesehen hätten, die sich über den Palast ergossen. Die letzte Rakete, eine Fontaine aus weißen Sternen, hatte sie allerdings präpariert: sie sollte Schneewittchens Tod bedeuten. Doch als die Königin das Feuerwerk mit eigener Hand entzündete, explodierte es und Agathe stand selbst in Flammen. Sie hatte sich selbst gerichtet.

Nierenmeridian, der Ängstliche

Wasser / Yin
Organzeit: 17 - 19 Uhr

Qualitäten:	Angst, Geiz, Gier
Befreite psychische Qualität:	Angst zu versagen; Angst, nicht anerkannt zu werden
Befreite seelische Qualität:	Humor, Lachen

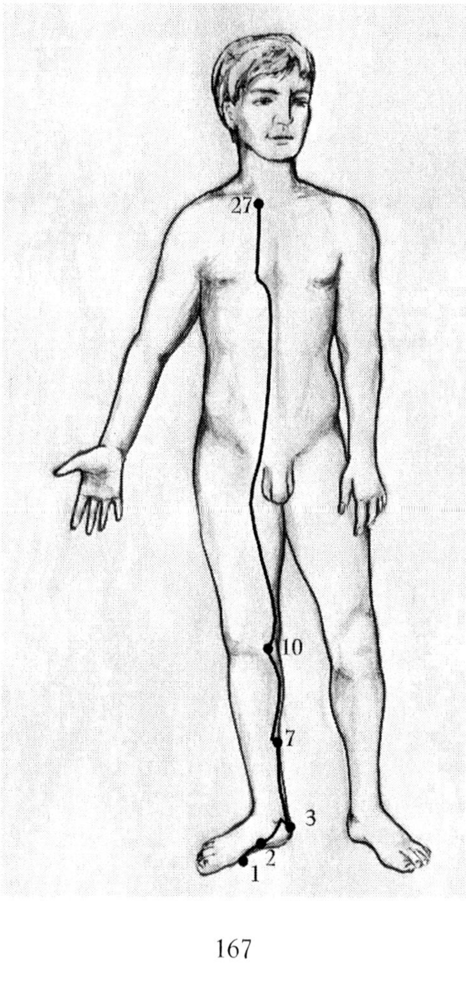

Niere 1 (Yu Sen)

- bei Epilepsie, Schwindel, Menstruationsproblemen, Wiederbelebung

Niere 2 (Ran Ku)

- bei Angst, schutzlos zu sein

Niere 3 (Tai Kei)

- bei Funktionsstörungen der Niere

Niere 7 (Fu Liu)

- bei Angst, Gefühle zuzulassen

Niere 10 (Inn Ku)

- bei Angst vor Aggression

Niere 27

- bei Husten, Asthma und Verschleimung

Auf der psychischen Ebene ergeben sich in Kombination mit anderen Meridianen folgende Muster:

N + Lu	Angst vor Verantwortung, Angst vor klaren Entscheidungen
N + Di	Angst, sich zu blamieren, etwas zu verlieren, Angst vor dem Tod
N + M	Angst vor Kritik, vor dem Schicksal
N + MP	Angst vor Ungerechtigkeit
N + H	Angst vor Gefühlen
N + Dü	Angst, sich etwas hinzugeben, Angst vor Trauer und Schmerz
N + B	Angst, etwas falsch zu machen, Existenzangst,
N + KS	Angst vor dem Leben selbst, vor der Leichtigkeit des Lebens
N + 3E	Angst, etwas zu versäumen, etwas annehmen zu können
N + G	Angst vor Schuld, Ärger
N + Le	Angst vor Wut und Aggression

Physische Funktion der Niere

Eine wesentliche Funktion der Niere ist es, Salz- und Wasserausscheidung zu kontrollieren. Zusätzlich hat sie die Aufgabe, die Endprodukte des Stoffwechsels (Harnstoffe, Harnsäure) zu eliminieren und gleichzeitig wertvolle Blutbestandteile (Glukose und Aminosäuren) zu konservieren.

<u>Element Wasser / Funktionskreise Niere und Blase</u>

Das Element Wasser regiert den Flüssigkeitskreislauf (Zellstoffwechsel, Niere, Blase), den Mineralhaushalt (Nebenniere), den Temperaturhaushalt, Gehirn, Rückenmark, Knochen(mark), Gelenke, Zähne, Haare und Ohren sowie die genetischen Energieanlagen. Übergewicht, Arteriosklerose, steife Muskeln und Gelenke, Nierensteine, Geschwüre, Zysten, Verstopfung oder schwache Verdauung sind oft die Folge von lang anhaltendem Energieüberschuss. Bei vorübergehendem Energieüberschuss im Funktionskreis Niere / Blase entsteht ein Ungleichgewicht in den Elementen Metall und Holz. Lunge und Leber bekommen zu viel Energie, Herz und Milz zu wenig. Dies äußert sich in audiovisueller Überempfindlichkeit, steifer Wirbelsäule, Muskeln und Gelenken, Schlaflosigkeit, Kopf- und Nackenschmerzen.

Leidet man unter schwachem Nieren-Chi, merkt man das oft an der Haut, es fehlt ihr an Geschmeidigkeit und man neigt zu Faltenbildung. Schwache Nierentätigkeit erkennt man oft an ständigem Harndrang und Schmerzen im unteren Rückenbereich. Die Niere kontrolliert den Wasserhaushalt des Körpers und ist damit u. a. auch verantwortlich für den Haarwuchs, die Festigkeit von Knochen, Gelenken, Bandscheiben und Zähnen.

Nierenmeridian und Dünndarmmeridian sind die Meridiane für den Schmerzkörper.

Der Nierenmeridian – die Angst

Angst ist ein Alarmmechanismus, der Gefahr erkennt und den Schmerz aktiviert. Sie hatte entwicklungsgeschichtlich gesehen vor allem den Vorteil, Gefahr aus der Entfernung erkennen zu können und war daher überlebensnotwendig. Angst löst Fluchtreaktionen aus, Herzschlag und Muskeltonus erhöhen sich und Adrenalin wird ausgestoßen. Dieser Spannungszustand ermöglicht große Leistungen, allerdings nur für kurze Zeit. Die Angst ist wie eine gut justierte Alarmanlage, die bereits im Vorfeld Gefahren erkennt und entsprechende Reaktionen auslöst. Abgesehen von dieser Signalangst ist die Angst besonders als Kultur-, Religions-, Gesellschafts-, Familien- und Sippen- und Rassenangst erkennbar und ist deshalb über die Kinderprägungen anerzogen. Sie ist nicht genetisch verankert, sondern wird im sozialen Umfeld erlernt oder auch übertragen. Die Angst der Mütter, dass dem Kind etwas „passieren" kann, nimmt dem Kind die Freiheit, selbst Erfahrungen zu machen und verhindert, dass es frühzeitig Selbstverantwortung übernimmt. Die Gesellschaft nützt durch Überprotektion die Angst ebenfalls für ihre Zwekke; das Versicherungs- und das Gesundheitssystem sind darauf aufgebaut. Die reine Überlebensangst ist zum Dauermechanismus geworden, der uns durch den Tag schleust: Angst, zu spät zu kommen, etwas zu verlieren oder zu versäumen, zu versagen, nicht zu genügen, etwas zu vergessen oder unhöflich zu sein. Damit ist der Nierenmeridian zu einem Schattenmeridian geworden, wo uns unbewusst unsere Ängste auf Schritt und Tritt - wie unser Schatten - verfolgen und bei jedem Schritt an uns kleben und uns durch unser Leben begleiten.

Eine spezielle Fähigkeit des Menschen gestattet es, dass unerlaubte Angst oder Angst, die man verstecken möchte, umgestaltet werden kann. Man leidet dann ebenfalls, aber unter einem anderen Aspekt, bei dem das Leiden kanalisiert, erlaubt und gesellschaftlich nicht negativ belegt ist. Wird die Angst kanalisiert, weicht sie in Phobien, Panikattacken oder Neurosen aus, wird sie laviert oder verschleiert, dann drückt sie sich psychosomatisch oder durch so genannte Kontraphobien und Bindungsängste aus. Bindungssysteme sind sozialer Natur. Hier schiebt man die Angst auf eine übergeordnete Instanz ab („Gott wird es schon richten", „der Führer weiß, was er tut", „Allah belohnt mich dafür"), wobei der Übergang natürlich fließend ist und sich mit kulturellen oder gesellschaftspolitischen Werten vermischt. Die *Kontraphobie* verschiebt die Angst ins Unterbewusste: Ich glaube, keine Angst zu haben und suche damit unbewusst oder auch absichtlich gefährliche Situationen auf. Ich setze teilweise mein Leben aufs Spiel, um hier die Angst auszuleben oder zu beweisen, dass ich gar keine Angst habe. Ich brauche diese Situation als Kick. *Phobien* sind eine Verschiebung der Angst auf ein erlaubtes Ersatzobjekt, weil man die originale Angst nicht leben oder aushalten konnte. Dabei wird ein ganz bestimmtes Objekt als Symbol für die Angst gewählt: Klaustrophobie (Angst eingeschlossen zu werden), Agoraphobie (Platzangst), Xenophobie (Angst vor Fremden, vor einer fremden Situation), Akrophobie (Höhen-, Tiefen-, Flugangst) usw. Die Angst tritt immer dort auf, wo wir einer Situation nicht oder noch nicht gewachsen sind. Sie ist ein Signal und eine Warnung bei Gefahren und enthält gleichzeitig den Impuls, sie zu überwinden. Die Angst gehört zu unserem Leben, weil sie mit körperlichen, seelischen oder sozialen Entwicklungsschritten zusammenhängt und fordert uns auf, uns von Altem, Vertrauten zu lösen und Neues zu wagen.

Der psychologische Aspekt der Angst

Die Angst arbeitet immer mit vergangenen Ereignissen, von denen aus sie auf die Zukunft schließt. Hier ist die Selbstlüge angesiedelt: man hat nur unbestimmte Vorstellungen davon, wovor man Angst hat. Man kennt weder das zukünftige Ereignis noch weiß man, wie man wirklich darauf reagiert, beschließt aber, Angst zu haben, weil man aus Parallelfällen oder Erzählungen anderer deren Angstvision übernommen hat. Unsere Hauptfallen sind daher unsere Vorstellungen - und damit unser eigenes inneres Weltbild -, die uns Angst vor dem Leben machen. Hier unsere Ängste loszuwerden, dem Leben mit Humor zu begegnen, würde echte Befreiung bedeuten. Gegenkräfte wie Hoffnung, Demut, Glaube und Liebe helfen uns dabei, die Angst anzunehmen und uns mit ihr auseinander zu setzen. Dann könnten wir im Augenblick leben, könnten das sein, was wir sind. Damit könnten wir alles wieder wertschätzen und genießen. Nur wenigen Menschen ist bewusst, hinter welchen Eigenschaften sie ihre Angst verstecken, wie z. B. Geiz, Neid, und Gier.

Geiz ist die Angst, zu wenig zum Leben zu haben, sich oder den anderen nichts zu gönnen, nicht nehmen oder geben zu können.

Gier ist die Angst, nicht satt zu werden, am Leben vorbei zu gehen, von den anderen übervorteilt zu werden, zu wenig zu bekommen. Dahinter steht wie immer die Frage, was man sich nicht gönnt, warum man nicht satt wird, warum man nicht das nehmen kann, was einem zusteht, warum man die Fülle nicht annehmen kann, sondern Angst hat, zu verhungern.

Neid ist die Angst, dass der andere mehr hat oder bekommt als man selbst. Hier kommt die Illusion dazu, dass man am Glück vorbei geht, dass man besser leben könnte, wenn …

Wie erkenne ich mich und meine Ängste?

Ängste verstecken sich aber noch subtiler. Man kann sie am besten durch Gewohnheiten entlarven:

Einkaufsgewohnheiten zeigen Ängste auf

Sie sagen sehr viel über uns aus: Wo bin ich mir gegenüber nicht ehrlich? Wo betrüge ich, schummle oder lüge ich, welche Ängste stehen dahinter? Was will ich vermeiden?

Der Frustkäufer wertet sich und die gekaufte Ware sofort ab. Er kann sie nicht genießen und sich daran freuen, er will sich im Gegenteil für etwas bestrafen. Er hat Angst, sich seinem Unmut, seiner Laune und seinem Frust zu stellen. Die Angst dahinter ist individuell verschieden, hängt aber in jedem Fall mit Abwertung und Geringschätzung (der eigenen Person) zusammen.

Der Zweckkäufer kann sich nicht seinen Gefühlen stellen. Ihm fehlt die hemmungslose Lust, er hat Angst, dass er sich zuviel leistet, er hat Angst, von Gefühlen vereinnahmt zu werden und vergönnt sich wenig Vergnügungen. Er verbindet stets Angenehmes mit Nützlichem und fühlt sich schuldig, wenn er in reinem Luxus lebt.

Der Testkäufer ist ein sehr interessanter Typ; entspricht dem Krankheitsbild der Bulimie – er kauft und gibt es wieder her. Damit frisst er zwar in sich hinein, stöbert in Katalogen und Warenhäusern, kauft um des Kaufens willen, will es aber gar nicht haben. Was er jedoch wirklich kann, ist loslassen! Er vergönnt sich damit nichts und kann nichts wirklich an sich herankommen lassen. Hier steht die Angst dahinter, mit etwas in Beziehung zu treten. Der Testkäufer hat Kommunikationsschwierigkeiten, ist unsicher im Ausdruck, besitzt keine Klarheit über die eigenen Bedürfnisse und Wünsche und kann nicht zu diesen stehen.

Der Reklamationskäufer arbeitet mit Betrug und Lüge. Er kauft, reklamiert und behält die „beschädigte" Ware! Er kann keine Grenzen zwischen Recht und Unrecht ziehen, er fühlt sich betrogen, hintergangen und verraten; glaubt, zu kurz zu kommen und sich dafür rächen zu müssen. Er ist eine Art Robin Hood, wobei er den Reichen nimmt und sich selbst aber an die Stelle der Armen setzt!

Der Belohnungskäufer braucht eine Bestätigung von außen, um sich des eigenen Wertes bewusst zu werden. Es steht auch das Leistungsdenken dahinter, dass man für bestimmte Tätigkeiten belohnt werden muss. Hier versteckt sich die Angst, zu wenig anerkannt zu werden, nicht gebührend bewundert, beachtet und gewürdigt zu sein.

Der Angst- und Panikkäufer: Bei ihm geht es um die Angst zu verhungern, zu wenig zu bekommen, nicht satt zu werden. Er glaubt, vom Leben vernachlässigt zu werden und überhaupt die Gelegenheit zu versäumen, jemals an den Futtertrog des Lebens zu kommen.

Der Hamsterkäufer zeigt seine Angst etwas versteckter und verhaltener und hat stets die Ausreden bereit, dass er hier mehr für sein Geld bekommt. Auch er kommt mit der Fülle des Lebens nicht ganz zurecht.

Der Spontankäufer verlässt sich mehr auf sein Gefühl als auf seinen Verstand. Er ist authentisch und handelt spontan – manchmal auch unüberlegt. Dahinter kann die Angst stehen, dass er seine Verkäufe überhaupt nicht tätigt, wenn er zu lange überlegt, dass er dann nicht zu seinen Entschlüssen stehen kann.

Womit bin ich in Widerstand?

Alles, womit ich in Widerstand bin, sei es im täglichen Leben oder auch bei „unerträglichen“ Filmszenen oder „widerwärtigen“ Erzählungen, zeigt uns die dahinter liegende Angst auf. Diese Themen spiegeln den Teil in uns, den wir nicht sehen wollen oder vor dem wir Angst haben. Die Begründung, warum wir uns diesen Film nicht ansehen können oder uns gerade dieses Buch nicht gefällt, führt uns auf die Spur. Es geht um dieses Warum. Es zu entschleiern, erfordert Mut, denn damit müssen wir die Angst zulassen und einfach akzeptieren, dass es so ist und dass wir eben Angst davor haben. Wir geben der Angst damit einen Namen und ein Gesicht, wir erkennen, wie sie sich auswirkt.

Was vermeide ich?

Die Spur der Vermeidung zeigt uns ebenfalls den Weg zu unseren unbekannten Ängsten. Meistens ist uns überhaupt nicht klar, wovon wir Angst haben, wir machen uns selbst etwas vor. Wir wissen aber meistens sehr genau, dass wir etwas vermeiden, weil wir keinen Ärger wollen, weil wir keinen Misserfolg riskieren, weil wir Frieden und Eintracht um uns bevorzugen, weil wir in Ruhe leben wollen, weil wir unsere Gefühle nicht zeigen wollen usw. Dahinter steht die Angst vor Blamage, Unfrieden oder Streit, auch wenn uns unser Verstand ganz andere Begründungen liefert. Wenn wir das, was wir vermeiden wollen, annehmen, akzeptieren und uns der Blamage, dem Misserfolg, dem Unfrieden usw. stellen, hat die Angst ihren Sinn und ihren Job verloren, denn die Schleier sind ja gefallen. Dann sind wir frei und somit nicht mehr manipulierbar! Oft sind es Schocks, Traumata oder sehr frühe Verletzungen, die die Angst in den Hintergrund verdrängt, das eigentliche Thema verschleiert haben und damit enorme Energie binden. Man hält sie mühsam aufrecht, vermeidet peinlichst gewisse Situationen, hat Begründungen und Ausreden, warum man Verschiedenes nicht tun kann oder anderes tun muss – um ja nicht den Ursachen ins Auge sehen zu müssen. Wenn wir etwas aus Angst vermeiden, können wir jedoch das dahinter liegende Geschenk nicht annehmen, obwohl wir es uns vielfach wünschen. Um nur zwei

Beispiele zu nennen: Wenn ich Angst habe, Gefühle zuzulassen, vermeide ich zwar den Schmerz, verletzt zu werden, kann aber weder Zärtlichkeit noch die Fülle des Lebens genießen. Ich kann mich auch nie über einen Erfolg freuen, wenn ich aus Angst zu versagen, überhaupt nichts mehr in Angriff nehme!

Ich brauche die Angst, um erwachsen zu werden

Ich brauche den Mut, um die Angst zu überwinden; ich brauche die Angst, um Erfahrungen zu machen und daran zu wachsen. Dazu dienten die Initialisierungsriten, die das Kind zum Erwachsenen werden ließen. Extremsport und diverse „Mutproben", wie Adventure-Tours, Bungee-Jumping, private Autorennen auf einer Landstraße sollen zeigen, dass man jetzt sehr wohl zu den Erwachsenen zählt. Wir alle wollen hinaus ins feindliche Leben, uns bewähren und als Helden wieder zurückkehren, als Ritter ohne Furcht und Tadel. Wenn wir diese Bewährungsproben nie absolvieren oder noch viel ärger: sie nie bestehen, dann resignieren wir, ziehen uns zurück und fragen uns nach dem Sinn des Lebens. Es ist die Angst, nicht für voll genommen zu werden oder im Dschungel dieses Lebens unterzugehen. Viele Märchen und Geschichten handeln von Kindern, die sich im Wald verirren (Hänsel und Gretel), die ausziehen, das Fürchten zu lernen, die sich mit dem Teufel anlegen (Der Teufel mit den drei goldenen Haaren). Diese Erzählungen zeigen, wie man sich als Held bewähren und zu seiner eigenen Persönlichkeit und Stärke finden kann.

Wie werde ich meine Angst los?

Manche Angst ist lebensnotwendig. Die „Signalangst" z. B. warnt uns vor einem Löwen oder der Schwiegermutter und lässt uns gar keine Zeit zum Überlegen: Man flieht und rennt, so schnell man kann. Viele weitere, anerzogene oder angelernte Ängste sind jedoch durchaus entbehrlich. Manche Menschen züchten ihre Ängste geradezu: warum das Kind noch immer nicht zu Hause ist, obwohl Mitternacht schon vorbei ist; man kann sich vorstellen, was gewesen wäre, wenn … Allerdings kann der Verstand nur einem Gedanken nachhängen oder nur über einen Fall nachdenken. Das ist unsere Chance, der Furcht zu entkommen. Wenn wir uns intensiv mit etwas gänzlich anderem beschäftigen, Musik hören oder ein spannendes Buch lesen, können wir uns nicht gleichzeitig mit unserer Angst beschäftigen. Jede Arbeit, jede Beschäftigung ist geeignet, sofern sie uns ablenkt und damit stabilisiert. Manche Ablenkungen, wie Sport oder eine Reise ins Unbekannte, bekommen durch die Angst sogar einen besonderen Reiz. Dieser Kick dient dann als Erfahrung, dass man durch die Angst gegangen ist, ohne dass etwas passiert ist. Man hat überlebt, man hat sich selbst überwunden! Vielfach hat die Angst damit ihren Zweck erfüllt und kann von selbst verschwinden.

Transformation der Angst

Anthony de Mello spricht über den Tod des Mich und meint, dass das einzig Tragische auf der Welt das Unwachsame und Unbewusste ist. Alles, was wir nicht kennen, was nur als Schreckensgespenst in unserem Kopf existiert, macht uns Angst. Wir fürchten uns nur vor dem, was sein könnte und schöpfen dabei aus Vergangenem. Aus dieser Furcht kommt alles andere und endet letztendlich mit der Furcht vor dem Tod, die ja auch nur hypothetisch ist – ein reines Hirngespinst. Denn der Tod ist keineswegs eine Tragödie, er wird nur für denjenigen zum Schrekken, der das Leben nie verstanden und vor allem nie richtig gelebt hat. Nur wer Angst vor dem Leben hat, hat auch Angst vor dem Tod. Was für eine Raupe das Ende der Welt bedeutet, ist ein Schmetterling für den, der das Leben gemeistert hat. Tod ist Auferstehung. Damit ist nicht irgendeine Auferstehung gemeint, die zukünftig stattfindet, sondern eine, die täglich geschieht. Wenn man sich von seiner Vergangenheit verabschieden und sie augenblicklich hinter sich lassen kann, dann lebt man nur im Jetzt und ist ein vom Leben durchdrungener Mensch. Leben bedeutet gleichzeitig sterben, denn immer müssen wir etwas zurück- oder hinter uns lassen, um ganz im Jetzt stehen zu können. Die Angst verhindert nur das Aufwachen und damit das wahre Leben.[41] Es gibt nichts Grausameres als die Natur, denn vor ihr gibt es kein Entrinnen. Und doch ist es nicht die Natur, die jemandem schaden will, sondern nur unser Verstand, der sich vor Tatsachen verschließt und fürchtet, dass sie eintreten.

Irgendwann kommt der Zeitpunkt, wo ich mich meiner Angst stelle und beginne, hinter die Kulissen zu schauen. Jede Angst bringt mich an den Punkt, wo die Transformation stattfinden kann. Ich komme in Situationen, wo sich der Verstand keinen Rat mehr weiß und wo er aufgibt. Wenn ich dann dazu stehe, die Situation (vor der ich mich so lange gefürchtet und sie damit vermieden habe) annehme, löst sich das Problem, verändert oder transformiert es sich, weil ich aus dem Zwangsmuster aussteige. Oft sind es die Worte: „Ich bitte um Hilfe. Ich gebe auf. Ich stehe zu meinen Fehlern. Ich habe es verbummelt, na und? Jetzt bin ich wach." Manchmal ist es nur die Angst vor der Angst. Wenn wir einmal die Angst überwunden haben und durch eine Situation durchgegangen sind, vor der wir uns so sehr gefürchtet haben, werden wir erkennen, dass die Befürchtungen nicht eingetreten sind, dass „nichts passiert ist". Die Transformation des Nierenmeridians bedeutet Mut. Sie bedeutet, mit der Angst zu leben, sich jedoch nicht von ihr steuern zu lassen. Sie bringt Entscheidungsfreiheit und Leichtigkeit. Sie bringt Energie: Nieren-Chi ist Lachen und führt zu reiner Lebensfreude.

Humor

Humor ist nicht nur, „wenn man trotzdem lacht". Das ist nur der Galgenhumor, wenn man lacht, weil man nicht mehr anders aus kann. Humor ist einfach die Würze des Lebens. Der Humor schafft es, in jeder noch so verfahrenen Situation die heitere Seite zu sehen, die ja üblicherweise nur von Außenstehenden

[41] Anthony de Mello: Der springende Punkt, Freiburg, 1991, S. 161

wahrgenommen wird. Oft entschärft man ausweglos scheinende Situationen mit Humor.

Humor ist Schlagfertigkeit: *Jossele wurde bei der Musterung als „blind“ und daher als untauglich eingestuft. Nach Tagen trifft er den Arzt, der ihn untersucht und für blind erklärt hatte, im Kino. Ohne zu zögern fragt Jossele den Arzt: „Bin ich hier richtig im Autobus nach Tel Aviv?“*

„Humor der Schwachen ist auszulachen“. Damit kann man selbst seine eigene Schwäche und Unfähigkeit aufdecken und darüber lachen oder sich trösten, dass es noch andere Dumme gibt: *Warum wurde Adam zuerst erschaffen und nicht umgekehrt? Damit Adam wenigstens einmal noch in Ruhe reden konnte.* Solche Witze stärken das Selbstbewusstsein!

Unser Verstand amüsiert sich sogar darüber, hinter einer anscheinend logischen Sache etwas höchst Unlogisches entdeckt zu haben: *„Vom Alten Fritz, dem Preußenkönig, weiß man zwar viel, doch viel zu wenig. So ist zum Beispiel nicht bekannt, dass er die Bratkartoffeln erfand! Drum heißen sie auch – das ist kein Witz – Pommes Fritz!“*[42]

Zurück zur Angst: Sie entsteht im Kopf, der Verstand benützt sie, um seine Vorstellungen zu rechtfertigen, ganz gleich, wie die Realität aussieht. Wenn man gute und schlechte Eigenschaften wie Gehorsam oder Treue, wie Neid, Geiz oder Gier hinterfragt, so sieht man, dass meistens die Angst dahinter steht, etwas zu verlieren oder nicht zu bekommen. Wir benützen Angst als Druckmittel, als Erziehungsmittel und um andere zu denunzieren. Wenn wir unsere Motive hinterfragen, so stoßen wir meistens auf Angst und ein schlechtes Gewissen, die uns als Triebfedern dienen. Unser Märchen zeigt, dass der Drache, vor dem wir Angst haben, oftmals sehr friedlich ist. Wenn wir bereit wären, das zu erkennen, könnten wir viel Spaß im Leben haben.

[42] Das große Heinz Erhardt Buch, Hannover o.J., S 30.

Der Drache im See Sonderdach

Vor vielen Hundert Jahren lebte im Sonderbacher Bergsee ein Drache. Er war ein ausgesprochen friedlicher Drache: Er riss kein Vieh, er überfiel kein Dorf, er raubte keine Jungfrauen und er bemühte sich, niemanden sonderlich zu erschrecken, was ihm aber angesichts seiner Größe und seines Aussehens nur selten gelang. Den Dorfbewohnern war sein Bemühen herzlich egal – für sie galt er als schreckliches, Angst einflößendes Ungeheuer. Jeder, der etwas auf sich hielt, erzählte Schauergeschichten und sie übertrafen einander bei der Beschreibung dieses Drachens. Er war der Grund, warum man Angst haben musste, wenn man in der Nacht allein durch den Wald oder gar zum See ging, er war Schuld daran, wenn eine Frau frühzeitig von einem Kind entbunden wurde oder wenn ein Kind mit einem Feuermal auf die Welt kam. Man machte den Kindern Angst und drohte mit diesem Drachen, wenn sie nicht artig waren, nicht folgten oder gar freche Antworten gaben. Die zänkischen Frauen wurden „alter Drache" genannt und wenn eine junge Frau aufbegehrte, drohte man, sie dem Drachen zum Fraß vorzuwerfen. Kurz und gut, wenn der Drache nicht gewesen wäre, hätte man ihn glatt erfinden müssen.

In diesem Dorf lebte ein kränklicher Bäckermeister, der nach dem Tod seiner Frau noch einmal geheiratet hatte. Seine zweite Frau war robust, über die Maßen launisch und herrschte über dem Laden wie ein Dragoner, vor dem sich alle fürchteten. Ines stammte aus erster Ehe und war bildhübsch, die Töchter aus zweiter Ehe gerieten ihrer Mutter nach und waren mit Reizen nicht sonderlich gesegnet. Da Ines die ältere war, wurde sie frühzeitig dazu angehalten, sich um die kleinen Schwestern zu kümmern. Und je älter sie wurde, desto mehr Hausarbeit hatte sie zu leisten. Die Stiefmutter machte ihr das Leben so schwer, wie sie nur konnte. Sie war erfüllt von Neid und Zorn, dass ihre eigenen Töchter lang nicht so hübsch und klug wie Ines waren und rächte sich an Ines, wann immer sich eine Gelegenheit bot. Fast täglich wurde das Mädchen mit einem schweren Korb zum See geschickt, um dort die Wäsche zu waschen. Die Bäckergattin hegte die stille Hoffnung, dass sich der Drache einmal an dem Mädchen vergreifen könnte, womit sie alle Sorgen losgeworden wäre.

Ines hingegen war über diese Arbeit glücklich, die ihr einen ganzen Tag Freiheit verschaffte, und sie begann zu singen und zu lachen, sobald sie das Dorf verlassen hatte. Sie war dem Drachen schon länger aufgefallen, denn eine so schöne Stimme hatte er noch nie gehört. Allerdings wusste er nicht genau, wie er sich diesem Mädchen nähern konnte, ohne sie zu sehr zu erschrecken. Aber eines Tages, als sie wieder ein so wunderschön-trauriges Lied sang, konnte er nicht anders und er begann zu schluchzen. Überrascht sah sich Ines um und entdeckte dieses Ungetier, das sich zwischen Schilf und Seerosen versteckt hatte. „Warum weinst du denn?", fragte sie. „Gefällt dir das Lied nicht? Oder habe ich nicht schön gesungen? Außerdem möchte ich wissen, warum du dich versteckst, anstatt mir Gesellschaft zu leisten?" Der Drache war wie vom Donner gerührt: Ines war das erste Mädchen, das nicht gleich in Ohnmacht fiel oder in Schreikrämpfe ausbrach, wenn es einen Drachen sah. Aber Ines war durch ihre Stiefmutter an Drachen gewöhnt, und es konnte sie nichts mehr erschüttern. Da beide niemanden hatten, mit dem sie reden, geschweige denn jemanden, mit dem sie lachen konnten, schlossen sie sehr bald Freundschaft. Heimlich natürlich, denn Ines wollte weder ihre Waschtage gefährden, noch das Leben des Drachens aufs Spiel setzen, denn bei einem Zweikampf hätte ihre Stiefmutter vermutlich gewonnen!

Allmählich merkte Ines, dass die Gerüchte über die Gewalttätigkeit des Drachens wirklich nur den Köpfen der Bergbewohner entsprungen waren, um deren Ängste zu begründen. Es genügte ihnen, dass er von Zeit zu Zeit das Wasser mit seinem Schwanz aufpeitschte, diverse furchterregende Laute von sich gab oder plötzlich mit einem fröhlichen Lachen aus dem Wasser auftauchte. Die wenigsten dachten jedoch an ein Lachen, wenn sie die tellergroßen Augen und die spitzen Zähne sahen. Falls sie diese überhaupt noch sahen und nicht schon die Flucht ergriffen hatten. Um ihre Tapferkeit herauszustreichen, sprachen sie dann von blutigen Fleischstücken, die aus seinem Maule hingen, was eine glatte Lüge war, denn als Vegetarier tat er keiner Fliege etwas zu Leide. Da er seinen Namen schon längst vergessen hatte, nannte Ines ihn Wilhelm. Wenn sie mit der Wäsche fertig war, dann tollten beide auf der Wiese herum, und da Willi Sinn für Humor hatte, versuchte er, Ines durch seine akrobatischen Kunststücke zum Lachen zu bringen. Ihm war klar geworden, wie langweilig es in den letzten fünfhundert Jahre gewesen war, und er freute sich jeden Tag auf ihr Kommen.

Vor vielen Jahren hatte ihn von Zeit zu Zeit ein Soldat besucht, sich mit ihm unterhalten und ihm den letzten Dorfklatsch erzählt. Dieser alte Veteran war durch nichts zu erschüttern gewesen, denn er hatte Schlachtfelder gekannt, die jede Drachenattacke übertrafen. Willi hatte dem Soldaten von Zeit zu Zeit ein paar Goldstücke aus dem Schatz mitgegeben, den er in seiner Höhle bewachte. Die Goldstücke hatten allerdings genügt, um den Neid und die Missgunst im Dorf zu schüren. Eifersüchtig und argwöhnisch wurde jeder Schritt des Soldaten überwacht, bis sich alle einig darüber waren, dass der Drache nicht nur gefährlich, sondern auch raffgierig war. „Höchstwahrscheinlich hatte er den Schatz gestohlen, und wir sollten versuchen, ihm das Gold wieder wegzunehmen!", meinten sie. Allerdings fand sich kein Freiwilliger, der Mut genug gehabt hätte, sich mit dem Drachen einzulassen. Anfänglich hatte Willi auch Ines von dem Gold angeboten, doch sie hatte es glattweg abgelehnt. „Das hätte mir gerade noch gefehlt", hatte sie gemeint, „dass mich die Stiefmutter des Diebstahls beschuldigt". Außerdem hätte diese in ihrem Neid und Geiz dann wissen wollen, wie Ines an das Gold gekommen war, und wäre damit dem Geheimnis auf die Spur gekommen!

Dabei lagen die Dorbewohner mit ihrer Vermutung gar nicht so falsch. Vor mehr als Tausend Jahren hatte Willi in den Vorarlberger Alpen mit seinen Brüdern auf einer netten kleinen Burg gelebt. Damals mussten die Kinder noch nicht so viel lernen wie heutzutage, und er konnte tagelang in den Wäldern herumstreifen, ohne dass sich die Eltern darüber aufregten. Bei einem dieser Streifzüge war er auf eine Höhle gestoßen und darin in der hintersten Ecke auf ein paar Kisten mit Gold und Edelsteinen. Sie waren bereits mit Moos bewachsen und so verborgen, dass man sie kaum mehr als solche erkennen konnte. Er nahm zwar an, dass diese Kisten nicht unbeabsichtigt ganz allein und herrenlos herumstanden, das hielt ihn aber nicht davon ab, eine Kiste unbemerkt zu entwenden und in einer Felsenhöhle am Steilufer des Sees zu verstecken.

Die Besitzer dieses Schatzes waren Zwerge. Sie hatten ihn bald ausgeforscht und zur Rede gestellt. Er aber leugnete alles und verhöhnte den Zwergenkönig, dass dieser nicht einmal imstande wäre, einen Schatz zu behüten. Das nahmen ihm die Zwerge übel: „Wenn dir so sehr an unserem Schatz gelegen ist, dann kannst du ihn ja als Drache bewachen! Da Zeit keine Rolle spielt, bekommst du erst dann wieder deine menschliche Gestalt zurück, wenn jemand freiwillig dieses Gold ablehnt und dir freiwillig in deiner Höhle Gesellschaft leistet." Und so kam es auch: im Handumdrehen wurde er in ein schrecklich aussehendes, Angst einflößendes Ungeheuer verwandelt und an diesen recht kalten Bergsee versetzt. Es hatte ihm nichts genützt, dass er von Natur aus friedlich *war, dass er nach dreihundert Jahren sogar zum Vegetarier wurde, dass er nicht mehr Feuer spie: die meisten Menschen hatten panische Angst, wenn sie ihn sahen, und die mutigeren unter ihnen wollten nur an sein Gold herankommen. Seit genau 1285 Jahren hatte er bisher vergeblich auf einen Retter gewartet, die Aussichten waren immer trüber und ihm war immer langweiliger dabei geworden, diesen unglückseligen Schatz zu bewachen.*

Eines Tages erschien Ines völlig verstört am Ufer des Sees und erzählte Willi, dass dies vermutlich der letzte Tag sei, an dem sie ihn besuchen konnte: Ihre Stiefmutter hatte beschlossen, sie mit dem alten, widerlichen Fleischermeister zu verheiraten, der um ihre Hand angehalten hatte. „Es sehe nur eine Möglichkeit, diesem Scheusal zu entkommen, aber ich wage es gar nicht, dich darum zu bitten: Könnte ich für einige Zeit in deine Höhle ziehen? Ich würde dir kaum zur Last fallen und könnte dir vielleicht sogar behilflich sein. Wenn ich ein paar zerrissene Sachen am Ufer zurücklasse, dann glauben sie, dass du mich gefressen hast, und sie suchen nicht einmal mehr nach mir!" Willi traute seinen Ohren nicht. Aber noch durfte er kein Wort darüber verlauten lassen, wie nah er der Erlösung war, kein Wort, das seine Rettung gefährden könnte! Er meinte daher nach einigem Nachdenken, dass sich das schon machen ließe, obwohl er damit seinem Rufe schade, denn trotz aller Gerüchte hätte er noch nie jemanden gefressen oder jemals in seine Höhle geschleppt. Außerdem könne er sich nicht vorstellen, dass sie es lange mit ihm in der Höhle aushielte. Doch Ines zerstreute seine Bedenken, zerriss ihren Unterrock, hinterließ einen Schuh, borgte sich ein Ruderboot aus und folgte ihm. Da Willi selten zu Hause war und er öfter den See als Aufenthaltsort bevorzugt hatte als dieses Loch, war die Höhle relativ sauber und aufgeräumt. Ines fand sie sogar ausgesprochen romantisch: vor ihnen der tiefblaue See, herabhängende Äste verdeckten den Eingang zur Höhle und in der Nähe rauschte ein Wasserfall. So friedlich hatte sie schon lange nicht mehr geschlafen, und so geborgen hatte sie sich noch nie gefühlt. Als sie sich aber am nächsten Morgen nochmals bei Willi bedanken wollte und sich näher in der Höhle umsah, traute sie ihren Augen nicht: statt eines Drachens trat ein bildhübscher, junger Mann auf sie zu und nahm sie liebevoll in die Arme.

Willi fand, dass sie sich den Schatz redlich verdient hatten, und sie brachen noch bei Nacht und Nebel auf, um in der Schweiz einen Hausstand zu gründen. Dort verliefen sich die Gerüchte. Im Dorf hingegen fiel niemandem auf, dass es keinen Drachen mehr gab. Es genügte die Sage, um die Furcht aufrecht zu erhalten, die für Zucht und Ordnung sorgte und sich hervorragend als Erziehungsmittel einsetzen ließ.

Kreislaufmeridian, die Leichtigkeit des Lebens

(Pericard) Feuer/Yin
Organzeit: 19 - 21 Uhr

Qualitäten:	Ungeduld, Nervosität, Stimmungsschwankungen
Befreite psychische Qualität:	Antriebslosigkeit, Mangel an Freude, Desinteresse
Befreite seelische Qualität:	das Leben genießen, es leicht nehmen, bedingungslos glücklich sein

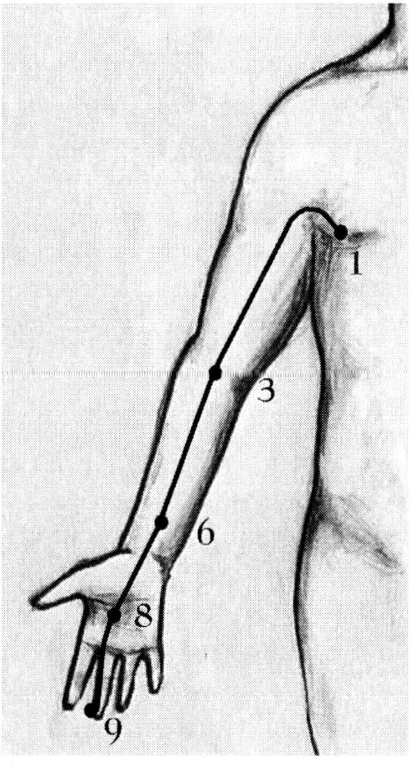

Kreislauf 1
- bei Angst vor Leichtigkeit

Kreislauf 3 (Kö Ze)
- bei „Verklemmungen", bei Problemen, die Fülle zu genießen

Kreislauf 6 (Nai Kan)
- Übelkeit, Erbrechen, Schlaflosigkeit, Herzklopfen

Kreislauf 8 (Ro Kyu)
- Erschöpfung

Kreislauf 9 (Tsong Tsung)
- Migräne, Schlaflosigkeit, Entschlusslosigkeit

In Kombination mit anderen Meridianen ergeben sich folgende, negative oder positive Muster:

KS+ Lu	Singen, Musizieren, Lachen
KS+ Di	Perfektionist verhindert Leichtigkeit
KS+ M	Kritik an der Leichtigkeit anderer, Moralapostel
KS+ MP	Sucht nach Freiheit und Vergnügungen
KS+ Dü	Ich verurteile die Leichtigkeit.
KS+ B	Konzept, wie es ist, wenn es leicht ist
KS+ N	Angst vor Leichtigkeit
KS+ H	Ungeduld verhindert Lebenslust / Leben in Freude
KS+ 3E	Wie gut bin ich im Nehmen?
KS+ G	Schuldgefühle, wenn ich es mir zu leicht mache
KS+ Le	Märtyrerrolle verhindert, das Leben leicht zu nehmen

Element Feuer / Funktionskreis Herz, Kreislauf, Dreifacherwärmer, Dünndarm

Es ist das einzige Element, dem vier Meridiane zugeordnet sind. Eine ausgeglichene Feuer-Energie entspricht gemäß der Chinesischen Energielehre dem *shen*, das eine Übereinstimmung im Denken, Fühlen, Sprechen und Handeln bedeutet. Man nimmt das Leben leicht und findet sich schnell mit neuen Gegebenheiten zurecht. Bei anhaltendem Energieüberschuss ist man leicht erregbar, rastlos, überaktiv, man redet gern und schnell und springt von einem Gedanken zum anderen. Man wirkt leicht überdreht. Bei vorübergehendem Energiemangel im Herz / Dünndarmmeridian sowie im Dreifacherwärmer- und Kreislaufmeridian entsteht ein Ungleichgewicht gegenüber den Elementen Holz und Erde mit dominierender und blockierter Lungen- und Nierenenergie.

Ist der Kreislaufmeridian energetisch unterversorgt, so ist das Herz-Kreislaufsystem beeinträchtigt. Die Folgen sind: zu hoher oder zu niedriger Blutdruck, Herzstörungen, Druck und Schmerz im Brustkorb, starkes Schwitzen, nervöser Durchfall und Schlafstörungen. Verengte Blutgefäße führen zu mangelnder Wärmekontrolle: man hat kalte Füße oder Hände und neigt zu Krämpfen.

Physische Ebene

Der Mensch besitzt durchschnittlich 5 - 6 l Blut, das binnen 30 - 60 Sekunden einmal durch das Gefäßsystem gepumpt wird. Wird man von einem Löwen verfolgt oder läuft man einem Bus nach, braucht das Herz für den gleichen Vorgang nur 10 Sekunden. Die Phase, in der das Herz das Blut in die Arterien hinauspumpt, nennt man Systole, die Phase, in der das Herz erschlafft und sich wieder mit Blut füllt, heißt Diastole. Ein „gesunder" Blutdruckwert sollte um 120/70 mmHg liegen. Körperlich macht einem zwar ein niedriger Blutdruck zu schaffen, wirkt aber lebensverlängernd – im Gegensatz zu einem hohen Blutdruck, der Herz und Kreislauf belastet und zu Herzinfarkt oder Nierenversagen führen kann.

Psychische Ebene

Ein hoher Blutdruck zeigt an, wovon wir zuviel haben: Zuviel Kummer, Stress, Arbeit, Nahrung? Körperlich äußert sich das in peripheren Durchblutungsstörungen, Druckgefühl in der Brust, Brustkorbschmerzen, Kopfschmerzen, Migräne, Schwindel, Übelkeit und Erbrechen. Ein niedriger Blutdruck deutet das Minus an: Kann ich nicht nehmen? Will ich nicht mehr weitergehen, fortschreiten? Wovor scheue ich zurück? Was will ich nicht verändern? Es zeigt Mangel an Freude und Interesse, manisch-depressive Stimmungsschwankungen und ganz allgemein den Lebensdruck an. Ist der Kreislaufmeridian energetisch ausgewogen, so lebt man im Jetzt und steht dem Leben positiv gegenüber. Man möchte diese Freude mit anderen teilen und ist sehr kommunikativ und unternehmenslustig.

Bachblüten / kalifornische Essenzen:

California Wild Rose: hilft bei Antriebsschwäche und mangelnder Begeisterungsfähigkeit

Cherry Plum: hilft bei Angst, durchzudrehen und die Kontrolle zu verlieren

Clematis: gibt verträumten und antriebslosen Menschen Begeisterungsfähigkeit

Gentian: hilft bei Pessimismus, wenn man viel zu schnell die Flinte ins Korn wirft

Mustard: hilft bei (endogenen) Depressionen

Red Clover: sorgt für Geduld und innere Ruhe inmitten von Chaos und Turbulenzen

Rosemary: hilft übellaunigen, mürrischen Menschen

Vervain: hilft bei manischen Phasen, man ist überdreht und überaktiv

Zinnia: bringt zu ernsten Menschen kindliche Fröhlichkeit und Humor

Der Kreislaufmeridian zeigt uns, wie wir das Leben nehmen, wie wir mit der jeweiligen Situation in unserem Leben umgehen können: Nehmen wir es leicht oder schwer, betrachten wir das Leben als Komödie oder neigen wir eher dazu, es als Tragödie zu sehen? Diese Lebenseinstellung kann ich jederzeit korrigieren, wenn mir klar wird, dass ich meines Glückes Schmied bin, dass ich jederzeit über meine Gefühle entscheiden kann.

Über das Glück

Jeder wünscht sich, glücklich zu sein. Vielleicht meinen viele Menschen, wenn sie nach ihrem sehnlichsten Wunsch gefragt werden, dass sie den Weltfrieden oder Gesundheit und Freiheit wollen. Wenn man dann tiefer geht und weiter nach den tatsächlichen Motiven forscht, so steht immer die Antwort dahinter: „Damit ich glücklich und zufrieden bin". Der Dalai Lama sagte einmal: „Ich glaube, der Sinn und Zweck unserer Existenz ist Glück". Wenn wir unser Leben in alle Einzelteile zerlegen, alle Motive und Wünsche durchforsten, wird nichts darauf hinweisen, dass wir absichtlich unser Unglück angestrebt haben! Im Gegenteil: wir waren immer emsig bestrebt, alles zu unternehmen, einen Glückszustand zu erreichen und ihn dann möglichst lange zu erhalten. Leider erweist sich diese rosa Wolkenstimmung als trügerisch und vergänglich wie ein Eis. Wenn man es zu lange in der Hand hält, schmilzt es im Nu dahin. Ein Stück Schokolade bedeutet Genuss, nach drei Tafeln wendet sich das Blatt, und es wird einem schlecht. Ein tolles Mädel an der Hand kann ein Glückstreffer sein, fünf tolle Mädels gleichzeitig zu haben, verhindern dieses Glücksgefühl mit Sicherheit. Damit kommen wir zu der nicht gerade neuen Erkenntnis, dass man das Glück nicht halten kann. Man kann es auch nicht vorprogrammieren. Selbst der schönste Urlaub auf der schönsten Insel kann zwar gut geplant worden sein, aber ein einziges, winzig kleines Ereignis kann all die Glücksgefühle über den Haufen werfen: Ein unangenehmer Anruf von daheim, ein verstauchter Fuß, ein Streit über das Essen – und schon stehen Wolken am ungetrübten Himmel unseres Glücks. Man kann es auch nicht kaufen. Das wollen die Wenigsten wahrhaben. Denn was hätten wir schon von unserem sauer verdienten Geld, wenn wir uns davon nicht einmal ein paar glückliche Stunden kaufen könnten? Die Werbung – und dahinter ein global vernetztes Wirtschaftssystem – lebt davon, dass wir daran glauben, durch eine neue Zahnpasta, eine andere Küche, eine Tasse Kaffee, ein trockenes Baby Glücksgefühle kaufen zu können. Man soll die Hoffnung nicht aufgeben! Wir wünschen uns Glück zu allen Anlässen, verschenken Glücksbringer, erwerben Talismane, rechnen Glückstage aus und sprechen von einem glücklichen, langen Leben. „*Gott soll mich bewahren vor allem, was ein Glück ist*", sagt ein jüdischer Spruch. Ein sehr weiser Witz, denn wenn das alles eintrifft, was uns andere zu unserem Glück wünschen, würden wir uns ganz schön bedanken. Wir wissen ja selbst nicht, ob wir dann glücklich sind – und das ist die nächste sehr peinliche Feststellung. Es ist nur die Illusion, die wir haben, was Glück für uns sein könnte. Es ist sozusagen ein Versandhauskatalog mit Glücksangeboten, der mehrere Lügen gleichzeitig auftischt - erstens: je mehr, desto besser; zweitens: dass es (fast) nichts kostet und drittens: Garantie und Mindesthaltbarkeit. Und damit kommen wir der Wahrheit schon sehr nahe, dass wir nämlich gar nicht bereit sind, den wahren Preis für unser Glücklichsein zu zahlen. Wir wollen nur Ersatzgeld oder Ersatzleistungen erbringen und es zu unseren Bedingungen erkaufen. Genau die Vorstellungen, wie dieses Glück auszusehen hat, verhindern die Leichtigkeit und unsere Offenheit, es so zu nehmen, wie es gerade kommt.

Sind wir für unser Glück bereit?

Wir können gleich damit beginnen, unsere Glücksbereitschaft zu testen:

Sind wir bereit, das Glück bedingungslos anzunehmen? Es ist interessant, an welche Rahmenbedingungen wir unser Glücksgefühl knüpfen: Sorgenfreiheit, Geld, Sicherheit, Gesundheit oder Frieden. Wenn nur ein Parameter nicht stimmt, sind wir schon wieder unglücklich und unzufrieden.

Sind wir bereit, den richtigen Preis dafür zu zahlen? Das bedeutet die Aufgabe aller Meinungen und Konzepte, die wir vom Glück haben. Wenn sich jemand unter Glück nur eine bildhübsche Neunzehnjährige vorstellen kann, dann ist er entweder ständig auf der Suche oder das Glück ist nur von äußerst kurzer Dauer, denn das Mädel wird rasch älter. Wie viel von dem, was uns unser Verstand einredet, dass es uns lieb und teuer zu sein hat, sind wir bereit aufzugeben?

Sind wir bereit, endlich aufzuwachen und das Leben so zu nehmen, wie es ist? Wir sind von Freude, Liebe und Glück umgeben, was die meisten Menschen nicht bemerken, weil sie noch immer schlafen. Das Leben ist ein Festessen. Das Tragische dabei ist, dass die meisten Menschen vor Hunger sterben, vor Hunger nach Liebe, Anerkennung oder Geborgenheit. Du meinst, dass das dein Geburtsrecht ist? Wer hat dir das gesagt, dein Herz oder dein Verstand?

Sind wir überhaupt bereit, nach unserem Herzen zu leben? Du hast zu viele Verpflichtungen, zu viel Stress und viel zu wenig Zeit für dich selbst? Wann wärest du dann für das Glück bereit, vielleicht Sonntag zwischen 16 und 17 Uhr? Das Herz hat dich schon öfter aufgefordert, endlich Pause zu machen! Wenn wir authentisch leben, dann sind wir jederzeit bereit, uns auf das Glück einzulassen, das uns in vielerlei Gestalt begegnen wird.

Bist du bereit, aktiv etwas für dein Glück zu tun? Dein Herz weiß sehr genau, was dich glücklich macht. Gib deiner inneren Stimme eine Chance!

Wollen wir überhaupt glücklich sein?

Die Antwort müsste bei vielen Menschen heißen: „Nicht unter diesen Voraussetzungen oder Bedingungen." Wir haben Verpflichtungen, müssen uns um Haus und Familie kümmern, müssen Geld verdienen und haben wenig Freizeit. Wir haben vor allem keine Zeit, uns mit solch philosophischen Problemen herumzuschlagen. Uns genügt am Sonntag ein Schnitzel, dann sind wir schon zufrieden. Oder wenn die Kinder einmal Ruhe geben, dann sind wir auch schon glücklich. Wir wären zwar glücklich, endlich von den Zigaretten loszukommen, aber die Gewohnheit hält uns immer wieder zurück. „Das alles müsste ich für das bisschen Glück aufgeben? Nur um etwas mehr Freizeit zu haben, müsste ich meine lieb gewonnenen Gewohnheiten aufgeben? Ob sich das auszahlt? Außerdem müsste ich dafür etwas tun." Mit diesen Überlegungen sind wir schon dort angelangt, wo wir unserem Glück selbst im Wege stehen:

- Wir jammern über das Schicksal und das Leben, machen uns Sorgen, ergötzen uns am Leid anderer und baden in unserem eigenen Leid. Wir erzählen jedem, wie schlecht es uns geht.
- Wir sind faul. Nicht nur zu faul zum Denken, auch dazu, einmal die Initiative zu ergreifen, über den eigenen Schatten zu springen, selbst etwas in die Hand zu nehmen. Die herumfliegenden,

gebratenen Tauben gibt es nur in Erzählungen – und auch die müsste man zuerst entdecken und dann fangen, um sie essen zu können.

- Wir haben kein Vertrauen, sind mieselsüchtig und unentschlossen. Wir weigern uns, das Leben leicht zu nehmen und es so zu genießen, wie es ist. Wir halten an der Vorstellung fest, dass sich unsere Wünsche nie erfüllen können. Um das zu bestätigen, machen wir uns das Leben selbst so schwer wie möglich, um dann sagen zu können, dass wir es ja schon immer gewusst haben!

Wir sind unseres Glückes Schmied

Der große Konfuzius sagte: „Wer dauerhaftes Glück will, muss sich stets verändern." Was tun wir in Wirklichkeit? Wir schauen immer wieder zurück und versuchen, „schöne Momente" einzubetonieren, auf Filme zu bannen und in Archiven zu verstecken. Glück ist Übungssache: Es fällt dem zu, der tagtäglich Güte, Fürsorge und Herzenswärme kultiviert. Wenn man eine Sinfonie hören will, macht man doch nicht nach den ersten Noten Schluss! Der volle Genuss einer Sinfonie liegt in der Bereitschaft, alle Töne klingen und vorbeiströmen zu lassen. Wir aber spielen meistens nur einen Ton und geben uns damit zufrieden.

Eines Tages zupft Nasrudin auf einer Gitarre, spielt aber dabei immer nur ein und denselben Ton. Da fragt ihn einer der Zuhörer: „Nasrudin, der Ton ist ja wunderschön, aber warum nimmst du nicht so wie alle anderen Musiker noch ein paar andere Töne dazu?" „Diese Narren", antwortet Nasrudin, „sie suchen den richtigen Ton, ich aber habe ihn gefunden!"

Ununterbrochenes Glück bedarf keiner Ursache. Ein anderer kann uns nicht glücklich machen. Glück ist unser natürlicher Zustand, es ist der Zustand kleiner Kinder. Ihnen gehörte das Königreich, bis die Dummheit der Gesellschaft und der Kultur sie verdorben hatte. Das Leben per se ist leicht, das Leben könnte immer Spaß machen. Es ist nur hart zu den Illusionen,

Ambitionen, Sehnsüchten und der Gier nach mehr. Was steckt hinter dieser Feststellung, dass wir uns im Grunde genommen durchs Leben schlafen? Weil wir dem Verstand das Vorrecht eingeräumt haben, über uns zu bestimmen und die Regeln festzulegen. Der Verstand verhindert, dass wir die Dinge sehen, wie sie sind und vergleicht ständig den momentanen Zustand mit der Vorstellung, wie die Dinge zu sein haben. Er ist hungrig wie der Wolf in unserem Märchen und frisst die lustigen, kleinen Geißlein, die ihm dann schwer im Magen liegen bleiben. Erst wenn es uns gelingt, diesen Wolf schlafen zu legen, können wir es leicht nehmen: die Geißlein kamen etwas verwundert, aber sehr lebendig aus seinem Bauch. Sie tanzten. Der Verstand will immer etwas analysieren, kritisieren und verhindert damit sofort, dass wir das Gegenwärtige ausleben können. Wer kann schon eine Liebesnacht richtig genießen, wenn jemand daneben steht und seine Kommentare abgibt? In diesem Fall würden wir denjenigen mehr oder weniger höflich hinauswerfen – im täglichen Leben laden wir ihn sogar dazu ein und sind noch stolz darauf, dass wir den Dingen kritisch / sachlich gegenüber stehen! In jedem Reisegepäck finden wir diesen Wolf versteckt, an jedem Urlaubsort finden die Kritiker zusammen, um sich über die schlechte Bedienung, die vielen Kinder und das eintönige Essen zu beklagen. Sie vergessen dabei nicht, zu betonen, dass es in Griechenland, Mallorca oder in Jesolo viel besser war. Auf diese Weise schaffen sie es nie, einen Urlaub zu genießen. Sie drehen sich im Hamsterrad des Verstandes, der mit den Worten: *Ich will!* und *Ich soll!* das Rad am Laufen hält. Gier, Neid, Habsucht oder Eifersucht sind seine „Leihwerkzeuge“. Unser Wolf ist dabei sehr trickreich in seinen Versuchen, an die Beute heranzukommen, denn die Kinder der Lebensfreude, unsere Geißlein, müssen seiner Meinung nach vernichtet werden, „damit es die Mutter leichter hat“. Wir suchen uns immer einen Grund, warum wir nicht spontan lustig sein können, warum wir die Nachspeise nicht schon vorher essen können! Der Verstand versucht, sich durchs Leben zu schummeln und wird aber letztendlich vom Leben eingeholt. Die wirklich gute Nachricht dabei ist, dass wir immer die Möglichkeit haben, aus dem Hamsterrad auszusteigen und die Spielregeln zu negieren, das heißt die Vorschriften des Verstandes zu missachten: Nachdem unsere Geißlein aus dem Bauch des Wolfes herauskamen, waren sie wirklich frei. Sie mussten diese Erkenntnis machen, denn erst dieser Schock ließ sie aufwachen. Diese Transformation ist täglich möglich! Denn ein Geißlein in uns ist immer wach, es ist zwar im Uhrkasten versteckt, aber es ist jederzeit bereit, auf den Plan zu treten und den Wolf zu verraten. Dieses eine Geißlein ist imstande, sich seine Nägel schön rot zu bemalen und sie zu bewundern, während der Wolf seine Geschwister frisst! Was machen wir dagegen? Wir stellen uns auf die Seite der Geschwister und weinen und beklagen unser Leben.

Illusionen verhindern, glücklich zu sein

Illusionen sind Konzepte von Leichtigkeit und Freude, die wir uns im Laufe unseres Lebens zugelegt haben. Unsere Umgebung und die Medien verstärken den Glauben, dass wir dieses Glücklichsein erreichen können, wenn die äußeren Rahmenbedingungen stimmen. Dazu einige besonders verbreitete Glaubenssätze:

- *Wünscherfüllung macht glücklich.* Mitnichten. Wünsche erzeugen Unruhe, erwecken falsche Hoffnungen, machen Angst. Aber nur, wenn wir genug gelitten haben, sind wir bereit, eine Wendung zuzulassen – aus dem Hamsterrad auszusteigen.
- *Ein anderer Mensch macht mich glücklich.* Das ist zwar ein guter Werbeslogan, aber schlicht und einfach falsch. Abhängigkeit, ständige Angst, ihn zu verlieren, dass er mich verlässt oder dass er sich verändert, dämpfen das Glück und machen es sehr anfällig für Enttäuschungen.
- *Ich kann mein Glück planen* – für morgen oder übermorgen. Aber da sind wir vielleicht schon tot. Das Leben ist etwas, das uns widerfährt, während wir damit beschäftigt sind, für morgen zu planen! Wer nicht im Jetzt lebt und es hemmungslos genießt, wird nie die Chance bekommen, wirkliche Freude zu genießen. Es ist vielleicht mit einem guten Witz zu vergleichen, über den man erst morgen lachen darf, weil man dann in besserer Stimmung ist. Besonders Menschen,

die horten und sich etwas für schlechtere Zeiten aufsparen, neigen dazu, „Glücksmomente" zu sammeln, wie schöne Erinnerungen oder Prospekte über Länder, in die sie gerne fahren würden. Beides macht eher unglücklich oder traurig, weil das eine nie wieder kommen und das andere vielleicht nie eintreten wird. Wir können unsere Fähigkeit zu Glück aber auch trainieren, indem wir uns eingehend mit dem Schönen, Guten und Fröhlichen befassen. Das verankert die Glücksgefühle in den Strukturen des Gehirns. Ängste und Sorgen sind Stolpersteine auf dem Glückspfad.

Transformation

Wer nicht im Jetzt lebt und es mit kindlicher Freude annimmt, wird nie die Chance bekommen, wirkliche Freude zu genießen. Das Leben leicht zu nehmen, ist bereits reine Transformation. Wir übernehmen damit die Verantwortung für unser Glück und sind bereit, wach und bewusst durchs Leben zu gehen. Wir betrachten das Leben als Komödienspiel, geben aber unser Bestes, ein gutes Theaterstück daraus zu machen und unsere Rolle mit vollem Einsatz zu spielen. Wir nehmen nichts ganz ernst, nehmen nichts zu persönlich und sind bereit, uns an die jeweilige Situation anzupassen – und sie zu genießen.

Dazu unser Märchen von zwei Brüdern, die uns zeigen, wie man trotz widriger Umstände das Leben genießen oder wie man es sich schwer machen kann.

Der gestiefelte Kater

Es waren einmal zwei Brüder, die glichen einander wie Sonne und Mond, wie Tag und Nacht. Kurz, sie waren so verschieden, wie es mehr nicht sein konnte. Friedrich war ein vergnügter Bursche, der das Leben so nahm, so wie es kam. Er freute sich, wenn es etwas zu tun gab, genoss aber auch das Nichtstun, was er ausgiebig zur Schau stellte. Er konnte stundenlang im Gras liegen und die Wolken betrachten, Käfer beobachten oder den Vögeln zuhören. Er konnte Nächte durchtanzen, einem Mädchen den Kopf verdrehen und es am nächsten Morgen wieder vergessen, da auch andere Mütter schöne Töchter hatten. Er war wendig, voller Ideen und liebte das Leben.

Sein Bruder Richard war ganz anderer Natur. Er überlegte lange, bevor er etwas in Angriff nahm und versuchte mit viel Wenn und Aber, die Sache von allen Seiten zu betrachten, zu erwägen und abzuschätzen. Der Übermut und die Sorglosigkeit seines Bruders waren ihm zutiefst suspekt, und er war überzeugt, dass dies einmal zu einem bösen Ende führen muss. „Wo käme man denn hin, wenn jedermann den Herrgott einen lieben Mann sein ließe?" Er versäumte es nicht, immer wieder seinen leichtsinnigen Bruder vor den Folgen und vor allem vor der Strafe zu warnen, die ja unweigerlich kommen musste. Er war ein seriöser Mann und konnte das Leben nicht leicht nehmen, wo es doch so viel Leid auf der Welt gab.

Das Schicksal schien ihm Recht zu geben. Friedrich hatte sich wieder einmal in ein Mädchen verliebt, sah aber keine Möglichkeit, es zu heiraten, geschweige denn ihm ein angemessenes Heim zu bieten. Er vertröstete Adelinde und versprach, in drei Jahren wiederzukommen und um ihre Hand anzuhalten. Adelinde kannte aber ihren gewalttätigen Vater, der dies nicht durchgehen lassen konnte. Um die leichtsinnige Adelinde zu bestrafen, verwandelte er Friedrich kurzerhand in einen Kater: „Du sollst solange als streunender Kater herumlaufen, bis dich ein Mädchen in dieser Gestalt zum Manne nimmt. Adelinde bekommst du nicht", sagte er, bevor er mit seiner Tochter verschwand.

Da stand Friedrich nun als armer, schwarzer Kater da und wusste nicht recht, ob er weinen oder lachen sollte. Er entschied sich für Letzteres: „Auch nicht so schlecht", meinte er nach kurzem Nachdenken, „wir werden sehen, was wir daraus machen können". Gerade zu dieser Zeit starb ihr Vater und die beiden Brüder sahen sich gezwungen, das Haus zu verlassen. Jetzt war guter Rat teuer und Richard verbrachte schlaflose Nächte, um eine Lösung zu finden: „Was sollen wir machen? Wohin sollten wir uns wenden?" Friedrich hingegen fand diese neue Situation gar nicht so schlecht. Ihm war es zu Hause schon lange zu eng geworden und so erkundete er zunächst die nähere Umgebung, was ihm als Kater nicht schwer fiel. In dieser Gestalt konnte er in jedes Schlafzimmer vordringen und den geheimsten Gesprächen lauschen – ohne dass es jemandem auffiel. Er war ein ausnehmend attraktiver Kater mit einem glänzenden Fell und großen grauen Augen, und den Leuten gefiel es, ihn zu streicheln oder ihm Leckerbissen zu überlassen. In kurzer Zeit war er über alles informiert, was im Umkreis von hundert Kilometern geschah.

Da die Nachbarstochter, die niedliche Petulia, als Kammerzofe im Schloss Reichenstein arbeitete, wusste Friedrich sogar über die Ereignisse im Schloss Bescheid. Petulia ließ kein gutes Haar an ihrer Herrin, dem Edelfräulein Rosalia von Reichenstein, das sie als mieselsüchtig bezeichnete: „Schade um das viele Geld, das ihr Vater für sie ausgibt, es macht Rosalia um keinen Deut attraktiver!" Neben den üblichen häuslichen Streitigkeiten, Tratschgeschichten oder Bettgesprächen erfuhr Friedrich aber auch etwas, das für sie wichtig sein konnte: Der Herzog von Reichenstein war ein ausgesprochener Gourmet, der Rebhühner über alles liebte. Besonders schätzte er sie als pilzgefüllte Braten in Rosmarinsoße! Hier sah der Kater Friedrich seine Chance gekommen. Er ging zu seinem Bruder und erklärte ihm den Plan: Er werde sich auf die Jagd nach ein paar netten kleinen Rebhühner machen, was ihm als Kater ja nicht schwer fallen würde. Diese werde er dann persönlich zum Schloss bringen. „Dafür brauche ich eine angemessene – in diesem Fall wirklich gut passende – Kleidung, elegante rote Stiefel und einen Hut mit breiter Krempe. Ein kleiner Degen würde sich auch ganz gut machen!", meinte er. Wie zu erwarten war, hatte Richard seine Bedenken und konnte sich nicht vorstellen, was sein Bruder mit diesem Schachzug bewirken wollte. Aber da ihm nichts anderes einfiel, ging er hin und besorgte die gewünschten Sachen. Inzwischen hatte Friedrich vier zarte Hühner gefangen, die er zusammenband, in einem Korb verstaute und vor das Schloss bringen ließ. Ausstaffiert in Wams und Stiefel ließ er sich beim Herzog melden. Sein Auftreten erregte überall Verwunderung und rief große Neugier hervor: Wer war dieser manierliche Kater, der sogar sprechen konnte und derart weltmännisches Gehabe an den Tag legte?

Friedrich überbrachte Herzog von Reichenstein die Rebhühner mit einem freundschaftlichen Gruß von seinem Herrn, dem Grafen Richard. Etwas Besseres fiel ihm nicht ein, außerdem hatte er noch keine Ahnung, wo das gräfliche Anwesen liegen sollte. „Aber - kommt Zeit, kommt Rat", dachte er. Der Herzog war entzückt und übermittelte seinerseits die besten Grüße an den Grafen. Auch das Edelfräulein Rosalia ließ es sich nicht nehmen, sich diesen interessanten Kater anzusehen und erkundigte sich so nebenbei über Alter und Aussehen seines Herrn.

„Sie haben angebissen", schmunzelte der Kater, als er reich beschenkt das Schloss verließ. Nachdem er noch zweimal mit Rebhühnern erschienen war, erwähnte er so nebenbei, dass bei ihnen am Hofe recht nett Bridge gespielt wurde. Er hatte bald herausgefunden, dass der Herzog ein relativ einfaches Gemüt hatte, aber sehr darauf bedacht war, dass man ihn für weltgewandt und aufgeschlossen für alles Moderne hielt. Bridge war der letzte Schrei, und ein bridgespielender Kater würde den Ruf des Herzogs bis an den Hof tragen.

Jetzt war die Zeit für Teil zwei seines Planes gekommen, nämlich zu Besitz und Namen zu gelangen, wie es ihrer würdig war. Als Kater hatte er schon seine Erkundigungen eingezogen und das perfekt organisierte Informationssystem der Katzengilde ausgenützt, um auch nützliche Details zu erfahren. Dass Adelindes Vater ein Zauberer war, hatte er am eigenen Leib erfahren, jetzt stellte sich nur noch die Frage, wer letztendlich der Klügere war! Friedrich hatte bald herausgefunden, dass der Zauberer recht eitel und eingebildet war und begann, ihm zu schmeicheln: „Ich habe mich ja selbst von deiner Kunst überzeugen können. Aber es ist sicher sehr schwer, sich selbst z. B. in ein so großes Tier wie einen Elefanten zu verwandeln." Der Zauberer ließ sich nicht lange bitten und verwandelte sich in eine Giraffe, ein Nilpferd und in einen Löwen. „Aber ich kenne nur einen Zauberer in Indien, der sich in ganz kleine Tiere verwandeln kann", meinte Friedrich zweifelnd. Der Zauberer übersah in seiner Eitelkeit die Falle, verwandelte sich in eine Maus – und lief dem wartenden Kater geradezu ins Maul.

Friedrich hatte seinen Bruder inzwischen ausführlich über die Etikette des Hofes und das vornehme Gehabe informiert und war froh, dass Richard lesen, schreiben und sogar recht manierlich Klavier spielen konnte. Um passende Kleidung für ihn zu bekommen, musste ihm jedoch etwas ganz Raffiniertes einfallen. Herzog von Reichenstein pflegte jeden Donnerstag auszureiten und kam dabei an einem See vorbei, an dem er kurz Rast machte. Das wollte Friedrich ausnützen, und er erklärte seinem Bruder den Plan: Sie wollten einen Überfall vortäuschen, bei dem der Kater geradeso, Richard aber nur mit dem „nacktem" Leben davon gekommen war. Richard hatte zwar wieder seine größten Bedenken, ob dieser Plan gelänge, aber schließlich war er einverstanden. Als der Herzog am See vorbeikam, lief ihm der Kater schon entgegen und bat händeringend um Hilfe: Sein Herr sei überfallen und all seiner Habe beraubt worden, just als er auf dem Weg zum Herzog gewesen war.

Von Reichenstein war geschmeichelt und ließ sich nicht lumpen. Er ließ fürstliches Gewand und eine Kutsche kommen, um dem Armen aus dem Wasser und wieder zu gesellschaftsfähigem Ansehen zu verhelfen. Richard spielte seine Rolle perfekt, und Rosalia war höchst erfreut über diesen gut aussehenden Grafen. „Die zwei haben einander gefunden", dachte der Kater, „jetzt können sie tagelang darüber Konversation führen, wie schwer das Leben ist und wie leicht es sich manche Leute machen!"

Inzwischen hatte Adelinde das Verschwinden ihres Vaters bemerkt, und als Friedrich wieder auf dem Schloss des Zauberers erschien, bat sie ihn um eine Erklärung. Er erzählte ihr wahrheitsgemäß die ganze Geschichte und berichtete auch über seine Abenteuer am Hofe des Herzogs. Darüber musste Adelinde herzlich lachen, denn sie kannte die eingebildete, etwas griesgrämige Rosalia. „Jetzt wo mein Vater tot ist, stünde einer Heirat nichts mehr im Wege", meinte sie, „oder willst du wirklich noch drei Jahre warten?" „Und wenn ich nun doch ein Kater bleiben müsste?", zweifelte Friedrich. Aber Rosalia meinte, für die Tochter eines Zauberers wäre das kein echtes Problem. Als sie einander ihr Jawort gegeben hatten und all die Versprechungen, die das Band der Ehe ausmachen, verwandelte sich der Kater jedoch ohne Probleme in aller Öffentlichkeit wieder in ein menschliches Wesen. Er sah in Wams und den roten Stiefeln geradezu großartig aus!

Am nächsten Tag fuhren beide zum Hofe des Herzogs, der sich über den Verbleib des Katers bereits Sorgen gemacht hatte. Seine Überraschung war groß - aber auch seine Genugtuung, ein derart berühmtes Paar als Verwandte begrüßen zu dürfen: Er hatte bereits am Vortag die Verlobung von Rosalia mit Richard verkündet, denn einen besseren Schwiegersohn konnte er sich nicht vorstellen.

Dreifacherwärmer, die Fülle des Lebens

Feuer / Yang
Organzeit: 21 - 23 Uhr

Qualitäten:	nehmen, geben, genießen, verweigern
Befreite psychische Qualität:	Freud und Leid annehmen können
Befreite seelische Qualität:	mit allen Sinnen genießen; sich angenommen, sicher und geborgen fühlen

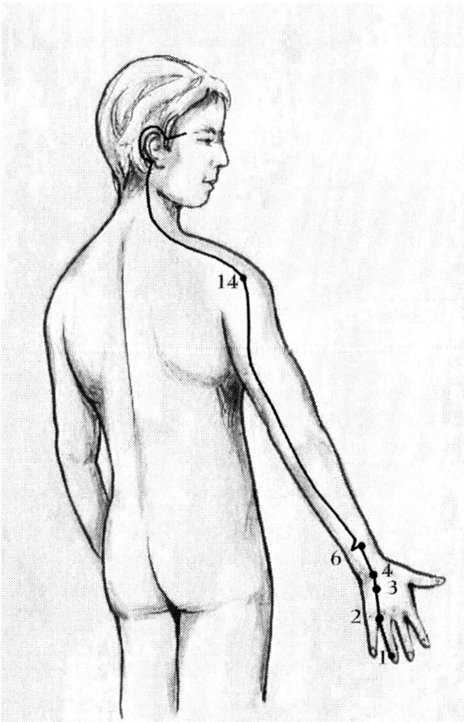

Dreifacherwärmer 1 (Kuann Tsung)
- bei Schweißausbrüchen

Dreifacherwärmer 2 (Je Men)
- bei Schmerzen

Dreifacherwärmer 3 (Tsong Tsu)
- hilft bei Ohrensausen, Schwerhörigkeit, Schwindel, Stimmungsschwankungen

Dreifacherwärmer 4 (Jang Tsche)
- bei Halsentzündungen, Schilddrüsenharmonisierung

Dreifacherwärmer 6 (Ze Kou)
- bei Schulter- und Ohrproblemen

Dreifacherwärmer 14 (Ken Ryo)
- bei Schmerzen im Schultergelenk

Diesmal wollen wir Persönlichkeiten vorstellen, die die Kombination mit anderen Meridianen besonders gut verkörpern:

3E + Lu	Ivan Rebrow, Luciano Pavarotti
3E + Di	Cäsar (sein Ziel in der Fülle erreichen)
3E + M	H. Qualtinger, Charles Laughton
3E + MP	Rüdiger Dahlke, Th. Dethlefsen,
3E + Dü	Maria Theresia, Brandon Bays
3E + B	Kleopatra, André Heller (authentisch sein)
3E + N	Hugo Wiener, Ebrahim Kishon
3E + H	Fortuna (Fülle in der Liebe, in der Liebe aufgehen)
3E + Kl	Dionysos (Wie leicht kann ich Fülle nehmen oder aus dem Vollen schöpfen?)
3E + G	Alexander der Große
3E + Le	ein 3jähriges Kind

Element Feuer / Funktionskreis Herz, Dünndarm, Kreislauf und Dreifacherwärmer

Das Element Feuer regiert den Brustkorb (das Herz), die Schultern, die Arme, den Dünndarm, die Arterien (Kreislauf), den Hormonhaushalt (Dreifacherwärmer, Schilddrüse) und die Zunge. Die entsprechenden Körpersäfte sind Blut und Schweiß.

Ist das Element Feuer energetisch im Gleichgewicht, so ist man altruistisch, mitfühlend, tolerant und ruhig. Eine ausgeglichene Feuer-Energie entspricht gemäß der Chinesischen Energielehre dem *shen*, was klares Bewusstsein in Übereinstimmung im Denken, Fühlen, Sprechen und Handeln bedeutet. Ein gutes *shen* zeigt sich an einer guten Ausstrahlung (Charisma) und klaren Augen. Ein Defizit an Feuer-Energie erschöpft Leber und Milz und blockiert die Energie von Lunge und Niere. Es betrifft Kopf, Kehle, Brustkorb, Schultern, Arme, Verdauungsbereich, Kreislauf und den Hormonhaushalt. Bei vorübergehendem Energiemangel entsteht ein Ungleichgewicht gegenüber den Elementen Holz und Erde mit dominierender und blockierter Lungen- und Nierenenergie. Dies äußert sich durch Antriebsschwäche auf allen Ebenen (körperlich, emotional und geistig). Damit kann es körperlich zu Blutdruckproblemen, Herzstörungen, Druck und Schmerz im Brustkorb, starkem Schwitzen, nervösem Durchfall, Stumpfheit, tauben Gliedern oder zu Schlafstörungen kommen. Psychische Folgen des anhaltenden Mangels an Feuer-Energie sind ein Nachlassen des Gedächtnisses, Verwirrtheit, Melancholie, Konzentrationsschwäche, intensive Traurigkeits-, Einsamkeits-, Isolations-, Angst-, Terror- oder Panikgefühle, Beziehungsängste, Desinteresse an sozialen Kontakten, Dummheit, Humorlosigkeit, Labilität und Stimmungsschwankungen.

Der Dreifacherwärmermeridian repräsentiert alle endokrinen Funktionen und steuert die Körperwärme durch Metabolismus (Schilddrüse), damit ist man empfindlich gegenüber Temperaturschwankungen und Feuchtigkeit. Man erkältet sich leicht und ermüdet relativ schnell. Dieser Meridian kontrolliert die Atmung, die Verdauung und die Ausscheidung. Bei Energiemangel kommt es zu Schulter-, Ellenbogen- oder Handgelenksproblemen. Zuviel Energie in diesem Meridian schlägt sich in Entzündungen der Lymphdrüsen und ständigem Schnupfen nieder.

Bachblüten / kalifornische Essenzen:

California Wild Rose: bei mangelnder Begeisterungsfähigkeit

Hound's Tongue: wenn übermäßiges Essen Körper und Geist schwerfällig machen

Iris: öffnet die Wahrnehmung für Schönheit, Farbe und Lebendigkeit
Star Thistle: bei Geiz und Habsucht und Unfähigkeit, seinen Besitz zu genießen
Zinnia: bei Leuten, die sich und das Leben zu ernst nehmen und nicht genießen können

Die Götter geben ihre Geschenke ganz

Das geistige Gesetz der Fülle behandelt alle gleich, es dient jedem absolut. „Die Götter geben ihre Geschenke ganz", bedeutet, dass Regen als sanfter Frühlingsregen oder als verheerender Wolkenbruch kommen, Schnee als leise rieselnde Glitzerpracht oder als Lawine die Landschaft bedecken kann. Jupiter für den Schnee zu danken, ihn aber für die Lawine zu tadeln, entspricht unserem kleinkarierten Denken. Es gibt kein Gesetz, das Armut und Krankheit anstrebt, kein Prinzip von Mangel. Erst unsere Gedanken, negativen Einstellungen, unsere selbstgesteckten Grenzen und selbstauferlegten Einschränkungen verhindern, dass wir diese Fülle sehen und auch genießen können. Wir entscheiden bereits mit unserem täglichen Programm, was uns heute als Fülle willkommen ist: wenn wir einen Ausflug planen, benötigen wir Sonne, wenn wir Blumen oder Gemüse pflanzen, rufen wir nach Regen. Sind wir heute sentimental gestimmt und wünschen uns einen romantischen Abend, so hoffen wir, dass unser Freund heute Zeit für uns hat. Er wäre zwar gestern frei gewesen – aber da hatten wir schon etwas anderes vor. Jedes genaue Planen, wann und was uns an Fülle genehm ist, verhindert sie bereits. Erst wenn ich bereit bin, mir mitten im täglichen Chaos eine Ruhepause zu gönnen, für eine halbe Stunde spazieren zu gehen, ein Buch zu lesen oder mir ein paar Blumen zu kaufen, kann ich die Geschenke des Lebens erkennen und sie annehmen. Wir setzen Rahmenbedingungen und sind enttäuscht, wenn sich innerhalb dieser Parameter nichts tut. Wir erwarten den Prinzen um neunzehn Uhr und sind verärgert, wenn er erst um einundzwanzig Uhr erscheint, oder verfallen in Depressionen, wenn er gar nicht kommt. Am nächsten Tag brauchen wir ihn erst gar nicht, denn da haben wir keine Lust mehr, sind gekränkt und beklagen unser Schicksal.

Die Funktion des Dreifacherwärmermeridians könnte man daher mit den Worten beschreiben: Er gibt von allem sehr viel und möchte, dass man es nimmt. Astrologisch gesehen korrespondiert er damit mit Jupiter, der seine Gaben ohne Limit und in ausreichendem Maße verstreut. Ohne Limit heißt in dem Fall, dass weder gesellschaftliche, noch moralische oder sozialkritische Bedenken bestehen. Jupiter gibt, und wir sind aufgefordert, zu nehmen und zu genießen. Jupiter – in diesem Fall das Leben – ist daran interessiert, dass wir uns an seinen Geschenken erfreuen und sie auch gebührend schätzen: die Blumen, die Vögel, die Farben, den Sonnenuntergang, einfach alles, was uns anzieht und was uns gefällt. Allerdings hat die Aufforderung „Jupiter gibt von allem sehr viel und möchte, dass man es nimmt“ einen Haken. Unser Ego ist nämlich unersättlich, es kann nie genug bekommen. In der Fülle zu leben, sie zu genießen, ohne sie zu brauchen, um glücklich zu sein – ist wie ein schwieriger Trapezakt. Ein kleiner Schritt zur Seite und der Verstand bekommt Oberhand: Wir bekommen Angst, etwas zu verlieren, Angst, es morgen nicht mehr zu haben; Zorn, Gier und Selbstmitleid verhindern ebenfalls den reinen Genuss. Das Verlangen ist die Ursache des Leidens, nicht das Genießen! Dazu kommt die Gier, die uns mit dem Gedanken quält, wie mager das Gestern war, und die uns hoffen lässt, wie füllig es morgen sein könnte. Die Aufforderung des Dreifacherwärmermeridians ist daher: zu genießen, ohne etwas halten zu wollen! Die Fülle zu genießen, wann und wo sie sich ergibt – wie bei Sonderangeboten im Ausverkauf. Die Fülle finden wir auch in der Leere, der Stille, dem Alleinsein, wir können sie überall entdecken.

Die drei Öfen des Lebens

Der Dreifacherwärmer besteht nach der chinesischen Lehre aus den drei Öfen des Lebens: dem Lungenofen, dem Magenofen und dem Sexualofen, die den kleinen, inneren Energiekreislauf darstellen. In Verbindung mit dem Dreifacherwärmer geben sie Auskunft, wie wir mit der Fülle umgehen, wie gut wir nehmen können. Ich kann mich hier selbst beobachten und schauen, wie ich mit der Natur umgehe, mit einer Blume oder einem Apfel in Beziehung trete, wie ich sie rieche, schmecke oder den Apfel mit Genuss verzehre. Wenn in diesen Meridianen Energie fließt, so ist der Mensch gesund.

Dreifacherwärmer und der Lungenofen

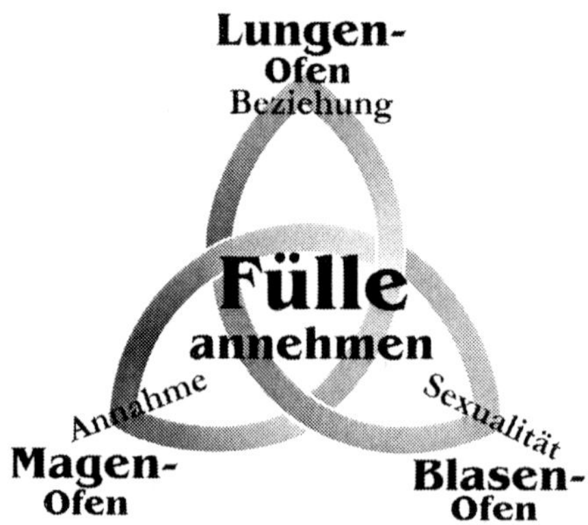

Sie stellen die Beziehung dar: die Beziehung zu mir, zur Welt und meine Fähigkeit, mit den anderen in Beziehung zu treten. Hier zeigt sich, in welchem Ausmaß ich fähig bin, mich auf andere einzustellen, auf sie einzugehen, sie auszugrenzen oder sie anzunehmen. Es ist auch meine Beziehung zu Büchern, zur Musik, zum Sport, überhaupt zu allem, was mich mit meiner Umgebung in Beziehung treten lässt. Es ist das Spüren des eigenen Körpers, der eigenen Bedürfnisse, das Annehmen der eigenen Wünsche, Sehnsüchte und Abneigungen. Es ist ein Geben und Nehmen, ein Zulassen und ein Verschwenden. Wie weit bin ich imstande, die Fülle des Lebens anzunehmen und mit allen Konsequenzen zu genießen? Mit allen Konsequenzen heißt, dass ich auch bereit bin, den Preis dafür zu bezahlen. Normalerweise gönnen wir uns vieles nicht, weil wir uns genieren, Angst haben oder wir nicht authentisch leben: Ich lege mich nicht in den Liegestuhl, weil die Nachbarin über mich reden könnte; ich nütze den herrlichen Sommertag nicht aus, um baden zu gehen, sondern wasche – wie vorher geplant – meine Wäsche und putze die Fenster.

In diesen Bereich fällt auch das „Nehmen können". Hier ist die Lebenskraft angesiedelt, die Fähigkeit, mich zu lieben, mich zu freuen, mir selbst etwas zu gönnen. Mit dem Annehmen übernehme ich auch Verantwortung für mich selbst und für das, was ich entgegengenommen habe. Mir wird bewusst, was Fülle bedeutet, sehe sie in „Kleinigkeiten", sehe sie dort, wo andere nur Mangel und Not erkennen. Fülle, wenn ich bettlägerig, krank, arm oder wenn ich z. B. taubstumm bin. Hier hat uns Helen Keller bewiesen, was Fülle bedeutet. Wenn ich sie halten, qualifizieren oder beschränken will, wird Mangel daraus. Wir legen Wert darauf, Besitz zu sammeln, unsere Kästen zu füllen, zu raffen, zu halten und das Erreichte mit allen Mitteln zu verteidigen, zu versichern und an Würdige zu vererben. Wir haben Angst, etwas zu verlieren, wenn wir die Hände öffnen, Altes loslassen und uns Neuem zuwenden. Wir haben verlernt, Fülle zu genießen, ohne sie zu besitzen. Damit sind wir in Wahrheit ärmer dran als jeder Bettler, der auf einer Parkbank den Sonnenschein genießt.

Es ist die Geschichte eines Malers, der an seinem Lebenswerk arbeitete: Er fing an, die Wand seines Hauses zu bemalen und drückte all seine Gefühle dabei aus. Er malte Blumen und Bäume und zauberte Landschaften auf die einst graue Fassade. Täglich fügte er mit viel Liebe und Hingabe neue Szenen hinzu, verewigte Menschen und all die Dinge, die er lieb gewonnen hatte. Er malte mit leuchtenden Erdfarben, die seine Sehnsüchte, aber auch seinen Kummer und Schmerz symbolisierten. Und als er seinen letzten Pinselstrich getan hatte und das Werk in seiner Vollendung betrachtete, sah er, dass es perfekt war. Er hatte sein Herz sprechen lassen können. Als am nächsten Tag der große Regen kam und sein Lebenswerk wegschwemmte, berührte es ihn nicht mehr, denn es gab nichts, was er hätte halten wollen.

Wenn ich nichts annehmen kann, befinde ich mich in einem Energiedefizit und kann in der Folge nur aus einem Mangel heraus geben. Hinter diesem Geben steht immer das Bedürfnis, das Defizit auffüllen zu müssen. Ich prostituiere mich, um die dringend benötigte Liebe, Anerkennung oder wenigstens etwas Trost zu bekommen! „Nehmen können" bedeutet auch, unsere negativen Eigenschaften und unsere Fehler anzunehmen und zu akzeptieren, weil sie ein Teil von uns sind. Dazu gehört, dass ich

Kritik, Zurückweisung oder Lob annehmen kann. Nicht nur das Annehmen, sondern auch das Ablehnen hat Auswirkungen. Das Abgelehnte wirkt im Hintergrund als Schattenthema, das uns mit ähnlichen Situationen so lange konfrontiert, bis wir dieses Thema angesehen, angenommen und damit erlöst haben.

Dreifacherwärmer und Magenofen

Sie sagen aus, wie ich meine Lebensthemen verdaue, wie ich mein Schicksal annehme. Da der Magenmeridian den Analytiker repräsentiert, beginnt der Verstand, Soll und Haben zu vergleichen. Das heißt, dass wir den Preis für die Fülle nicht zahlen wollen. Wir sind dann sehr schlecht im Nehmen und verstehen nicht, dass es für alles immer einen energetischen Ausgleich geben muss.

3E + Ma + Dickdarm bedeutet, dass wir Verlust akzeptieren und etwas loslassen müssen. Das heißt, Altern, Sterben und Siechtum anzunehmen, in der Erkenntnis, dass hier etwas Neues entstehen kann. Transformation bedeutet hier, neue Erfahrungen zuzulassen, aus der wiederum Fülle entstehen kann.

3E + Ma + Lunge fordern mich auf, Verantwortung abzugeben, die ich vorher in zu hohem Maße hatte. Vielleicht wäre es an der Zeit, als Chef eines großen Konzerns in Pension zu gehen oder endlich meine erwachsenen Kinder loszulassen und zur Kenntnis zu nehmen, dass sie mich jetzt nicht mehr brauchen und ihr eigenes Leben führen. Vielleicht sollte ich trotz meines Alters wieder etwas Neues anfangen und sollte Veränderungen zulassen! Ich könnte lernen, Aufgaben abzugeben, zu delegieren, anderen zu vertrauen oder mich ihnen anzuvertrauen.

Dreifacherwärmer und Sexualofen

Sie zeigen an, ob ich im Denken bleibe oder das Fühlen zulasse, ob ich in Sollkonzepten lebe oder ob ich aussteige. Diese beiden Meridiane sagen auch aus, wie ich mit meiner Sexualität umgehe. Woody Allen bringt diese Thematik in seinen Filmen sehr gut zum Ausdruck: Seine Protagonisten agieren verklemmt, psychotisch und versuchen, analytisch ihre Partnerschaftsprobleme zu lösen. Sie können nicht vorbehaltlos nehmen und wittern hinter jedem Liebesgeständnis eine Falle. Meistens ist da auch eine. Vielfach sind Traumata und Schocks hier angesiedelt. Jeder Missbrauch, bei dem das Kind unfreiwillig etwas annehmen und über sich ergehen lassen musste, bedeutet, dass es später Schwierigkeiten hat, etwas anzunehmen und an sich herankommen zu lassen. Erst wenn diese Traumata aufgezeigt und aufgelöst worden sind, ist man wieder imstande, etwas vorurteilslos und unbeschwert anzunehmen. Pädophilie ist unter diesem Gesichtspunkt zu betrachten: Das Schuldgefühl, dass sie selbst in ihrer Kindheit versagt und etwas gegen ihren Willen zugelassen haben, treibt Männer dazu, sich etwas mit Gewalt zu nehmen, das ihnen das Leben verwehrt hat. Einerseits rächen sie sich und werden selbst zu Tätern, andererseits sind sie nicht mehr imstande, sich freiwillig und vorbehaltlos mit jemandem zu verbinden. Ihr Nehmen wird immer mit Gewalt, ihr Lustgefühl mit dem Leiden eines anderen verbunden sein. Sie zu bestrafen oder selbst zu kastrieren, bringt nichts, weil die Ursache ihrer Perversität im Sollkonzept des Blasenmeridians liegt und von dort aus gelöst werden muss.

Beispiel Behinderung

Letztendlich zeigen uns auch Krankheiten oder Behinderungen im Allgemeinen auf, was wir bisher nicht annehmen wollten oder wie wir damit umgehen könnten:

3E+Lu: Ich nehme die Krankheit zunächst einmal an, denn ich kann nur etwas loslassen, was mir gehört.

3E+Ma: Ich nehme das Schicksal an. Auch meine Krankheit ist ein Teil dieses Pakets. Es ist die Angst, die Jesus am Ölberg hatte, aber gleichzeitig auch seine Bereitschaft, das Kreuz auf sich zu nehmen. Auch wenn wir etwas fürchten, hassen oder es gänzlich ablehnen, steht es immer noch in Resonanz mit uns. Erst wenn wir es trotz unserer Angst annehmen, können wir uns damit auseinandersetzen und einen höheren Sinn dahinter erkennen. Viele Märchen haben dieses Thema zum Inhalt: man erfüllt sein Schicksal und kehrt reich belohnt heim. Im Märchen „Der Teufel mit den drei goldenen Haaren“ muss der Bursche sogar in des Teufels Küche, um die drei goldenen Haare zu stehlen – und erhält als Belohnung die Königstochter zur Frau. Manchmal sehnt man sich sogar danach, endlich diese Aufgabe lösen zu können, und sei es nur darum, es hinter sich gebracht zu haben. Es ist wie ein Rätsel, das wir zu lösen haben – eine verschlüsselte Schatzsuche, die uns unserem Ziel näher bringt.

Wenn man auf sein Ziel zugeht, ist es wichtig, auf den Weg zu achten, denn der Weg lehrt uns am besten, ans Ziel zu gelangen und er bereichert uns, während wir ihn zurücklegen. Aber vergiss nicht, dass dein Herz dort ist, wo auch dein Schatz liegt und dass dein Schatz entdeckt werden muss, damit all das, was du auf dem Weg entdeckt hast, einen Sinn ergibt.[43]

3E+Bl: Ich verschmelze mit diesem Teil von mir, nehme ihn an und integriere ihn. Dreifacherwärmermeridian in Verbindung mit dem Blasenmeridian bedeutet Sexualität, wobei es hier nicht nur um den reinen Sexualakt, sondern um wesentlich mehr geht. Etwas zu verschmelzen war der Ausgangspunkt der Alchimie, um Unreines auszubrennen oder in Reines zu transformieren. Es war die Suche nach dem Stein der Weisen, die Suche nach dem heiligen Gral. Nur wer diese Verschmelzung zulässt, kann wie ein Phönix aus der Asche steigen – oder zu neuen Ufern zu gelangen. Tatsache ist aber, dass aus einer Verschmelzung immer etwas entsteht, ob es ein neues Material, eine neue Idee oder ein Kind ist, das aus einer Vereinigung hervorgeht. In einem Orgasmus wird man gemeinsam empor getragen; man strebt einem Höhepunkt zu, wo man nichts mehr bewertet oder ablehnt, man folgt der Energie und verschmilzt. Man kann nichts mehr planen, man muss es geschehen lassen, man hat keinen Einfluss auf das Neue, das daraus entsteht.

[43] Paolo Coelho: Leben, Gedanken aus seinen Büchern, Zürich, 2007, S. 29

Transformation

Jede bedingungslose Vereinigung hebt, wenn auch nur für kurze Zeit, die Polaritäten auf, bringt neue Qualitäten und Erfahrungen mit sich und macht Beziehungen so wertvoll. In dieser Bedingungslosigkeit können wir auch die Fülle erfahren – und das dahinterliegende Geschenk annehmen. Das ist reine Transformation, der Stein der Weisen, der Blei in Gold verwandelt.

Der Boden braucht das Saatkorn und das Saatkorn braucht den Boden. Sie haben beide nur zusammen mit dem anderen einen Sinn, das Gleiche geschieht mit den Menschen. Wenn das männliche Wissen sich mit der weiblichen Verwandlungsfähigkeit vereint, wird die große magische Verbindung geschaffen, die den Namen Weisheit trägt.[44]

Von Schätzen, Reichtümern und der Fülle handelt auch unser nächstes Märchen:

Ali Baba und die vierzig Räuber

Es lebten einmal zwei Brüder, Kasim und Ali Baba, die gar nicht unterschiedlicher sein konnten. Kasim hatte eine reiche Frau geheiratet und war sehr darauf bedacht, diesen Reichtum durch Fleiß und Ehrgeiz nach Möglichkeit noch zu vermehren. Ali Baba lachte über die Habgier und den Geiz seines Bruders, die diesem keine ruhige Minute bescherten: Bei Tag musste er sich plagen und in der Nacht konnte er aus Angst vor Dieben nicht schlafen! Ali war zwar arm, zog es aber vor, das Leben mit seiner netten, kleinen Frau zu genießen. Kasim fürchtete, dass ihm diese Verwandtschaft dereinst zur Last fallen könnte, außerdem fühlte er sich als älterer Bruder für diesen Nichtsnutz verantwortlich, und so kam er täglich mit neuen Vorwürfen und guten Ratschlägen. Manchmal lud er Ali und seine Frau auch zum Essen ein, damit die beiden sehen konnten, was es heißt, in Fülle zu leben. Ali Baba und seine Frau Fatima genossen zwar das Essen, aber weniger diese langweiligen Tischgespräche, bei denen es immer nur ums Geld ging. Sie waren jedes Mal froh, diesen Palast

[44] Paolo Coelho: Leben, Gedanken aus seinen Büchern, Zürich, 2007, S. 29

mit all den Dienstboten verlassen und in ihr gemütliches kleines Heim zurückkehren zu können. Es war so bescheiden, dass ihre einzige Sklavin Morgaine sehr gut allein damit zurecht kam. Das einzige, was Ali seinem Bruder voraus hatte, war sein Sohn Achmed. Kasim schäumte manchmal vor Wut, dass ihm seine Frau nicht einmal ein Mädchen gebären konnte. Ali sprach daher meistens von seinem tüchtigen Sohn, wenn Kasim mit seinem Geld und Reichtum prahlte.

Als Ali Baba eines Tages im Wald Holz sammelte, obwohl das eigentlich die Arbeit der Frauen war, bemerkte er eine Horde wilder Räuber, die vor einem Felsen Halt machten. Bei den Worten „Sesam öffne dich!" öffnete sich ein Tor, durch das die Bande mit ihren Schätzen drängte und das sich wie von Geisterhand wieder hinter ihnen verschloss. Ali verbarg sich hinter einem Gebüsch und wartete gespannt darauf, ob sich die Höhle wieder auftat. Nach einigen Stunden, es wurde schon langsam Nacht, erschienen die Räuber wieder und verschlossen das Tor mit den Worten „Sesam schließe dich!" Ali ließ einige Zeit verstreichen, konnte aber der Versuchung nicht widerstehen, sich diese geheimnisvolle Höhle anzuschauen. Er traute seinen Auge nicht, als er all die Schätze sah, die die Räuber dort angehäuft hatten. Er wählte unter dem Gold und den Edelsteinen, soviel er tragen konnte und eilte heim, um seiner Frau von diesen Schätzen zu berichten. Sie überlegten hin und her und beschlossen, das Gold zu vergraben. Da sie aber noch nie in ihrem Leben so viel Geld gesehen hatten, wollten sie es zuvor abwiegen und sandten Morgaine in den Palast des Bruders mit der Bitte um eine Waage. Kasim war sehr misstrauisch, und da er ganz genau wissen wollte, was es in diesem armseligen Haus seines Bruders abzuwiegen gab, bestrich er den Boden der Waage mit Wachs. Als er am nächsten Tag seine Waage wiederbekam, war er wie vom Blitz getroffen, als er ein Goldstück fand, das am Boden kleben geblieben war. Neid und Geiz nagten an ihm, seine Habsucht und vor allem seine Frau ließen ihm keine Ruhe, und so beschloss er, diesem Geheimnis auf die Spur zu kommen. Heimlich folgte er seinem Bruder und hörte, wie Ali Baba mit den Worten „Sesam öffne dich!" in den Berg eindrang und mit Gold wieder herauskam. „Das kann ich auch", dachte er sich und machte sich am nächsten Tag mit 10 Maultieren auf den Weg in die Höhle. Solch Fülle hatte auch er noch nie in seinem Leben gesehen. Er wühlte in Perlen und Edelsteinen, war berauscht von den Gewürzen und kostbaren Ölen, hüllte sich in die herrlichsten Stoffe und lud schließlich seinen Tieren so viel auf, wie sie gerade noch tragen konnte. Als er jedoch das Tor wieder öffnen wollte, stellte er fest, dass ihm der Name des Getreides entfallen war, mit dem sich der Berg aufschließen ließ: er versuchte es mit „Hanf“ und „Senf“, mit „Gerste“ und „Hafer“, aber das Tor blieb verschlossen. Den Räubern war schon aufgefallen, dass von ihren Schätzen etliches fehlte, sie hatten einander verdächtigt und wüst beschimpft, als sie jedoch den vermeintlichen Räuber in ihrem Versteck vorfanden, brachten sie Hasim um. Sehr besorgt wegen des Ausbleibens ihres Gatten ging Hasims Frau zu Ali und musste wohl oder übel von dem Raubzug ihres Mannes berichten. Sie fanden schließlich Hasims Leichnam in der Nähe der Höhle, begruben ihn und beschlossen, dass von nun an Ali Baba mit seiner Familie im Hause seines Bruders wohnen sollte.

Der Räuberhauptmann war sich mit dem Verschwinden des Leichnams sicher, dass noch jemand von seinem Geheimnis wusste, ging der Sache nach und gelangte schließlich an Kasims Haus. Er verkleidete sich als Kaufmann, belud seine Maultiere mit Ölfässern und zog als fahrender Händler durch die Stadt. Als es Nacht wurde und alle Tore der Stadt schon geschlossen waren, bat er Ali Baba, die Ölfässer in dessen Hof abstellen zu dürfen, ein Bitte, die ihm nicht verwehrt werden durfte. Allerdings hatte er nur zwei Fässer mit Öl gefüllt, in den anderen hatte er seine Räuberbande versteckt: zu mitternächtlicher Stunde wollten sie Rache nehmen und alle Bewohner ins Jenseits befördern. Am gleichen Abend, als Morgaine gerade das Abendessen zubereiten wollte, fiel ihr ein, dass sie vergessen hatte, Öl vom nahen Markt zu kaufen. Hocherfreut über den glücklichen Umstand, Ölfässer vor der Türe stehen zu haben, lief sie in den Hof, um sich etwas Öl aus einem der Fässer zu besorgen. Sie staunte nicht schlecht, als sie Geräusche und Stimmen vernahm, die aus den Behaltnissen kamen. „Das kann nichts Gutes bedeuten“, sagte sie sich, denn ihr war der Kaufmann mit seiner allzu freundlichen Art gleich verdächtig vorgekommen. Nun war auch der sonst so vertrauensselige Ali überzeugt, dass der als Kaufmann verkleidete Räuberhauptmann ihnen nach dem Leben trachtete, und sie beschlossen, dem zuvorzukommen. Auf Anraten Morgaines erhitzen sie so viel Wasser, als sie Gefäße hatten, und füllten es in die Fässer. Der Räuberhauptmann hatte in dieser Nacht vergeblich auf ein Angriffszeichen gewartet und erschien am nächsten Morgen sichtlich verärgert bei Ali. Allerdings konnte er sich in Gegenwart Alis und seiner Familie schwerlich selbst davon überzeugen, ob seine Männer nur betrunken oder überhaupt verschwunden waren, und so machte er gute Miene zum bösen Spiel. Er genoss die Einladung zum

Essen, die er ja nur schwer hätte ablehnen können, und revanchierte sich mit einem Schwerttanz, den er meisterlich beherrschte. Als er dann zu guter Letzt mit seinem Gastgeber noch eine Wasserpfeife rauchte, ließ Ali Musiker rufen und bat Morgaine, sie mit einem Schleiertanz zu erfreuen. Der Räuberhauptmann war kein Kostverächter und die hübsche Sklavin hatte es ihm angetan. Als sie einen Schleier nach dem anderen fallen ließ, überschlugen sich seine Gedanken: Sollte er sie zuerst kaufen und dann Ali umbringen oder sollte er zunächst die Familie ins Jenseits befördern, die Sklavin aber verschonen? Morgaine kam jedoch seinen Überlegungen zuvor: Als sie sich im Kreise drehte, ihn mit ihrem letzten Schleier umfing und sein Gesicht mit ihren Haaren streifte, zog sie ihren Dolch und stieß ihn mitten in sein Herz. Sie hatte damit ihrem Herrn die Entscheidung abgenommen, wie er sich dieses Gastes entledigen konnte, ohne die Gesetze der Gastfreundschaft zu brechen! Ali Baba war so glücklich über die Umsicht seiner Sklavin, dass er Morgaine die Freiheit schenkte und sie mit seinem Sohn vermählte, denn eine bessere Schwiegertochter konnte er sich kaum vorstellen.

Die Erzählung von Ali Baba zeigt, wie wir mit den uns zur Verfügung stehenden Schätzen umgehen: Horten oder genießen wir sie, müssen wir sie ängstlich vor Dieben beschützen, trachten wir, sie zu vermehren oder zu vergraben? Die Schätze in der Höhle haben zwar einen gewissen Wert, wir schätzen sie sogar, aber für uns sind sie erst von Nutzen, wenn wir sie weise gebrauchen: uns nur das nehmen, was wir benötigen, uns an dem erfreuen, was sich uns gerade bietet. Hasims Gier wurde ihm zum Verhängnis, aber auch den Räubern brachten Raffsucht, Kompromisslosigkeit und Rachsucht den Tod. Selbstlosigkeit und Loyalität verschafften Morgaine die Freiheit, und sie wurde darüber hinaus reichlich belohnt. Das Leben meint es gut mit uns, wenn wir uns ihm gegenüber dankbar zeigen.

Gallenblasenmeridian, der Schuldige

Holz / Yang
Organzeit: 23 - 1 Uhr

Qualitäten:	der Schuldige, Widerstand auf Schuld
Befreite psychische Qualität:	Entschlusskraft, Entschlusslosigkeit
Befreite seelische Qualität:	Ausstieg aus der Opferrolle, Erkennen von Ursache und Wirkung

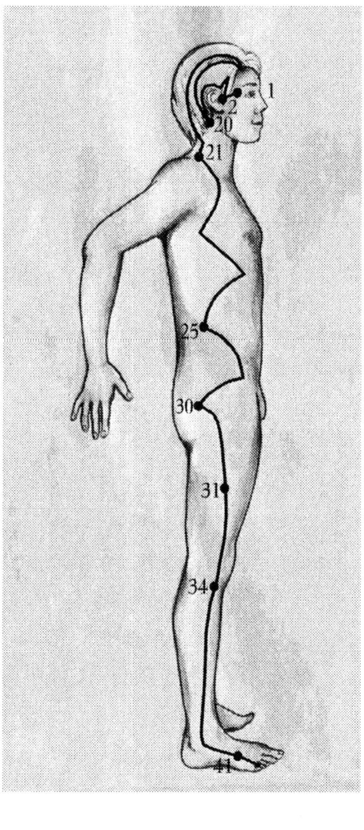

Gallenblase 1 (Do Shi Ryo)
- Augenprobleme, Kopfweh

Gallenblase 2 (Tsho E)
- Ohrenklingen

Gallenblase 20 (Fu Tshi)
- Erkältung, Kopfweh, Schwindel, geschwollene Augen

Gallenblase 21 (Ken Sei)
- Schulterschmerzen

Gallenblase 25 (Ki Mon)
- Magenschmerzen, Verdauungsprobleme, Erbrechen

Gallenblase 30 (Kann Tshyo)
- Ischias, Schmerzen im unteren Rücken

Gallenblase 31 (Fu Shi)
- Kreislaufprobleme, müde Beine

Gallenblase 34 (Yo Ryo Sen)
- Fußgelenkschmerzen, Kopfweh

Gallenblase 41 (Rin Kyu
- Menstruationsschmerzen, Schmerzen im Fuß

In Kombination mit anderen Meridianen
ergeben sich folgende Muster:

G +Lu	sich schuldig fühlen, keine Verantwortung zu übernehmen; schuldig werden, weil man in die Überverantwortung geht
G +Di	Ich fühle mich schuldig, wenn ich versage, wenn ich „nein“ zu etwas sage.
G +Ma	Widerstand auf Schuld
G +MP	Ich leide, weil ich schuldig bin, weil ich ungerecht behandelt werde.
G +H	Schlechtes Gewissen verhindert Urvertrauen.
G +N	Angst, schuldig zu werden
G +He	Ich habe ein schlechtes Gewissen, wenn ich meinen Bedürfnissen nachgehe, wenn ich mein Leben lebe, ohne auf andere zu schauen.
G +Kl	Ich „darf“ das Leben nicht genießen, weil …

G +3E Schlechtes Gewissen, wenn ich etwas annehme, ohne gleich Ausgleich zu schaffen.

Element Holz / Funktionskreis Leber, Gallenblase

Holz regiert Leber, Gallenblase mit Galle und Cholesterol, Muskeln, Sehnen, Bänder, periphere Nerven, Augen mit Tränen, Nägel und äußere Geschlechtsorgane. Das Element Holz kontrolliert alles, was mit Bewegung, Flexibilität und Kreislauf (Blutspeicherung, Blutverteilung und Energiefluss) in Zusammenhang steht.

Bei einem vorübergehenden Energieüberschuss des Leber- und Gallenblasenmeridians entsteht ein Ungleichgewicht gegenüber den Elementen Wasser und Feuer mit der Folge, dass Erde (Magen / Milz-Pankreas) und Metall (Lunge, Dickdarm) überempfindlich und launisch reagieren. Dies äußert sich mit Atem- und Verdauungsproblemen, Bluthochdruck, Angina pectoris, Herzklopfen, Neuralgien, Schlaflosigkeit, Steifheit, plötzlich auftretenden Bewegungsschmerzen und Krämpfen der Muskulatur, rot unterlaufenen Augen, Bindehautentzündung, Kopfschmerzen (zerspringend), Schwindel, Akne, Herpes, Allergien, Juckreiz, Schwerfälligkeit (Ungeschicklichkeit), Anfälligkeit für Unfälle und Verletzungen.

Der Gallenblasenmeridian ist für die Energieverteilung im Körper zuständig. Bei energetischer Unterversorgung oder Blokkaden dieses Meridians kommt es zu Migräne, Kopfschmerzen, Augen-, Ohren- und Nebenhöhlenbeschwerden, Problemen mit Nacken, Schultern, Hüfte, Knie und Füßen. Ein blockierter Meridian zeigt sich mit Ärger, Schuldgefühlen, schlechtem Gewissen, Frustration, Melancholie und fehlender Entschlusskraft. In der befreiten Form gibt der Gallenblasenmeridians die Entscheidungsfähigkeit.

Physische Ebene

Die Organe Leber und Gallenblase sind durch ihre Funktion, die Stoffwechselprodukte zu verarbeiten, eng miteinander verknüpft. Sie sind ausführende Organe, die durch Sekretabsonderungen eine Verdauung erst ermöglichen. Die Gallenblase liegt an der unteren Leberfläche und kann ungefähr 50 cm^3 Flüssigkeit aufnehmen. Zur normalen Fettverdauung produziert die Leber Galle, die aus den Leberzellen direkt in die Gallenkanälchen gelangt (ca. 0,7 l täglich), in der Gallenblase zwischengespeichert und erst bei Bedarf ausgeschüttet wird. Die Gallensekretion wird durch erhöhte Leberdurchblutung, erhöhte Gallensalzkonzentration im Blut und durch nervliche Anspannung (nervus vagus) gefördert. (Bei Ärger „steigt die Galle hoch"!)

Bachblüten / kalifornischen Essenzen.

Centaury: hilft, wenn man sich von den Erwartungen anderer nicht lösen kann
Fairy Lantern: hilft, wenn das Kind nicht erwachsen werden will
Mullein: hilft bei mangelnder Verantwortung
Oak: hilft bei übertriebenem Pflichtgefühl
Pine: hilft bei einem übertrieben schlechten Gewissen
Sweet Pea: hilft bei fehlender Verantwortung
Willow: man lernt Verantwortung für das eigene Leben übernehmen
Zinnia: hilft, wenn man alles auf sich bezieht

Die Schuld als Gesellschaftsspiel

Sobald wir inkarnieren und das Spiel des Lebens beginnen, übernehmen wir automatisch die Spielregeln unseres sozialen Umfeldes, unserer Bezugspersonen. Die Spielregeln beginnen immer mit den Worten: „du sollst", „du darfst", „du kannst" oder „du sollst nicht", „du darfst nicht." In unserem Kulturkreis kennen wir die klassischen mosaischen Zehn Gebote, die durch gesellschaftliche Verhaltensregeln nach Bedarf erweitert wurden und werden. Jedes Volk hatte seine eigenen Gesetze, mit denen es die Leute bei der Stange hielt und ihr Zusammenleben regelte, die dann vielfach von anderen, meist unterworfenen Völkern übernommen werden mussten. Das römische Recht oder die Judikatur Maria Theresias gilt unter dem Motto: „Don't change a winning team!"[45] vielfach heute noch. Mit den Geboten und den

[45] Wechsle niemals ein erfolgreiches Team aus!

Gesetzen ging die Schuld einher. Als stiller Begleiter, als Schatten sozusagen, heftete sie sich an alle Gesetzesbrecher, Gebote-Übertreter, Spielregelverletzer und auch an die, die gar nicht mitspielen wollten. Man hatte die Schuld als Klotz am Bein. Um die Sache zu verschärfen und die eigene Kompetenz abzusichern, wurde sie sogar rückwirkend erlassen: es entstand die Geschichte von der Erbschuld oder der Erbsünde. Im Englischen heißt sie sogar „original sin".[46] Die Schuld erwies sich geradezu als ideal, um Leute zu motivieren, das zu tun, was gerade angesagt war, denn abgesehen von den Schulden gibt es keinen besseren Motor für die Wirtschaft und kein besseres Mittel, um Kontrolle, Macht und Manipulation ausüben zu können, als die Schuld.

Die Schuldfrage erhebt sich mit jedem Satz, der nach dem Warum fragt. Es ist die Frage nach Ursache und Wirkung, die Frage, wer zuerst da war, die Henne oder das Ei. Sehen wir uns nochmals die Geschichte von Adam und Eva als Beispiel an: Erst als sie vom Baum der Erkenntnis aßen, kamen ihnen die ersten Zweifel und sie schoben einander die Schuld zu, warum sie gerade jetzt das Paradies verlassen mussten. Sie verließen den ursprünglichen Zustand der Einheit und gingen in die Polarität. Jetzt hatten die beiden die Möglichkeit, sich für etwas entscheiden zu können, und die Möglichkeit, in gut und böse einzuteilen. In unserem Meridiansystem übernimmt der Gallenblasenmeridian das Thema Schuld. Bezogen auf das Beispiel Adam und Eva heißt das, dass der Blasenmeridian seine Stellung auszubauen begann und gegen den Herzmeridian antrat: als „logischer Verstand" nahm er nicht mehr alles einfach zur Kenntnis, sondern zog Schlussfolgerungen, setzte Kausalketten und leitete vor allem die Schuldfrage ab. „Aber irgendetwas muss doch Schuld daran sein!?" Das klingt in unseren Ohren sehr logisch, da unser Denken ja ein Instrument des Verstandes ist. Es ist aber nur eine Erfindung unseres Egos. Es leitet aus einfachen Zusammenhängen eine Schuldfrage ab, indem es das soziale Gewissen mit einbezieht. In der Natur erhebt sich nie die Frage nach dem Warum sondern höchstens nach dem Wofür. Abgestorbenes dient als Basis für Neues, kleine Tiere als Nahrung für große, Überflutungen bringen düngenden Schlamm, Feuer schafft Platz für

[46] ursprungliche Sünde

neue Pflanzen. Alles hat seine Funktion und dient einem großen Plan. Unser Instinkt, der Instinkt jedes höher entwickelten Tieres kennt keine Schuld – er reagiert nur auf Gegebenheiten. Erst unser Verstand bewertet die Ursache, urteilt und verurteilt, und das soziale Gewissen reagiert darauf mit Schuldgefühlen, die im kosmischen Plan überhaupt nicht vorgesehen sind. In der Natur gibt es nur Werden und Vergehen, Ursache und Wirkung.

Die Energiebilanz

Die Natur sorgt immer für einen Ausgleich. Sie gibt im Überfluss und nimmt ohne „Bedenken", damit besteht immer eine ausgeglichene Energiebilanz. In der indischen Mythologie ist es Shiva, der zerstört und wieder aufbaut – und dabei kein schlechtes Gewissen hat. Dieses Naturgesetz wurde erst durch Menschengesetze pervertiert, indem aus Ursache-Wirkung Schuld-Sühne gemacht wurde. Damit wurden auch Opfer und Täter und ein ausgeklügeltes Bestrafungssystem geschaffen, das letztendlich in der Hölle gipfelte und als Glaubenswahrheit verkündet wurde. Wie schon gesagt, kennt die Natur das Wort Bestrafung nicht. Warum sollte der Löwe bestraft werden, wenn er eine Antilope schlägt? Wird die Maus zur Bestrafung von einer Katze gefressen? Bei diesen Beispielen verstehen wir sehr wohl, dass von Schuld keine Rede sein kann, obwohl auch heute noch das Bild von guten und bösen Tieren in unseren Köpfen spukt. Den Energieausgleich schafft die Natur von selbst. Es heißt „fressen und gefressen werden", „werden und vergehen". Wir könnten diesen Energieausgleich auch als Preis bezeichnen, den wir für eine Leistung zu zahlen haben. Es muss uns nur bewusst sein, dass alles seinen Preis hat und dass wir immer für einen Ausgleich zu sorgen haben. Dieser Ausgleich kann materieller oder auch immaterieller Natur sein; wenn wir nicht bereit sind, ihn bewusst zu leisten, tragen wir unbewusst Sorge dafür, selbst wenn wir uns dann über das Schicksal beklagen, das uns so hart bestraft. Wie gesagt, es kann weder von einer Bestrafung noch von einem bösen Schicksal die Rede sein, denn es ist unsere menschliche

Natur, die nach Ausgleich strebt. Wenn wir uns dieser Tatsache bewusst sind und bewusst danach handeln, bestehen für uns weder Schuld noch Bestrafung, noch brauchen wir uns als Opfer zu fühlen. Wir haben einen freien Willen, können jederzeit danach handeln und haben dafür für Ausgleich zu sorgen.

Anders sieht es aus, wenn wir unbewusst handeln und keine klaren Vorstellungen darüber haben, was das Leben ist, wofür wir leben und warum wir dankbar sein sollen, dass wir hier auf der Welt sind. Wir sind uns nicht bewusst, dass wir für alles „zahlen" müssen, das heißt für jede unserer Handlungen einen energetischen Ausgleich leisten müssen. Der biblische Satz: „Macht euch die Natur untertan!" hat Konsequenzen. Die Natur rächt sich nicht, aber sie schafft sehr wohl mit Ereignissen einen Ausgleich, die wir als Umwelt- oder Naturkatastrophen empfinden. Wenn wir das Verhältnis der Naturvölker zur Natur betrachten, sehen wir, mit welcher Ehrfurcht und Liebe sie von Mutter Erde, der Lebensspenderin und -erhalterin sprechen. Sie danken mit Opfern und mit Gebeten, sie segnen die Gaben und betrachten sich als Teil von ihr. Die sogenannten Industrienationen vergewaltigen, benützen und berauben sie, indem sie ihre Gaben verschwenden, ihre Gesetze missachten und so mit ihr umgehen, als hätten sie eine zweite Gaia in Reserve. Energetischen Ausgleich können wir nur dann schaffen, wenn wir ihre Gaben wieder schätzen, uns an ihren Geschenken erfreuen und Dankbarkeit zeigen, indem wir sorgsam und behutsam mit ihr umgehen. Das haben wir anscheinend verlernt. Wir sprechen von bösen, angriffslustigen Tieren - von Wölfen und Bären, die über uns herfallen - oder von Schlangen und Spinnen, die uns bedrohen. Es gibt viele Menschen, die, obwohl sie mit diesen „gefährlichen" Tieren zusammenleben, nicht von ihnen gebissen oder verletzt werden. Sie haben Hochachtung vor ihnen und bringen ihnen Liebe entgegen – was die Tiere spüren und entsprechend darauf reagieren.

Wir bekommen nur das zurück, was wir aussenden. Wer bedankt sich schon bei einem Huhn, das er gerade auf seinem Teller hat, oder bei einem Apfel, in den er beißt?! Das Huhn schlägt nicht zurück, sehr wohl aber die kriechenden, stechenden und beißenden Tiere, vor denen wir Angst haben. Der Apfel leidet schweigend unter unserer Missachtung, der Energieausgleich findet dann auf einer ganz anderen Ebene statt. Unser Desinteresse oder unser täglicher Ärger schlägt sich in einer Magenverstimmung oder in einem Leberleiden zu Buche, unsere Gier wird vielleicht durch eine Missernte ausgeglichen. Da wir unbewusst leben, würden wir hier nie einen Zusammenhang vermuten. Auch in unserem persönlichen Umfeld empfinden wir die Reaktionen unserer Umwelt auf unser Verhalten oftmals als Bosheit, Schikane oder Rache, obwohl sie uns ebenfalls nur unsere eigenen Defizite, aber auch gleichzeitig die Möglichkeit aufzeigen, uns auszugleichen. Sehen wir uns das an praktischen Beispielen an:

Wir nehmen mehr, als wir geben

Wir nehmen Leistungen oder Hilfe in Anspruch, wir fordern und erwarten. Wir fühlen uns arm, schwach oder krank und setzen voraus, dass uns andere helfen. Das gut geschulte, soziale Gewissen springt jetzt bei jedem Leser sofort an: „Müssen wir das nicht aus reiner Nächstenliebe tun?" Lassen wir zunächst die Nächstenliebe aus dem Spiel und betrachten Soll und Haben nur unter dem Aspekt einer Energiebilanz: Wenn ich mehr nehme, als ich gebe, mache ich Schulden. Die „Schuld" bringt damit Dynamik ins Leben, denn sie veranlasst uns dazu, dieses Energieungleichgewicht auszugleichen und die Schuld abzubauen, aber sie ist mehr als nur ein Gesellschaftsspiel, denn sie arbeitet als Schattenthema im Verborgenen – und belastet unseren Gallenblasenmeridian. Ein entsprechender Energieausgleich wären zunächst Liebe und Dankbarkeit für das Leben, für mich und meinen Zustand und für die Liebe, die mir von den anderen entgegengebracht wird. Wir gelten es jedoch mit einer Bezahlung aus einer Krankenversicherung ab, denn wer bedankt sich schon bei seiner Krankheit oder bei seinem Leben, das einem nur Kummer und Sorgen beschert hat? Mit unserem Frust bleiben wir den Preis zum zweiten Mal schuldig, da die Krankheit meistens die letzte Zahlungsaufforderung ist. Wenn ein kleines

Kind krank ist und dankbar jede Hilfe annimmt, haben wir nie das Gefühl „ausgenützt“ zu werden, denn wir werden durch seine Zuneigung und sein entgegengebrachtes Vertrauen „belohnt“, es schafft den Ausgleich selbst.

Wenn ich meine Pflicht oder meine Aufgabe ablehne, sie schlecht oder unwillig mache, nehme ich ebenfalls mehr als ich gebe. Ich mache mich dem Auftraggeber gegenüber schuldig, selbst wenn es sich „nur“ um meine Mutter handeln sollte! Ich fühle mich vielleicht als Opfer, werde aber zum Täter.

Ein anderes, ebenfalls alltägliches Beispiel ist die Geschenkannahme oder das Aufdrängen eines Geschenkes. Wir werden damit zum Nehmen gezwungen. Jeder unerwünschte oder aufgedrängte Blumenstrauß, den ich höflichkeitshalber annehme, belastet mein Schuldenkonto. Ich werde damit zu einem überschwenglichen Dankeschön, zu einem Energieausgleich gezwungen, den ich gar nicht geben wollte, und werde in eine Opferrolle gedrängt. Aber wer hat schon den Mut, die scheußliche Vase einer Tante mit den Worten abzulehnen: „Danke, aber ich brauche keine Vasen mehr“? (Als Energieausgleich könnte höchstens das ebenso geschmacklose Bild, das man von einem alten Onkel geschenkt bekommen hat, dienen.)

Besonders in der Familie und in der Partnerschaft wird auf solche Energiebilanzen überhaupt nicht geachtet, Schwierigkeiten sind damit vorprogrammiert. Mit einer ständigen Überforderung eines Partners entsteht ein Energiegefälle, das irgendwann einmal ausgeglichen werden muss. Die Regel für eine harmonische Partnerschaft heißt, dass die Konten Geben und Nehmen ausgeglichen sein müssen. Meistens wird dieses Spiel jedoch begonnen, ohne dass man sich der Spielregeln bewusst ist. Es ist wie ein Theaterstück mit geheimem Drehbuch, so als würde ich „Blinde Kuh“ spielen und hoffen, dass alles gut ausgeht. Wenn ich ständig mehr nehme als ich zurückgebe, kommt der andere Partner in ein Defizit und mit der Partnerschaft geht es bergab. Ohne dass es mir bewusst wird, häufe ich damit mein Schuldenkonto an, rutsche ins Minus und mache sogar den Energiespender (der gar nicht weiß, dass er gibt) dafür verantwortlich. Der Partner rinnt energetisch aus, fühlt sich schlapp und kraftlos und will (wieder unbewusst) endlich auf seine Kosten kommen. Er ist zum heimlichen Blutspender geworden und fühlt sich verraten. Das ist der eigentliche Hintergrund für endlose Debatten: „Warum gibst du mein schwer verdientes Geld für solche Fetzen aus?“ „Was hast du dauernd im Wirtshaus verloren? Nie bist du da, wenn ich dich brauche.“ Nur wenn beide das Spiel durchschaut haben und ihr Energiekonto ausgleichen, bestehen für diese Ehe noch Chancen.

Wenn ich fremdgehe, erfordert das in unserem Partnerschaftssystem einen Ausgleich, weil ich ja meinem Partner etwas vorenthalte. Dabei stellt sich jedoch die Frage, ob ich fremd gegangen bin, weil ich mein Energiedefizit nicht mehr ertragen habe und auf die Weise wieder eine Energiebalance herstellen wollte. Einen Ausgleich zu schaffen, weil ich mich an meinem Partner rächen will, bringt nicht viel, da das Gefühl der Schuld bleibt. Die echte Partnerschaft beruht darauf, dass beide Partner an ihrem eigenen Weg und ihrer eigenen Ganzheit arbeiten. Wenn sie mit sich selbst glücklich sind, können sie dieses Glück weitergeben. Wenn einer der Partner seinen Mangel in der Partnerschaft auszugleichen versucht, geht das meistens böse aus. Dieses Defizit wird sehr bald spürbar, es wird einer vom anderen abhängig und damit entstehen Hass und Streit. Wenn man schuldig ist und versucht, den anderen schuldig zu machen, damit ein Ausgleich geschaffen wird, ist das zwar Stoff für ein gutes Drehbuch, aber keine Dauerlösung! Echter Energieausgleich kann immer nur bewusst erfolgen.

<u>Beispiel Elternschaft</u>: Die Vorraussetzung für eine Elternschaft wäre, bedingungslos zu geben, also ohne von den Kindern etwas zu erwarten. Hier ist es ja der Wunsch der Eltern, Kinder zu haben, sie aufzuziehen und ihnen den Start ins Leben zu ermöglichen. Meistens wird jedoch sehr wohl erwartet, dass sich das Kind durch entsprechende Leistungen erkenntlich zeigt, obwohl Vertrauen, Liebe und vielleicht auch Dankbarkeit bereits einen natürlichen Ausgleich dargestellt hätten.

<u>Beispiel Geschwister</u>: Die Eltern geben dem ältesten Kind, das ältere Kind in einer Familie gibt dem jeweils jüngeren, ohne direkte Gegenleistung zu erwarten. Den meisten (Eltern) ist diese Spielregel viel zu wenig bewusst und sie überfordern, bevorzugen oder benachteiligen eines der Kinder. Damit ist das

ältere Kind eifersüchtig auf das jüngere oder es ist emotionell überfordert, weil es auf alle jüngeren Kinder aufpassen muss.

Wir geben mehr, als wir nehmen

Das klingt ausgesprochen altruistisch, klingt nach helfendem Samariter und schreit nach einem Verdienstorden. Ist es aber nicht. Es ist uns vielleicht gar nicht bewusst, wie oft wir andere durch unser Helfersyndrom schuldig machen. Sie stehen in unserer Schuld, weil wir ihnen Aufgaben oder Pflichten abnehmen, ihre Probleme lösen, Geschenke aufdrängen, ihnen unbedingt helfen wollen, sie bemuttern und überversorgen. Unser Samaritertum macht uns damit zum Täter, was uns überhaupt nicht bewusst ist. Drehen wir aber den Spieß um und betrachten den Bemutterten, Beschenkten und gut Betreuten, so haben wir ihn zum Opfer gemacht, wir haben sein Schuldenkonto belastet, indem wir ihm diese Vergünstigungen aufgedrängt haben.

Wenn wir unsere Gesellschaftsnormen unter diesem Gesichtspunkt betrachten, könnte man meinen, dass vieles eingeführt wurde, um uns absichtlich in Abhängigkeit zu bringen. Jeder Ausspruch: „Iss das schön brav auf, sonst ist die Oma traurig", macht mich zum Täter. Wir sollten uns auch diverse Erwartungshaltungen, Spenden, Entwicklungshilfen oder unentgeltliche Verpflichtungen unter diesem Gesichtspunkt betrachten. Wir werden zu Opfern oder zu Tätern, ohne uns dessen bewusst zu sein.

Entschulden

Wie kann ich diese Schuld wieder ausgleichen? Zunächst muss mir die Schuld überhaupt bewusst werden, dann muss ich dafür Verantwortung übernehmen und drittens habe ich für einen Ausgleich zu sorgen. Solange ich mit Begründungen und Ausreden komme, warum ich auf keinen Fall schuld sein kann, ist ein Entschulden nicht möglich. Solange ich mich nicht als

Täter erkannt habe und mir meiner Schuld bewusst bin, solange werde ich mich als Opfer fühlen und auch dementsprechend auftreten. Erst wenn ich die Schuld erkenne, kann ich selbst entscheiden, ob ich Opfer bleiben will oder ob ich aus dieser Rolle aussteige. Das ist noch viel schwieriger als es klingt, denn wer erkennt sich in seiner „aufopfernde" Liebe zu seinem alkoholsüchtigen Mann als Täter? Wer würde es als Aufdrängen bezeichnen, wenn er seinen erwachsenen Sohn noch immer bei sich beherbergt (Täter)? Das Hotel Mama übergebührend zu beanspruchen, macht mich zum Täter, denn ich nehme ohne entsprechende Gegenleistung. Wenn ich in meine Krankheit flüchte, mich als Opfer des Schicksals betrachte und meine Umgebung belaste, bin ich in Wahrheit ein anonymer Täter. Wenn ich mich tyrannisieren lasse, mich selbst zum Opfer mache oder für etwas aufopfere, werde ich damit wieder zum Täter. Wir müssen uns nur immer fragen, ob wir etwas durch unsere Handlung erzwingen. In diesem Fall machen wir den anderen zum Opfer, zwingen ihn zum Nehmen und werden selbst zu Tätern. Auch geschehen lassen, macht schuldig im Sinne einer ausgeglichenen Energiebilanz. Wenn mir diese Tatsache einmal bewusst geworden ist, dann kann ich gegensteuern und tappe nicht mehr unbewusst in meine eigene Falle. Indirekt ist auch die Gesellschaft um Ausgleich bemüht; zahlreiche Einrichtungen, wie freiwillige Feuerwehr, Beziehungsnetzwerke, Tauschbörsen oder Nachbarschaftshilfe, sorgen für einen Energieaustausch: man gibt und nimmt gleichermaßen.

Verantwortung übernehmen

Wenn wir uns als Opfer oder Täter erkannt haben und feststellen, dass wir bei vollem Verstand gehandelt haben, übernehmen wir die Verantwortung für unsere Handlung. Dann können wir uns entschuldigen. Die Beichte, vornehmlich die öffentliche Beichte war für ein öffentliches Bekennen der Verfehlung gedacht, die man begangen hatte. Mit dieser Beichte stehe ich zu mir und bekomme wieder Selbstachtung, denn „Fehler kann jeder machen". Ich brauche mich nicht zu beschuldigen oder zu verurteilen, ich brauche nur anzuerkennen, dass es so ist. Das ist die Voraussetzung: dass wir uns auch vergeben können. Jetzt habe ich die Möglichkeit, für einen entsprechenden Ausgleich zu sorgen, mit dem meine Schuld dann getilgt ist. Beide Schritte sind notwendig, um mir selbst gegenüber Respekt zu zeigen und mich auf mich ohne Wertung und Kritik einzulassen. Wenn ich mich aburteile oder sogar für etwas bestrafe, was ich getan habe, dann werte ich mich ab, behandle mich wie ein kleines Kind oder einen Untergebenen, sehe mich als minderwertig an. Begründen, erklären, verurteilen, mich mit Selbstvorwürfen, meiner Dummheit oder der der anderen herumzuschlagen, bedeutet nur, dass ich mich wieder auf ein Konzept des Verstandes einlasse.

Mich so anzunehmen, wie ich bin, bedeutet, Veränderung zuzulassen – es bedeutet, das anzunehmen, was kommt: Wenn ich Schmerzen habe, dann nehme ich den Schmerz an, wenn ich traurig bin, dann die Traurigkeit. Im Leben gibt es kein Sollte. Es gibt nur das, was passiert. Ich erkenne das Wechselspiel zwischen Ursache und Wirkung und steige damit aus der Opferhaltung aus. Wenn ich bewusst lebe und bewusst mein Leben annehme, kann ich nicht mehr zum Opfer werden, das hilflos der Willkür der Götter ausgeliefert ist.

Scham

Wir schämen uns, weil wir unseren Anforderungen oder denen der anderen nicht entsprochen haben. Der Anlass selbst kann so unbedeutend und so banal sein, dass es unter Umständen nur mir selbst auffällt. Das ändert nichts daran, dass ich mich tagelang damit auseinandersetze und herumlaufe, als hätte man mich an den Pranger gestellt. In der Erziehung wird diese Unterwerfung mit den Worten „Schämst du dich denn gar nicht?" gefördert und bei allen Gelegenheiten konditioniert. Wir bekommen Angst und versuchen, alle peinlichen und blamablen Situationen, in denen wir uns minderwertig, gekränkt oder abgelehnt vorkommen, tunlichst zu vermeiden. Von dieser Angst profitieren Eltern, Erziehungsberechtigte, Respektpersonen aller Art, und auch wir benützen sie, um uns andere gefügig zu machen. Wir fürchten uns, ganz allein auf uns gestellt, von allen Freunden verlassen, in die Wüste geschickt zu werden und tun alles, damit dies nicht passiert. Wir schämen uns, nicht den Gesellschaftsnormen oder der Mode zu entsprechen, nicht „in" zu sein. Wir fürchten uns, unsere Schönheit, Jugend, Potenz, Vitalität oder unser Geld zu verlieren. Wir tun alles, um dieser Angst zu entgehen, und damit vermeiden wir das Leben selbst.

Wir finden diese Scham, versagt zu haben und der Gruppe nicht zu entsprechen, bereits im Tierreich vor. Es ist eine Überlebensfrage, die den Fortbestand sichert, dass bestimmte Fähigkeiten und Techniken beherrscht werden. Wenn Schimpansen Mist bauen oder etwas nicht gleich erfassen, dann werden sie von den anderen regelrecht ausgelacht und sie ziehen sich beschämt zurück. Auch Adam und Eva „schämten" sich, als sie erkannten, dass sie nackt waren, daher dem Paradies nicht mehr entsprachen und ausziehen mussten.

Transformation

Die Transformation des Gallenblasenmeridians bedeutet, Ursache und Wirkung zu erkennen und aus der Opfer-, Täterrolle auszusteigen. Ich habe die Verantwortung für mein Leben übernommen, bin mir meiner Handlungen bewusst, mein Ja ist ein Ja und mein Nein ist ein Nein. Ich bin bereit, den Preis für meine Entscheidungen zu zahlen und kann damit mein Leben hemmungslos und vor allem ohne schlechtes Gewissen genießen. Ich bin wirklich frei.

Unsere nächste Erzählung stammt aus den griechischen Heldensagen und ist das große Epos über die Schuld:

Ödipus

Als König Laios durch das Orakel von Delphi erfuhr, dass ihn sein eigener Sohn tötet werde, beschloss er, seinen neugeborenen Sohn Ödipus in der Wildnis auszusetzen. Iocaste hatte sich dieses Kind sehnlichst gewünscht, und es brach ihr fast das Herz, als Laios dem Kind die Fersen durchbohrte und es einem Hirten übergab. Der Hirte hatte jedoch Mitleid mit dem armen Knaben und brachte ihn zu König Polypos, der ihn dafür reich belohnte. Polypos, dessen Wunsch nach einem Sohn nach vielen Jahren endlich erfüllt wurde, betrachtete Ödipus als Geschenk der Götter, und er zog ihn an Kindes statt auf. So wuchs Ödipus zu einem stattlichen Jüngling heran, ohne jemals von seinen wahren Eltern zu erfahren. Doch auch Ödipus kam eines Tages das Gerücht über das Orakel zu Ohren, dass er dereinst seinen Vater töten und seine Mutter ehelichen werde. Voll Entsetzen trachtete er, diesem unseligen Fluch zu entkommen und beschloss, heimlich seine Eltern zu verlassen und in die Fremde zu ziehen. Auf seiner Wanderschaft durchstreifte er auch einen dichten Wald, der unweit der Nähe der Stadt Theben weite Teile des Landes bedeckte. Auf einem schmalen, steinigen Weg preschte ihm ein Pferdegespann entgegen und machte keine Anstalten, stehen zu bleiben. Im Gegenteil, anstatt Ödipus höflich zu bitten, das Gespann vorbeizulassen, zückte der Wagenlenker seine Peitsche, um den jungen Mann aus dem Weg zu räumen. Ödipus war als Königssohn aufgewachsen und solchen Umgang nicht gewohnt. Erbost über diese Anmaßung riss er den Lenker vom Wagen und erschlug den Diener, der sich auf ihn geworfen hatte. Es kam zum Handgemenge, die führerlos gewordenen Pferde scheuten bei all diesem Tumult, gingen durch und rissen den Wagenlenker, der sich in den Zügeln verfangen hatten, mit sich. Es war niemand anderer als König Laios, der von seinem eigenen Gespann zu Tode geschliffen wurde.

Ahnungslos, soeben sein Schicksal erfüllt zu haben, zog Ödipus weiter, bis er vor die Tore der Stadt Theben kam, die von einem schrecklichen Ungeheuer in Angst und Schrecken gehalten wurde. Hera hatte als Strafe für König Laios diese Sphinx geschickt, die jeden tötete, der auf ihre Rätselfrage keine Antwort wusste. Es war eine Löwengestalt mit einem Frauenkopf, Adlerflügeln und dem Schwanz einer Schlange. Da es nur mehr wenigen Menschen gelang, in die Stadt zu kommen, war der Handel bereits zum Erliegen gekommen und die Stadt war gänzlich von ihrer Umgebung abgeschnitten. Das Rätsel lautete: „Welches Wesen, das nur eine Stimme besitzt, geht manchmal auf vier, manchmal auf zwei und manchmal auf drei Beinen? Es ist am schwächsten mit den meisten, am stärksten mit den wenigsten Beinen". Ödipus sagte nach kurzem Nachdenken, dass dies nur der Mensch sein könne, der in den Anfangsjahren und im hohen Alter am *schwächsten ist, aber stark in der Zeit, wo er auf beiden Beinen stehen kann. Als die Sphinx diese Antwort hörte, stürzte sie sich wütend von einem hohen Felsen. Ödipus zog unter dem Jubel der Menge als Held und Befreier in die Stadt ein, wo ihm als Dank die Königswürde und die Hand von Iokaste angeboten wurden. Ödipus war dankbar über diese glückliche Wende des Schicksals, heiratete Iokaste und regierte viele Jahre als weiser und liebevoller König die Stadt.*

Als jedoch nach vielen Jahren des Friedens und Wohlstands die Pest über die Stadt ausbrach, zog Ödipus den blinden Seher Theresias zu Rate und erfuhr von seiner großen Schuld, seinen Vater Laios getötet, seine Mutter Iokaste geheiratet und mit ihr Kinder gezeugt zu haben. Verzweifelt über seine Verfehlung beschloss er, diese „Verblendung" zu sühnen: Er stach sich beide Augen aus, verließ mit seiner Tochter Antigone die Stadt Theben, und zog als blinder Bettler durchs Land. Aber auch Iokaste konnte mit ihrer Schuld nicht mehr länger leben und erhängte sich.

Die griechischen Sagen beschäftigen sich oftmals mit der Verantwortung, die man für seine Familie und seine Sippe hat. Wenn man sie nicht wahrnimmt, gerät man in Schuld. Um größeres Unglück abzuwenden, das heißt, um das Gleichgewicht wieder herzustellen, muss man sich selbst entschulden, was in diesen Sagen meistens „selbst richten" bedeutet. Die Schuld von Ödipus bestand in der Verblendung, etwas nicht erkannt zu haben, und daher blendete er sich als Ausgleich dafür. Das Schicksal wurde oftmals als Willen der Götter bezeichnet, das man zu erfüllen hatte, ob es einem genehm war oder nicht. Auf die heutige Zeit und vor allem auf die Meridiane bezogen, ist es mit dem Schicksal zu vergleichen, das sich unsere Kinderseele ausgesucht hat und das man ebenfalls erfüllen muss. Manchen Ereignissen kann man daher nicht entkommen, und es ist sinnlos, dagegen anzukämpfen. Ich kann mich nur entscheiden, ob ich mein Schicksal als Opfer oder als Täter erfüllen möchte, aktiv oder passiv, handelnd oder getrieben. Antigone war als einzige bereit, aktiv, sehend und selbst entscheidend ihren Weg zu gehen. Sie verließ freiwillig mit ihrem Vater die Stadt, begrub ihren Bruder trotz der angedrohten Strafen und machte schließlich ihrem Leben selbst ein Ende, ohne faule Kompromisse zu schließen. Iokaste hatte die Zeichen nicht erkannt und hatte ein

Leben lang an dieser Schuld zu tragen. Da sich Laios immer wieder gegen die Götter und gegen die Gesetze entschieden hatte, wurde er mehrfach bestraft und mit ihm auch die Stadt Theben, die ihm Anvertrauten. Hier wird der Gedanke der Sippenhaftung eingebracht, die sich über den Tod von Laios auch auf dessen Enkelkinder übertragen hat. „Dein Blut komme über dich und deine Kinder". So sehr wir uns auch dagegen wehren: wir haben unser Schicksal zu erfüllen – auch wenn es meistens nicht so dramatisch zugeht wie bei den Griechen.

Lebermeridian, der Märtyrer

Holz / Yin
Organzeit: 1 - 3 Uhr

Qualitäten:	Zorn, Groll, Verbitterung, Märtyrertum, Kränkung, Beleidigtsein
Befreite psychische Qualität:	Ehrgeiz, Engagement
Befreite seelische Qualität:	Mut und Lebensfreude

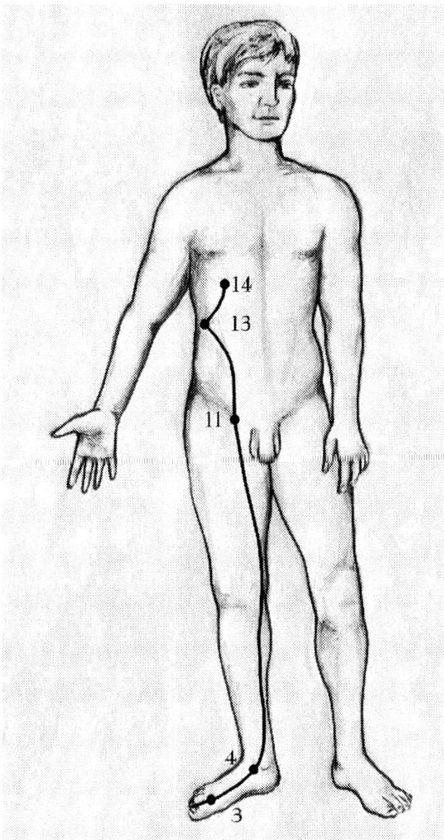

Leber 3 (Tai Tshu)
- hilft bei Migräne, Schwindel, Reizbarkeit und Stress

Leber 4 (Tshu Ho)
- Arthritis im Fußgelenk, Rückenschmerzen

Leber 11 (In Ren)
- Menstruationsschmerzen, Frigidität

Leber 13 (Shyo Mon)
- Bauchweh, Erbrechen

Leber 14 (Ki Mon)
- Rippenschmerzen, Laktationsprobleme

In Kombination mit anderen Meridianen ergeben sich folgende negative oder positive Muster:

Le + Lu	meine Wut nicht ausdrücken oder nicht kontrollieren können
Le + Di	Machtmissbrauch, Vergewaltigung, Gewalt
Le + M	Wut auf das Schicksal, das Leben
Le + MP	Ich transformiere Wut in Mitgefühl für mich selbst. Massaker, die Sucht zu töten
Le + Dü	Du bist schuld daran, dass es mir schlecht geht.
Le + B	fanatischer Zerstörer, Nero, Hitler
Le + N	Angst vor Aggression
Le+ H	Wut, Hass (als eine Form der Liebe!), Autoaggression macht krank
Le+ KS	Ich bin wütend, dass es sich andere so leicht machen.
Le +3E	Märtyrerrolle verhindert, das Leben leicht zu nehmen
Le+ G	Ich fühle mich schuldig und mache mich schuldig.

Element Holz, Funktionskreis Leber / Gallenblase

Das Element Holz regiert Leber, Gallenblase mit Galle und Cholesterol, Muskeln, Sehnen, Bänder, periphere Nerven, Augen mit Tränen, Nägel und äußere Geschlechtsorgane, Busen (Tumor, carcinom) Holz verkörpert Lebenskraft und Selbstbewusstsein.

Allgemein gesehen kontrolliert das Element Holz alles, was mit Bewegung, Flexibilität und Kreislauf (Blutspeicherung, Blutverteilung und Energiefluss) in Zusammenhang steht. Die treibende Kraft des Elements Holz verkörpert schnelles Wachstum, Neues wird mit Begeisterung in Angriff genommen und Altes kann zurückgelassen werden. Dieser Funktionskreis ist für die Entgiftung des Blutes zuständig und hat Einfluss auf die Menstruation. Bei gesundheitlichen Störungen treten beim Holz-Typus vorwiegend Störungen des peripheren Nervensystems, der Bewegungsfähigkeit, Dynamik und Koordination, Bewegungsschmerzen, Nerven- und Muskelkrämpfe, außerdem Reizbarkeit, Übelkeit, bitterer Geschmack, scharfe Schmerzen im Bereich der Leber, trockene Augen oder taube Glieder auf.

Speziell die Leber sorgt sowohl durch ihre Speicherfähigkeit als auch durch ihre Entgiftungsfunktion für einen ausgeglichenen emotionalen Zustand und für einen harmonischen Fluss des *chi*.

Bei einem vorübergehenden Energieüberschuss des Leber- und Gallenblasenmeridians entsteht ein Ungleichgewicht zwischen den Elementen Wasser und Feuer mit der Folge, dass Erde (Magen / Milz-Pankreas) und Metall (Lunge, Dickdarm) überempfindlich reagieren. Dies äußert sich durch Atem- und Verdauungsprobleme, Bluthochdruck, Angina pectoris oder Herzklopfen. Weitere Beschwerden, die durch einen blockierten Lebermeridian hervorgerufen werden, können sein: Neuralgien, Schlaflosigkeit, Steifheit, plötzlich auftretenden Bewegungsschmerzen und Krämpfen der Muskulatur, rot unterlaufenen Augen, Bindehautentzündung, Kopfschmerzen, Schwindel, Akne, Herpes, Allergien, Juckreiz, Schwerfälligkeit und Anfälligkeit für Unfälle und Verletzungen.

Physische Ebene

Die Leber ist mit ca. 1,5 kg das größte Organ des Körpers und in erster Linie für den Stoffwechsel verantwortlich. Zu ihren Aufgaben zählen u. a.: Entgiftung des Körpers, Bildung des Harnstoffes und einiger Aminosäuren, Abbau der Fettsäuren und der Aminosäuren, Umwandlung von Kohlehydrate in Fette, Auf- und Abbau sowie Speicherung des Glykogens, Umwandlung von

Zuckerarten, Bildung der Bluteiweißkörper, Aufbau der Gallensäuren, Umbau des Hämoglobins in den Gallenfarbstoff Bilirubin.

Psychische Ebene

Wenn der Lebermeridian in Harmonie ist, ist man imstande, seine Ideen sofort in die Tat umzusetzen. Man ist entscheidungsfreudig, besitzt Ehrgeiz und Engagement und liebt die Herausforderung. Diese Menschen lassen sich von ihrer Vision beflügeln und streben nach Erfolg und Bestätigung. Der Lebermeridian kontrolliert das Leber-Chi und damit die pure Lebensfreude. Der Lebermeridian verleiht auch die Fähigkeit, zu erforschen und ist maßgeblich an speziellen Charaktereigenschaften beteiligt. Wenn der Lebermeridian blockiert ist, neigen wir dazu, alles sehr persönlich nehmen. Wir beziehen alles auf uns und gehen damit auch bei belanglosen Themen gleich auf Konfrontation. Damit sind wir für Lob und Tadel anfällig und lassen uns auf die Spielregeln der anderen ein, womit wir leicht zu manipulieren sind.

Vom Lebermeridian gesteuerte Menschen sind leicht beleidigt, unzufrieden, aggressiv, cholerisch, aufbrausend nachtragend und neigen dazu, sich als Märtyrer zu sehen. Sie lassen sich lieber kränken, bevor sie die Trauer annehmen. Die Chinesen sagen, dass der Mensch die ersten vierzig Jahre seines Lebens vom Lebermeridian gesteuert wird, die restlichen Jahre vom Herzmeridian.

Bachblüten / kalifornische Essenzen:

Holly: bei Hass, Zorn, Wut
Red Clover: bei starken Emotionen, Unfällen oder Tendenzen zur Selbstzerstörung
Scarlet Monkeyflower: bei unterdrücktem Hass, Zorn, Wut
Star Thistle: bei Gier und Geiz
Tiger Lily: für Macho, Choleriker; bei Rücksichtslosigkeit und Streitsucht
Trillium: bei Rücksichtslosigkeit, Gier nach Macht und Besitz
Yerba Santa: löst Trauer und Melancholie
Impatiens: bei Ungeduld und Hektik

Von welchem Zwangsmuster werden wir gelebt?

Der Leber- und der Gallenblasenmeridian sind unsere Schattenmeridiane, die uns stimulieren und indirekt steuern. Versuchen wir, ihre Botschaft zu verdrängen, so erleben wir statt Lebensfreude Zorn, Groll, Schuld und Scham. Wenn wir die Ursache unserer Emotionen erkennen, wenn wir Ursache und Wirkung erfassen, können wir aus dem Hamsterrad aussteigen. Wenn wir nur die Gallenblase herausschneiden und die Gallensteine entfernen lassen, dann übernimmt der Lebermeridian die Aufgabe der Galle und wir werden aggressiv und wütend, um die Schuld zu verdrängen. Wir haben aber meistens nicht gelernt, mit Wut, Groll und Zorn richtig umzugehen, wir haben nur gelernt, sie zu unterdrücken.

Wut, Zorn und Groll

In unserem westlichen Gesellschaftssystem und in unserer Tradition hat Erziehung einen sehr hohen Stellenwert. Das heißt, dass schon sehr früh begonnen wird, dem Säugling und später dem Kleinkind dessen Eigenheiten und dessen eigenen Willen zu brechen oder zu schwächen und durch die Ansichten und das Weltbild der Eltern zu ersetzen. Die Umgebung prägt und erzieht das Kind, um einen gut funktionierenden, sozial verträglichen, sich gut unter- und einordnenden Mitbürger zu schaffen, der imstande ist, „im Leben seinen Mann zu stehen". Eltern, Verwandte, Lehrer und Vorgesetzte prägen das Weltbild, liefern Lebenskonzepte und Vorstellungen vom Soll, die oftmals überhaupt nicht den Vorstellungen der Kinderseele entsprechen. Das Kind entwickelt nun je nach Veranlagung diverse Konzepte, um mit diesen Ungerechtigkeiten oder den Ungereimtheiten fertig zu werden. Besonders bei „braven" Kindern bemerkt man kaum die aufgestauten Aggressionen, Wut und Frust, die von ihnen nicht abgebaut werden können und damit in den Schattenbereich verdrängt werden. Damit werden diese verdrängten

Aggressionen, Emotionen, Kränkungen, Schuldgefühlen und Verletzungen zu psychologischen Zwangsmustern, die im Hintergrund wirken und uns gleichsam als Subprogramme steuern. Man erkennt dies sehr gut bei emotionellen Leuten, die sofort auf eine ihnen unangenehme Situation reagieren. In Sekundenschnelle steigt ihr Blutdruck auf 200 mmHg, ihre Fäuste ballen sich, ihr Gesicht läuft rot an, sie schreien los oder schlagen zu. Manche benötigen eine längere Anlaufzeit, um durchzudrehen, wenn ihr Limit erreicht ist. Dann genügt jedoch ein kleiner Anlass, dass diese Menschen mit einem Messer zustechen oder Amok laufen und mit einem Gewehr in die Menge schießen.

Es gehört Mut dazu, zu sich selbst und seinen Fehlern zu stehen, es gehört Mut dazu, sich seine Schwäche einzugestehen und in dieser Schwäche verweilen zu können. Es gehört Mut dazu, tätig zu werden und der Spur der Lebendigkeit zu folgen. Oftmals benützen wir Krankheiten als Bestrafungsaktionen für uns und für andere, weil wir das Leben nicht so leben, wie wir es uns vorgestellt haben. Wir fühlen uns nicht verantwortlich und übernehmen keine Verantwortung für unsere Handlungen. Erst durch die Krankheit werden wir gezwungen, das Jetzt – wenn auch auf Umwegen – zu akzeptieren.

Wie gehe ich mit meinen Emotionen um?

Wer sich kennt, kennt auch die Strategien, die man entwickelt, um seinem Ärger Luft zu machen. In vielen Fällen entschließt man sich, der Sache aus dem Weg zu gehen, zu schmollen, zu trotzen, sich in sein Schneckenhaus zurückzuziehen. Damit hat man zunächst einmal die Chance verpasst, sich sofort mit diesem Thema auseinanderzusetzen, und man überlässt es dem Lebermeridian, damit fertig zu werden.

Der tägliche Stress nimmt uns Kraft. Immer wenn wir unter Stress stehen, laufen körperliche und damit chemische und elektro-magnetische Prozesse ab, auf die wir keinen Einfluss haben. Sie sind Teil unseres genetischen Erbes und haben nur einen Sinn: unser Überleben in gefährlichen Situation zu sichern, indem die Körperkräfte dort mobilisiert werden, wo man sie zunächst braucht. Es wird alle verfügbare Energie in die Beinmuskulatur geschickt, damit wir dem vermeintlichen Löwen entkommen, oder in die Armmuskulatur, damit wir kämpfen können. Wird dieser Stress – also die bereitgestellte Energie – nicht über körperliche Muskeltätigkeit abgeleitet, richtet sich diese Energie gegen uns selbst. Wir kennen dieses „Blackout", das ursprünglich verhindern sollte, dass man in Stresssituationen über Entscheidungen nachdenkt anstatt zu rennen! Stress kann also prinzipiell nur durch körperliche Betätigung abgeleitet werden. Auch das kennen wir bei uns selbst: Bei Ärger reagieren wir uns ab, indem wir zornig aufspringen, herumschreien, die Türen zuknallen oder mit Gegenständen herumwerfen.[47]

Wenn ein Kind in seine eigene Hilflosigkeit gebracht, wenn es verletzt, gekränkt oder wütend ist, muss es sich körperlich abreagieren dürfen. Seit jeher haben Kinder durch Ball-, Wett- oder Kampfspiele, Raufereien oder Sport ihre gespeicherte Wut ausgelebt. Es reicht schon der Schulweg – so er zu Fuß zurückgelegt wird –, um den Schulfrust abzureagieren! Es gilt, durch die Bewegung die Stressfaktoren wieder aus dem Muskelbereich zu bringen. Ein Mensch ist erst dann gesund, wenn er in der Lage ist, negativen Stress auszugleichen, damit die Lebensenergie wieder fließen kann. Um Leberzirrhose zu bekommen, muss man kein Säufer sein – es genügt der tägliche Ärger in feinen Dosierungen.

Macht und Wut

Machtmissbrauch ist bereits so alltäglich, dass wir ihn als solchen gar nicht mehr erkennen. Die Eltern verletzen die Grenzen der Kinder und belohnen und strafen sie aus ihrer Machtposition heraus. Die Kinder loten die Grenzen der Eltern aus.

[47] Lesch, Mathias u. Förder, Gabriele: Kinesiologie, Aus dem Stress in die Balance, München 1994, S. 11 ff

Man könnte das als einen Übungskampf des Lebens betrachten, der auf offenem Feld ausgetragen wird. Schwieriger wird es, wenn diese Kämpfe unbewusst geführt werden oder ein Elternteil seine Aggression nie ausgelebt hat. Dieses psychologische Zwangsmuster wirkt dann in der Partnerschaft und in der Elternschaft weiter: Der Partner wird missbraucht, man erfährt ständig Grenzverletzungen, ohne dass man sich wehrt. Damit beginnt sich der Teufelskreis zu drehen: man versucht, seine nicht gezeigte Willenskraft an einem Schwächeren auszuprobieren. Man unterdrückt und unterjocht das Kind oder lebt seine Aggression an Untergebenen aus. Wir kennen die Macht- und Ohnmachtkämpfe von Jugendlichen: Ruhestörungen, Krawalle, Komatrinken, Vandalismus und Terrorismus. Leber und Dickdarm wehren sich mit Haut- und Geschlechtskrankheiten, wobei die Syphilis bereits durch Aids ersetzt wird. Es sind Zeichen der Grenzverletzungen. Auch die Rache gehört zu den Maßnahmen, mich aus dem Hinterhalt zu wehren und mir auf Umwegen, das, was ich mir vorher nicht zugestanden habe, zu holen. Mit der Rache zeige ich, dass ich noch nicht ganz gebrochen bin.

Hinter jeder Wut steckt Trauer und hinter Trauer Wut, beide zeigen das psychische Zwangsmuster auf und bitten um Auflösung. Ich habe meine Wut bisher hinter einer Maske versteckt, habe schon seit Jahren nicht mehr geweint oder kann mich überhaupt nicht mehr daran erinnern, jemals geweint zu haben; ich habe manchmal ohnmächtige Wut im Bauch und kann mich über Kleinigkeiten aufregen. Wenn mir das bewusst wird und es mir gelingt, Trauer zuzulassen und richtig, hemmungslos zu weinen, dann darf sich diese Wut endlich auflösen! Wenn ich allerdings als „Trauerweide" bekannt bin, wenn es mir schwer fällt, mich richtig zu freuen und etwas hemmungslos zu genießen in Anbetracht des Elends und der Probleme um mich herum, dann wäre es an der Zeit, einmal richtig wütend zu werden, besser gesagt, die Wut endlich zuzulassen, unflätig zu schimpfen oder etwas an die Wand zu werfen.

Erkennen, verzeihen, vergeben

Um etwas auflösen zu können, muss ich das Problem zunächst erkennen und es dann so annehmen, wie es ist. Erst dann kann ich verzeihen und vergeben.

a) Erkennen und Akzeptieren

Zunächst müssen wir unsere Probleme, unsere inneren Wunden, unseren Hass und Groll, unsere Verbitterung, Trauer oder Leid erkennen und spüren, was uns wirklich bewegt. Wenn alles hinter einem Schleier der Vergessenheit ruht, wenn wir glauben, alles schon in violettem Licht, in Om oder dem göttlichen Geist aufgelöst zu haben, dann belügen wir uns meist selbst. Dann sind wir noch nicht richtig gereizt worden, noch nie so richtig in Saft gegangen oder in aller Öffentlichkeit so richtig blamiert und bloßgestellt worden. Wer nach einer solchen Blamage immer noch ruhig lächelnd dasteht, der hat es geschafft. Alle anderen müssen zurück zum Start und sich erforschen. Ich kann nicht etwas auflösen, das ich gar nicht kenne, mir etwas vergeben, wenn ich gar nicht weiß, was ich mir vergeben soll.

Der nächste Schritt ist der der Akzeptanz, dass es so ist, wie es ist, dass ich so bin, wie ich bin. Ich brauche nichts anderes daraus zu machen, ich brauche mich nicht zu genieren. Ich nehme mich ernst, ich nehme mich an. Das gleiche gilt für Situationen, in denen ich vielleicht angegriffen oder beleidigt worden bin oder bewusst aus der Reserve geholt werden soll: „Du Trottel, warum schaust du so blöd?" Wenn ich darauf reagiere und auf dieses Spiel oder die Provokation eingehe, kann ich diese Situation nie auflösen und der Krieg beginnt. Wenn ich dagegen in die Akzeptanz gehe und die Äußerung annehme, kann ich sie eventuell mit der Feststellung quittieren: „Interessant!" oder „Erstaunlich!" Ich steige damit aus den Spielregeln der anderen aus und erfülle nicht ihre Erwartungen, dass ich mich ärgern oder provozieren lasse. Ich leiste der Negativdynamik keinen Vorschub. Ich erkenne aber auch, dass hier ein Problem besteht, dass ich vielleicht jemanden verletzt oder gekränkt habe oder dass ich es bin, der diese Situation heraufbeschworen hat. Indirekt natürlich, aber es sind immer meine Probleme! Daher muss ich mich der Frage stellen: „Wofür stehen meine Probleme? Wovon will ich ablenken? Worauf weisen sie mich hin?“ Wenn diese Seelenerforschung Gefühle oder Widerstände in mir erweckt, bin ich auf der richtigen Spur, dann weiß ich, wo ich tiefer nachfragen kann.

Mir sollte auch bewusst sein, dass ich die Ursache aller Geschehnisse bin, die mich bewegen oder betreffen. Nach dem Resonanzgesetz ziehen wir in jeder Situation auch die passenden Leute an, sind immer wir der Auslöser! Wir sind Schöpfer und erschaffen uns unsere Welt selbst.

b) Verzeihen

Auch das Verzeihen beginnt mit einer Gewissenserforschung. Falls ich Probleme mit dem Verhalten eines anderen, eines Partners habe, muss ich daran denken, dass es immer meine Probleme sind, die mir der andere spiegelt! Bei Vergebung und Verzeihung löse ich immer nur mein eigenes Muster auf, das mir vom Partner aufgezeigt wird. Zu verzeihen, ist noch relativ einfach. Verzeihung ist meistens mit einer Erwartung verbunden, dass der andere den Fehler nicht mehr wiederholt: „Ich verzeihe dir, erwarte aber schon, dass du dich besserst. Ich verzeihe dir, wenn …“ Zu verzeihen bedeutet, dass man sich eine Stufe über den Täter stellt und von oben herab eine Absolution erteilt. So wie die kirchliche Absolution ist sie meist mit einer Bußübung oder dem Versprechen verbunden, dergleichen nicht mehr zu machen. Es ist ein wichtiger Zwischenschritt.

c) Vergeben

Was wir brauchen, ist Vergebung. Zunächst einmal muss ich mir selbst vergeben: Meine eigenen Fehler und Unzulänglichkeiten, meine Ungeduld mir gegenüber und die Tatsache, dass ich mich seit Jahren wie einen Sklaven behandelt habe, der zu agieren und zu funktionieren hat, pausenlos im Einsatz und auf Bereitschaftsdienst gestellt. Ich muss mir vergeben, dass ich Ärger, Zorn, Krankheit und all die Unfälle zugelassen habe. Ich habe ja bereits Verantwortung dafür übernommen und erkannt, dass sie nach dem Resonanzgesetz von mir „bestellt“ wurden. (Wer mit diesem Gedanken noch immer Schwierigkeiten hat, sollte noch einmal darüber reflektieren!) Es muss mir bewusst sein, dass ich mir mit meiner Aggression selbst geschadet habe, dass diese Aggression eine Ursache hatte und dass ich selbst die Ursache dieser Ursache war. Dann kann ich mir vergeben und endlich einen Schlussstrich ziehen. Mit der Vergebung erlöse ich das psychologische Zwangsmuster, das mir jahrelang treue Dienste geleistet hat; es hat jetzt als Schattenthema ausgedient.

Es ist auch wichtig, die Zwangsmuster und Schattenthemen in einem anderen Licht zu sehen, denn sie hatten durchaus positive Auswirkungen. Viele Eigenschaften, die wir verdammen oder verurteilen, haben uns lange Zeit gut gedient, haben erst das aus uns gemacht, was wir jetzt sind: sie haben uns in einem Chaos überleben lassen und uns stark und widerstandsfähig gemacht. Sie haben einen liebenswerten und wunderbaren Menschen aus uns gemacht, der jetzt über vieles lachen kann, was ihn früher umgebracht hätte. Wir müssen auch diesen Eigenschaften die gebührende Achtung und Anerkennung zollen, denn sie waren ein Teil von uns! Erst dann können wir uns von ihnen verabschieden. Wir müssen zunächst geduldig mit uns sein und uns nicht überfordern, denn Vergebung ist ein mehrschichtiger Prozess. Erst wenn wir uns selbst bedingungslos annehmen und lieben, so wie wir sind, können wir uns ehrlich das vergeben, was wir uns angetan haben. Ich muss in meinem Schmerz, meiner Verzweiflung, meinem Zweifel oder meiner Trauer wissen, dass ich selbst zu mir stehe, dass meine Selbstachtung und Selbstliebe so groß sind, dass ich der Wahrheit gegenübertreten kann. Niemand auf der ganzen Welt kann mich verurteilen, wenn ich es nicht selbst tue. Wenn ich gesellschaftliche Gesetze übertrete, muss ich den Preis dafür zahlen – das vermindert aber noch lange nicht meinen inneren Wert, denn meine Seele bleibt davon unberührt.

Wenn wir uns vergeben haben, dann können wir auch dem anderen bedingungslos vergeben. Wenn wir den Zusammenhang erkannt und akzeptiert haben, dass wir selbst der Auslöser waren, fällt es auch leichter, dem Täter die Hand zur Vergebung zu reichen. Selbst wenn es zu keiner Versöhnung kommt, weil derjenige schon tot ist oder keine Begegnung zulässt, kann ich mit meiner Bedingungslosigkeit die Schuld vergeben und damit das Band durchtrennen, das Opfer und Täter zusammenhält. Damit übernehme ich die Verantwortung für dieses Geschehen, erkenne meine Wunde und die des anderen und kann sie ausheilen. Damit bin ich für das dahinter liegende Geschenk offen und bereit, es auch anzunehmen: die Lebensfreude.

Transformation

Die Lebensfreude ist stets mit Dankbarkeit verbunden. Dankbarkeit dafür, dass ich aus dieser schwierigen Situation herausgefunden habe, dass ich bereit war, sie zu lösen oder dass mich diese Erfahrung reifer gemacht hat. Ich bin dankbar dem Leben gegenüber und damit offen für die Freude, die es mir schenkt. Und ich bin glücklich. Alles, was ich bestelle, ernte ich:

Nur ein glücklicher Mensch kann glücklich werden.

Wer hat sich noch nicht Frage gestellt, warum die Müllerstochter Gold spinnen musste und warum das Rumpelstilzchen das Kind der Königin wollte? Das Geheimnis lüftet unser letztes Märchen (frei nach Grimm):

Das Rumpelstilzchen

Es waren einmal ein König und ein Müller, die einander ziemlich ähnlich waren, was sie natürlich nicht wussten. Beide waren ziemlich raffgierig und trachteten, nach Möglichkeit ihren Besitz zu vermehren. Der Müller zahlte wenig Lohn und ließ die Gesellen bis spät in die Nacht die schweren Säcke schleppen. (Da geht es heute unseren Lehrbuben schon viel besser!) Wenn der König Geld brauchte, erhöhte er einfach die Steuern - und daran hat sich bis heute nichts geändert. Beide waren auch ziemlich jähzornig, wenn etwas nicht nach ihrem Willen ging. Der Müller ließ seinen Zorn an seinen Gesellen aus und war gleich mit der Weidenrute zur Hand (was heutzutage nicht mehr möglich ist). Der König warf die Leute einfach ins Verlies oder drohte, sie zu hängen (auch das geschieht heute noch des öfteren). Außerdem gaben beide gerne an. Der König lud Jagdgesellschaften ein und prahlte mit seinem Schloss, das er von einem französischen Architekten hatte errichten lassen, und gab mit seinen erlesene Weinen und vor allem mit seinem Sohn an, für den er eine reiche Frau suchte. Der Müller hatte da weniger Möglichkeiten. Er hatte zwar einen wunderschönen Rosengarten, den er gerne herzeigte, aber sein ganzer Stolz war seine Tochter Isabella. Er konnte sie nicht genug rühmen und ihre Vorzüge loben. Aber da andere Väter auch schöne Töchter haben, musste er sich etwas ganz Besonderes einfallen lassen. Daher erzählte er allen, dass seine Tochter Stroh zu Gold spinnen könne.

Das kam dem König zu Ohren, und es war ihm gar nicht recht: „Wo kämen wir denn hin, wenn sich einer meiner Untertanen sein Gold selbst erzeugt?" Er ließ den Müller mit seiner Tochter zu sich rufen und fragte ihn gründlich aus. Der Müller konnte nicht gut zugeben, dass er gelogen hatte, und blieb bei seiner Behauptung. Der König war aber ziemlich misstrauisch, denn er kannte seine Untertanen ganz gut: Der Müller war nicht viel besser angezogen als alle anderen Müller in seinem Land, die Tochter war zwar bildhübsch aber eben auch nur eine Müllerstochter, beide sahen daher seiner Meinung nach nicht nach einer Goldspinnerei aus. „Ich werde das prüfen", sagte der König zu dem Mädchen. „Wenn du bis morgen früh das Stroh in dieser Kammer zu Gold gesponnen hast, dann werde ich dich zu einem Edelfräulein machen und dein Vater erhält einen Titel. Wenn du es nicht schaffst, dann wirst du sterben."

Da stand nun die arme Müllerstochter und wusste in ihrem Kummer weder ein noch aus. Sie saß vor ihrem Spinnrad und weinte bitterlich, als plötzlich die Türe aufging und ein kleines Männchen herein kam. „Schöne Müllerstochter, warum weinst du denn so herzerweichend?", erkundigte sich der Knirps ganz mitleidsvoll. Da erzählte Isabella von ihrem angeberischen Vater und dem gierigen König und dem Berg Stroh, den sie zu Gold spinnen sollte. „Wenn es weiter nichts ist, kann ich dir leicht helfen", meinte der Zwerg. „Was bekomme ich aber dafür?" „Ich kann dir meine Halskette geben, wenn sie dir gefällt. Mehr habe ich nicht." „Es soll mir Recht sein. Wenn ich mich nur rächen kann!" Mehr sagte er nicht, setzte sich hin, murmelte ein paar seltsame Worte und siehe da, das Spinnrad begann, sich zu drehen und im Handumdrehen war das Stroh zu goldenen Fäden gesponnen.

Der König staunte nicht schlecht, als er am nächsten Morgen das Gold sah. Zunächst war er hocherfreut über seinen leicht erworbenen

Besitz, dann wurde er jedoch wütend darüber, dass er erst jetzt von diesem Müller erfahren hatte. Was hatte dieser Bursche mit dem Gold angefangen, das ihm seine Tochter bisher gesponnen hatte? War der Müller nicht sein Untertan und hatte er nicht einen Zehent von seinem Vermögen abzuliefern? Sein erster Gedanke war, die beiden in ein Verlies zu werfen, dann aber siegte die Vernunft – oder eher die Habgier. „Ich lasse noch einmal Gnade vor Recht ergehen", meinte er großzügig zu Isabella. „Wenn du mir noch einmal eine Kammer voll Stroh zu Gold spinnst, dann gebe ich dich meinem Sohn zur Frau. Wenn du es nicht schaffst, dann lasse ich dich und deinen Vater hängen." Diese Drohung klang eher nach Ärger und Wut darüber, dass andere besser waren als er, was der Müllerstochter aber nicht weiterhalf. Sie hoffte nur inständig, dass das seltsame Männchen sie auch diesmal nicht im Stich lassen werde. Pünktlich um Mitternacht erschien der Zwerg und bot ihr wieder seine Hilfe an. „Ich habe aber nichts, was ich dir heute geben kann", meinte die Müllerstochter. „So versprich mir, mir dein erstes Kind zu geben, das du auf die Welt bringst." Schweren Herzens gab ihm Isabella das Versprechen, als sie sah, dass sie keine andere Wahl hatte. Der Zwerg machte sich ans Werk und im Nun war das Stroh wie in der Nacht zuvor wieder in Gold verwandelt. Er rieb sich vergnügt die Hände und verabschiedete sich mit den Worten: „In einem Jahr sehen wir einander wieder. Denkt daran!"

Als der König am nächsten Tag das viele Gold sah, war er sehr befriedigt. Der Müller hingegen wurde grün vor Ärger. Er saß da und rechnete, was ihm alles entgangen war! Wie viele Häuser hätte er sich kaufen können? Er wäre der reichste Mann im Land und bräuchte nicht mehr zu arbeiten – wenn seine dumme Tochter auch nur ein Wort von ihren Fähigkeiten gesagt hätte. Sie hatte ihn geradezu hintergangen, indem sie ihm dieses Talent verheimlicht hatte! Er biss vor Wut in seinen Peitschenstiel und stampfte mit den Füßen, was ihm aber nicht viel nützte. Isabella heiratete den Prinzen, und als sie ein Jahr später einen allerliebsten Buben auf die Welt brachte, hatte sie den Zwerg schon fast vergessen. Pünktlich um Mitternacht erschien das Männchen jedoch in ihrem Schlafzimmer, sah sich das Kind an und meinte: „Hast du denn gar kein schlechtes Gewissen? Du weißt, was du mir versprochen hast, und ich fordere meinen Lohn ein." Isabella nahm ihr Kind in die Arme und schluchzte: „Hast du denn gar kein Mitleid mit mir? Du kannst mir doch nicht mein Kind wegnehmen. Gibt es keinen anderen Wunsch, den *ich dir erfüllen könnte?" Der Zwerg runzelte die Stirne und meinte nach einigem Nachdenken: „Ich gewähre dir noch einen Aufschub. Wenn du innerhalb einer Woche herausfindest, wie ich heiße, kannst du das Kind noch 7 Jahre behalten". Isabella stimmte freudig zu, denn einen Namen herauszufinden, konnte ja nicht so schwer sein! Sie nannte ihn Peter und Paul, Hinz und Kunz, Isegrim und Drachenschwanz, doch der Zwerg lachte immer nur voll Schadenfreude: „Nein, Prinzessin, nein. In einer Woch' dein Kind ist mein!"*

Isabella schickte Boten aus und Jäger, die sich nach den ausgefallensten Namen erkundigen sollten, doch keiner passte dem Zwerg. Isabella hatte die Hoffnung schon aufgegeben, als sich in der allerletzten Nacht ein ganz junger, unerfahrener Jäger im Wald verirrte. Er kam zu einem Lagerfeuer, um das ein kleines Männchen tanzte, hüpfte und in einem fort sang: „Ach wie gut, dass niemand weiß, dass ich Rumpelstilzchen heiß'". Überglücklich fragte Isabella am nächsten Abend den Zwerg: „Sag, heißt du vielleicht Rumpelstilzchen?" Hochrot im Gesicht stampfte er auf und rief: „Ja, zum Teufel, ja. Aber das nützt dir alles nichts. Aufgeschoben ist nicht aufgehoben. Du weißt zwar jetzt, wie ich heiße, aber nicht, wer ich bin! Wenn du mir das sagen kannst, dann kannst du dein Kind für immer behalten, denn dann brauche ich es nicht mehr!"

Drei Jahre waren vergangen, als der König wieder einmal ein Fest zu Ehren seines Sohnes gab. Isabella hatte noch immer keine Ahnung, woher dieses Männchen stammte oder wer es wirklich war, was sie sehr unglücklich machte. Außerdem hatte sie ständig ein schlechtes Gewissen. Was sollte sie ihrem Mann erzählen? Konnte sie überhaupt jemals mit der Wahrheit herausrücken oder musste sie ihr ganzes Leben mit einer Lüge verbringen? Sie blickte sorgenvoll auf den König, der ihr alles eingebrockt hatte. Oder war nicht vielmehr ihr Vater Schuld daran gewesen? Oder war es ihre eigene Feigheit, nicht mit der Wahrheit herauszurücken? Der Preis war hoch, denn letztendlich war sie gerade dabei, ihr Kind zu opfern!

Doch als der König vor Isabella stand und sie aufforderte, mit ihm den Ball zu eröffnen, bemerkte sie plötzlich etwas ganz und gar Sonderbares: Der König hatte keinen Schatten! In welche Richtung er auch ging: er warf keinen Schatten! Jetzt fielen ihr noch andere Ähnlichkeiten auf. Mit seinem meckernden Lachen, dem zornigen Aufleuchten in seinen Augen, seinem Gekränktsein und seinen Zornausbrüchen glich er dem Rumpelstilzchen wie ein Ei dem anderen! Ohne weiter zu überlegen, rief sie aus: „Die letzte

Frage ist beantwortet. Herr König, ich kenne euren Schatten: es ist das Rumpelstilzchen!"

Kaum hatte sie das ausgesprochen, da blitzte und donnerte es, und der Zwerg stand vor ihnen. „Da bist du ja Bursche", rief der König hocherfreut aus. „Wo hast du so lange gesteckt und was hast du allein getrieben? Ich befehle dir hiermit, sofort wieder in meine Dienste zu treten!" „Du hast vergessen, warum ich dich damals verlassen habe!", antwortete das Rumpelstilzchen. „Du brauchst dich gar nicht aufzuregen, denn mich ärgern und toben kann ich viel besser als du. Aber wie heißt das Zauberwort, das dir damals nicht über die Lippen kam?" „Ich entschuldige mich, es tut mir leid", murmelte der König und wirkte zum ersten Mal wirklich ein bisschen traurig. „Ich habe damals übertrieben, als ich dich einen krummen Hund geschimpft habe. Ich sehe, dass ich dich wirklich gekränkt habe. Könntest du mir vergeben und wieder bei mir einziehen? Dann könnten wir gemeinsam mit unserem Enkelsohn spielen und ihm die vielen, wundervollen Schätze unseres Reiches zeigen?" Das Rumpelstilzchen nickte zustimmend: „Ich brauche keine Schätze. Es reicht mir schon, wenn du mit mir Mensch-Ärgere-Dich-Nicht spielen kannst, ohne auszurasten!" „Und ich wäre schon versöhnt, wenn ich einmal beim Eisenbahnspiel sämtliche Züge entgleisen lassen kann, ohne dass du mich aus dem Zimmer jagst", mischte sich der Prinz ein. „Das Leben kann sehr lustig sein, wenn man es so nimmt, wie es kommt!" Isabella aber sagte überhaupt nichts, sie hatte ihr Kind in den Armen und war dankbar und glücklich.

Nachwort

Wer weiß schon so gut um sein Wesen, um es zu leben?
Wer in sich geht, der geht allein,
denn er kann nur einmal er selber sein.
Nur wer sich kennen lernt, der lernt sich lieben.
Wer sich fremd bleibt – wie soll er sich vertrauen,
wie sich fallen lassen in den Schoß seines Wesens?
Hans Kruppa

Wir begannen unsere Reise mit der Frage nach dem „Wer bin ich?“ Vielleicht haben wir gesehen, dass wir das, womit wir uns bisher definiert haben, nicht sind. Wir können aber jetzt an unseren Verhaltensweisen und Reaktionen unsere energetischen Blockaden klarer erkennen, und werden vielleicht bemerkt haben, dass wir zwar immer noch von psychischen Zwangsmustern gesteuert werden, aber auch schon viele Probleme gelöst und transformiert haben.

Die Geheimnisse der Meridiane zu kennen, gibt uns einen Schlüssel in die Hand, unseren Weg bewusster und verantwortungsvoller uns selbst gegenüber gehen zu können. In Wahrheit gibt es niemanden, der uns werten oder verurteilen kann, wir sollten nur vermeiden, es selbst zu tun. Erst dann können wir authentisch durchs Leben gehen und es auch genießen. Dann steht unserem Glück nichts mehr im Wege.

die Autoren

Engelbert Hammerschmidt arbeitete lange Zeit als Wirtschaftsmanager, und es gelang ihm, in verschiedenen Produktionsbereichen neue, sozialökonomische Ideen erfolgreich umzusetzen. Durch den Tod zweier Kinder und das Sterben seines wirtschaftlichen Lebenswerkes wurde sein Leben als erfolgreicher Unternehmer komplett auf den Kopf gestellt. Auf der Suche nach einem neuen Weltbild und einer ganzheitlichen Medizin beendete er die Ausbildungen als Psychoenergetiker und als Bio-Informationstherapeut, die ihn in den Grenzbereich von Wissenschaft und ECM (Erfahrbare-Chinesische-Medizin) brachten. Resonanzenergetik und Meridiandiagnose sind für ihn tief greifende Methoden der Bewusstwerdung, der Selbstheilung und der Transformation.

Indem er es lässt, in der Vergangenheit zu forschen und sich um seine Zukunft zu sorgen, ist er bereit, die Gegenwart und den Augenblick zu genießen, wo alles stattfindet. Mit Sensibilität und Hingabefähigkeit gelingt es ihm, aus seinem Herzen zu leben und den Verstand nur mehr als wichtigen Partner zu sehen. Die Verbindung von Yin und Yang und seine Liebesfähigkeit unterstützen ihn auf seinem Weg, seelische Wunden im Menschen ausheilen zu helfen.

Information über Seminare und Vorträge des Autors sowie Termine der Weiterbildungskurse erhalten Sie im Internet unter: www.natura-linea.at

Irene Wysoudil versuchte sechzig Jahre lang, ihrem Leben einen bürgerlichen Anstrich zu geben und im Rahmen der gesellschaftlichen Normen ihre Rolle als gute Mutter, perfekte Partnerin und Ehefrau, fleißige und kompetente Mitarbeiterin so gut wie möglich zu spielen. Ihre Sehnsucht, sich selbst kennen zu lernen, war jedoch immer spürbar. Seminare, spirituelle Wegbegleiter und Tausende von Büchern hatten magische Anziehungskraft für sie, sich in den Abenteuern des Lebens Stück für Stück selbst zu finden. Sie verstand es zwar, ihre Kreativität durch Schreiben, Malen, Zeichnen und künstlerisches Gestalten auszuleben, ihr Hang zum Perfektionismus hinderte sie jedoch immer wieder daran, in die eigene Tiefe hinab zu steigen und verdrängte Anteile ihrer Seele zu erlösen. Erst sehr spät wagte sie den vielleicht wichtigsten Schritt in ihrem Leben. Mit großem Mut begann sie, sich auf sich selbst und ihre immer noch ungelösten Urkonflikte einzulassen und sich von psychischen Zwangsmustern zu befreien, die sie in ihrem Leben immer gut „funktionieren" ließen. Indem sie mutig durch ihre Ängste ging, begann sie, sich selbst zu lieben und zu achten, auf die eigenen Bedürfnisse und auf die der anderen einzugehen und sie auch zu respektieren. Sie erkannte, dass alles, was geschieht, richtig ist und oftmals keiner Korrektur bedarf, und dass viele Probleme meistens nur eine Aufforderung sind, zu wachsen und Selbstbewusstsein zu entwickeln. Sie konnte aufhören, sich und andere verbessern zu wollen, Projekte für die Zukunft zu entwerfen, und begann, mit neu gewonnener Sensibilität und Hingabefähigkeit die Gegenwart zu genießen. Sie erkannte den Wendepunkt und beschloss, wieder zum neugierigen Kind zu werden und alles aus Spaß und lauter Freude zu machen. Sie lebt nur mehr das, was ihr Herz zum Lachen bringt.